定向培养军士生（航海类）系列教材

U0650963

舰船定位与导航

JIANCHUAN DINGWEI YU DAOHANG

宗永刚　孙风雷　张志杰　/　主　编
巴忠峰　孙文义　齐树飞　/　副主编
　　　　　　　　张秀霞　/　主　审

大连海事大学出版社
DALIAN MARITIME UNIVERSITY PRESS

图书在版编目(CIP)数据

舰船定位与导航 / 宗永刚, 孙风雷, 张志杰主编
. — 大连：大连海事大学出版社, 2023.12
定向培养军士生(航海类)系列教材
ISBN 978-7-5632-4492-8

Ⅰ.①舰…　Ⅱ.①宗…②孙…③张…　Ⅲ.①船舶定
位—高等职业教育—教材②航海导航—高等职业教育—教
材　Ⅳ.①U675.6②U675.7

中国国家版本馆 CIP 数据核字(2023)第 245632 号

大连海事大学出版社出版

地址：大连市黄浦路523号　邮编：116026　电话：0411-84729665(营销部)　84729480(总编室)
http://press.dlmu.edu.cn　E-mail：dmupress@dlmu.edu.cn
大连永盛印业有限公司印装　　　　　　　　　大连海事大学出版社发行
2023 年 12 月第 1 版　　　　　　　　　　　　2023 年 12 月第 1 次印刷
幅面尺寸：184 mm×260 mm　　　　　　　　　　　　　　　　　印张：16
字数：368 千　　　　　　　　　　　　　　　　　印数：1~2000 册
出版人：刘明凯

责任编辑：王　晶　　　　　　　　　　　　　　责任校对：王　琴
封面设计：解瑶瑶　　　　　　　　　　　　　　版式设计：解瑶瑶

ISBN 978-7-5632-4492-8　　　定价：49.00 元

定向培养军士生（航海类）系列教材
编委会

主　任：李明月（滨州职业学院 副校长）

副主任：张秀霞（滨州职业学院士官学院院长）

　　　　吴晓赟（延安职业技术学院航运工程系主任）

　　　　于宁宁（北海舰队某训练基地航海教研室主任）

　　　　李保平（海军蚌埠士官学校航海教研室主任）

　　　　仲广荣（滨州职业学院士官学院副院长）

　　　　关业伟（湖北交通职业技术学院航海学院副院长）

委　员：（以姓氏笔画排序）

　　　　于蒙蒙　　巴忠峰　　占惠文　　冯兴飞　　毕艳亮　　刘正华

　　　　齐树飞　　孙风雷　　孙文义　　孙庆云　　李　甫　　李　朋

　　　　李成海　　李兆呛　　李星明　　李尊民　　张志杰　　陆宝成

　　　　范利军　　周　游　　宗永刚　　赵志强　　崔文涛　　翟　伟

总序

  随着全球化的不断发展和海洋资源的重要性日益凸显，航海成为军事、商业和科研的重要领域。航海科学与技术的不断进步和应用，为海上交通、海洋能源开发、海洋科学研究等领域提供了必要的支持。在军事方面，航海类专业人才能够为海军和海上部队提供必要的导航、海上安全和作战支援。

  2012年，一些普通高等学校开始招收定向培养军士生，着力培养海军建设所需要的高素质海军军士人才。这是依托国民教育资源选拔培养海军军士人才的重要途径，是促进海军军士队伍现代化的重要举措。截至2023年7月，海军先后依托普通高等学校招收定向培养军士2.5万人。由此可见，海军定向培养军士已经成为海军军士队伍的重要组成部分。海军定向培养军士人才可以在海军舰队、潜艇、两栖舰艇等部队从事航海、航管和船舶维修等工作。

  为了深入贯彻军民融合发展战略、服务部队备战打仗高度，滨州职业学院坚持为战育才，始终把战斗力标准贯穿定向培养军士工作的全过程，有针对性地制定培养方案、设置专业课程、配套教学保障，严把政治、身体、心理、专业关口，不断提高海军军士人才供给能力和水平。另外，滨州职业学院坚持"一盘棋"思想，严格遵循定向培养标准，及时根据用人单位反馈的培养质量调整海军军士人才培养方案，推动"供给侧"与"需求侧"精准衔接、良性互动，提高办学水平，提升培养质量，进而助力地方院校定向培养军士人才的质效提升。

  为此，滨州职业学院牵头，组织了承担海军定向培养军士任务的业内专家和院校教师，共同编写了"定向培养军士生（航海类）系列教材"。本套教材首批共计五种，涵盖航海技术和轮机工程技术两个定向培养军士生专业，分别为《舰船定位与导航》《舰船仪器》《船舶防火与灭火》《舰船动力设备拆装与检修》《船舶电工工艺与电气测试》。

  本套教材基于航海类专业的丰富资源，面向舰船工作岗位的特殊要求，汲取了学术界相关知识、理论和研究成果，参考了大量相关文献资料，将专业知识进行项目化整合、立体化呈现，将教材内容进行理实一体化编排，力求贴近实战、学以致用。

  本套教材是海军定向培养军士的必备书目，也为有志于从事该领域的人提供参考。

  海军定向培养军士职业发展前景广阔。在此，衷心祝贺"定向培养军士生（航海类）系列教材"正式出版。

2023年11月

编者的话

本书是根据中华人民共和国海军总参谋部制定的航海士兵《军事训练大纲》、中华人民共和国海事局制定的《海船船员考试大纲(2022版)》和国际海事组织制定的《STCW公约马尼拉修正案》编写的。

本书旨在覆盖《军事训练大纲》与《海船船员考试大纲(2022版)》的全部内容,兼顾课程体系的系统性和完整性,注重理论在航海实践中的应用操作,反映现代航海技术在航海领域的具体应用,以有效地帮助和指导学员学习、实操和实践应用。为了便于读者的学习,在本书的编写过程中力求概念清楚、理论正确、重点突出、条理清晰、文字通顺、理论结合实际,并运用了相关的实际案例。

本书共有10个项目:项目一为坐标、方向与距离的认知;项目二为海图辨识;项目三为潮汐与潮流推算;项目四为航标识别;项目五为罗经差测定;项目六为航迹绘算;项目七为天文定位与导航;项目八为陆标定位;项目九为舰船航行与导航;项目十为舰船航次计划制订。

本书由滨州职业学院宗永刚、孙风雷与张志杰主编,宗永刚和孙风雷共同统稿。宗永刚负责项目九;孙风雷负责项目一与项目八,张志杰与来治国负责项目二与项目六,孙文义与冯兴飞负责项目三与项目十;巴忠峰与孔凡江负责项目四与项目五;齐树飞与尹朋朋负责项目七。本书适用于无限航区和沿海航区各个等级的舰船与海船船长、大副、二/三副适任证书考试培训,也可作为航海类院校师生的教学参考书。

由于编者水平有限,时间仓促,不足之处和差错在所难免,竭诚希望各位前辈、同行和读者批评指正。

编 者

2023 年 8 月

全书课件

目录

项目一

坐标、方向与距离的认知

🖥 项目描述

　　航海上船舶和物标的坐标、方向和距离等,都是建立在一定形状的地球表面上的,要研究坐标、方向和距离等航海基本问题,必须首先对地球的形状和大小做一定的了解。

　　地理坐标用以表示某点在地球椭圆体表面上的位置,该坐标建立在地球椭圆体表面上。要建立地理坐标首先应在地球椭圆体表面上确定基准的点、线、圈,由此确定坐标的起算点和坐标线格网,最后才能确定地理坐标值。

　　船舶驾驶员引导船舶从起航点驶向到达点,首先必须明确到达点在起航点的什么方向上,然后沿着这个方向航行,才能到达目的地。方向(Direction)是指空间的指向。但航海上所指的方向是在测者地面真地平平面上的指向。

　　航海上的方向是航海必备知识,是通过相应的仪器获得的。最常见的仪器是罗经,罗经又分为磁罗经与陀螺罗经,而罗经自身带有误差,在使用过程中需要对其进行修正。磁罗经误差的构成分为两部分,需要分别求取并进行修正;陀螺罗经的误差构成相对简单,修正步骤也相对简单。

　　航海上距离的测定也是一项十分重要的工作,距离单位便显得尤为重要。航海上的距离单位与陆地上生活中常见的距离单位有所不同,构成一套独立的体系。

　　航海上船舶的航速与航程的测定不仅关乎航行安全,而且在燃油计算、提升航行经济性方面都有着重要的参考意义。因此,航速与航程的测定是航海人必备的知识。

💡 学习目标

　　1.知识目标

　　(1)了解地球近似体;

　　(2)了解大地坐标系的参数;

　　(3)掌握地理坐标的定义及度量方法;

　　(4)了解测者地面真地平平面;

　　(5)理解方向基准线的确定方法;

　　(6)辨析航向方位与舷角的基本概念;

(7)了解磁罗经与陀螺罗经;

(8)理解罗经差的形成原理,了解影响磁差的因素;

(9)掌握自差的形成原因与自差表的绘制方法;

(10)了解航海距离单位;

(11)了解航海速度单位;

(12)掌握中版灯标射程的定义及求算方法;

(13)了解航速与航程的基本概念;

(14)了解航速间的相互关系;

(15)掌握根据主机转速求船速的方法。

2.技能目标

(1)能够在不同的计算场合合理运用地球近似体;

(2)能够计算纬差和经差;

(3)能够进行圆周法与半圆周法之间的换算;

(4)能够根据具体场景计算舷角与真方位;

(5)能够使用不同方法求取磁罗经磁差;

(6)能够使用磁罗经自差表与自差曲线求取磁罗经自差;

(7)能够根据航海图书资料计算中版灯标射程与英版灯标射程;

(8)能够计算海上物标能见距离;

(9)能够使用计程仪求航程;

(10)能够计算计程仪改正率。

3.职业素养目标

(1)培养学生积极的职业心态;

(2)培养学生良好的职业基础价值观;

(3)培养学生严谨的工作作风;

(4)培养学生的创新能力,鼓励学生勇于探索,敢于创新;

(5)培养学生积极、乐观、向上的工作态度;

(6)培养学生良好的动手操作与演算能力;

(7)培养学生的距离感知能力;

(8)培养学生的创造性思维与独立思考的能力;

(9)培养学生根据已知条件解决问题的能力。

知识链接

知识链接一　认识地球形状与地理坐标

地球是人类繁衍生息的家园。地球半径约 6 367 km,拥有广阔的海洋,为人们提供了舟楫便利,也因此有了航海和航海学。地球是太阳系的八大行星之一。地球在绕地轴自西向东自转的同时又沿椭圆轨道绕太阳自西向东公转。

一、地球的自然表面

地球表面的 29% 是陆地,71% 是海洋。大陆表面高低起伏,有高原、丘陵、山地、平原和盆地;海洋表面虽然平滑,但海底有海岭、海山和海沟,同样凹凸不平。在大陆上,最高点珠穆朗玛峰的海拔为 8 848.86 m;在海洋中,最深点在西太平洋的马里亚纳海沟,最深达 11 034 m。地球的自然表面是非常复杂而又不规则的曲面,所以不能用简单的数学关系式表达。为了在地球表面建立坐标系,必须用一个相近的数学表面取代地球的自然表面。

二、大地水准面

虽然地球表面高低起伏,最高点与最低点相差近 20 km,但与地球半径相比,这些局部起伏是微不足道的。相对于陆地,海洋表面形状是比较规则的,而地球表面的 71% 是海洋,所以用一定的海平面来描述地球的自然表面是可行的。

静止的海平面就是水准面。由于潮汐等原因,海平面有高低变化,其长期的平均高度称为平均海面。假设海洋高度为平均海面,并将平均海面延伸到陆地内部,且在延伸中一直保持与当地的铅垂线垂直,由此而形成的一个连续、光滑的假想闭合曲面,称为大地水准面。

三、大地球体

所谓的大地球体,也就是由大地水准面所围成的球体。大地球体非常接近地球实体,并且具有唯一性和长期稳定性。因此,人们通常用大地球体代替地球实体。在航海领域,所谓的地球形状,并不是指地球的自然形状,而是指由大地水准面所包围的几何体的形状,即大地球体的形状。

由于地球内部物质分布不均匀及地球表面起伏的影响,大地球体还是一个不规则的几何体,大地水准面依然不是一个数学表面。

四、地球椭圆体上基本的点、线、圈

平面上某点的位置可以用直角坐标和极坐标确定,地面上某点的位置可以用地理坐标来确定,它建立在地球椭圆体表面上,包括地理经度和地理纬度。

（一）地轴与地极

地轴是地球自转的轴 $P_N P_S$。地极是地球自转轴与地球表面相交的两点 P_N、P_S。从地极上空俯视,以地极为中心地球逆时针旋转的一极是北极 P_N,顺时针旋转的一极为南极 P_S。

（二）子午圈和子午线

过地轴的平面与地球椭圆体表面相交的截痕是一个椭圆,称为子午圈,两极之间的半个椭圆,叫作子午线或经线。

（三）格林子午线

通过英国伦敦格林尼治天文台子午仪的子午线,叫作格林子午线,又称为本初子午线或零度经线,如图 1-1 中的 $P_N G P_S$ 所示。

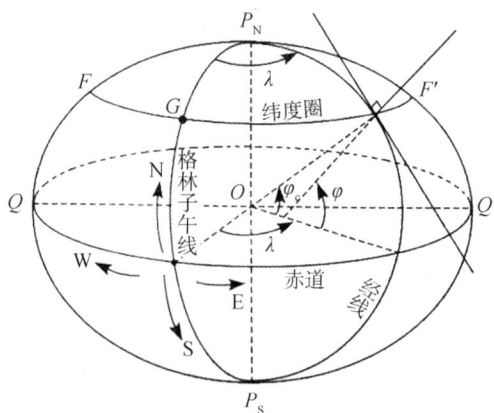

图 1-1　地理坐标

格林子午圈将地球分为东西两个半球,其中从格林子午线向东直到东经 180° 称为东半球;从格林子午线向西直到西经 180° 称为西半球。东经 180° 和西经 180° 是同一条经线。

在地图学史上,本初子午线曾先后定在非洲西北外海的加纳利群岛、马德拉群岛、罗马、巴黎和费城等,最后定在了伦敦。事实上,本初子午线的确定找不到任何客观依据。在地球椭圆体上,不同经度的经线没有任何差别。因此,如何测定经度在人类的航海史上曾经是世界性的科学难题。在 1714 年,英国甚至颁布了《经度法案》并成立了包括牛顿在内的经度局,在全世界悬赏测定经度的方法。1884 年 10 月 13 日,国际天文学家代表会议决定,以经过格林尼治的经线为本初子午线,作为计算地理经度的起点,这也就成为世界标准"时区"的起点。18 世纪对经度攻关的一个直接结果是有力地推动了钟表业的发展。

格林子午线是地理坐标的基准线。

（四）赤道

过地心且垂直于地轴的平面与大地球体表面的交线称为赤道,如图 1-1 中的大圆 QQ'。赤道将地球分为南、北两个半球,包含北极的半个球为北半球,包含南极的半个球为南半球。

赤道是地理坐标基准圈。

（五）纬度圈

平行于赤道平面的平面与地球椭圆体表面相交的截痕是小圆,称为纬度圈,又称纬度平行圈,如图 1-1 中的 FGF' 所示。纬度圈与赤道都是圆。

五、地理坐标

地理坐标建立在地球椭圆体表面上,格林子午线和赤道是地理坐标的基准线(圈),它们的交点就是坐标原点,经线与纬度圈构成坐标线图网。过地球椭圆体表面任意一点,均可作出唯一的纬度圈和子午线,该点的位置可以用地理坐标即地理纬度和地理经度来表示。

（一）地理纬度（Geographic Latitude）

地球椭圆体子午线上某点的法线与赤道面的夹角称为该点的地理纬度,如图 1-1 所示。地理纬度用 φ 或 Lat 表示。

某点的地理纬度的计算方法是:从赤道起算,向北或向南计量到该点的纬度圈,计量范围为 $0° \sim 90°$。在赤道以北的点的纬度叫作北纬,用 N 表示;在赤道以南的点的纬度叫作南纬,用 S 表示。具体数据通常用度、分或度、分、秒表示,例如,北京的纬度是 $39°54'.4N$ 或 $39°54'24''N$,悉尼的纬度是 $33°55'.0S$ 或 $33°55'00''S$。

同一纬度圈上的所有的点的纬度值都是相等的。

在航海上个别场合还可以用地心坐标表示地面上某点的位置。地心坐标是由该点的地心纬度和该点的地理经度组成的。某点的地心纬度是该点和地球椭圆体中心连线与赤道面的夹角。除赤道和两极外,同一点的地理纬度总是大于地心纬度。地理纬度与地心纬度之差称为地心纬度改正量。

（二）地理经度（Geographic Longitude）

地面上某点的地理经度为地球椭圆体格林子午线与该点子午线在赤道上所夹劣弧弧距,或该劣弧所对应的球心角或极角,用 λ 或 Long 来表示。

地理经度的计量方法是:从格林子午线起算,向东或向西算至该点所在的子午线,计量范围为 $0° \sim 180°$。向东计算的叫作东经,用 E 表示;向西计算的叫作西经,用 W 表示。具体数据的表示方法类似纬度,例如北京的经度是 $116°28'.2E$ 或 $116°28'12''E$,纽约的经度是 $73°50'.0W$ 或 $73°50'00''W$。同样,同一经线上任一点的经度都是相等的。

知识链接二 海上方向的划分

在航海上,方向是用罗经测定的,而在观测方向时测者总是将眼睛与罗经平面保持平齐,显然,罗经平面就是测者地面真地平平面,是一个可见的有真实表象的平面。所以,测者周围的方向是建立在以罗经平面所代表的测者地面真地平平面上的。

一、测者地面真地平平面

测者铅垂线:凡通过测者眼睛,并与视点重力方向重合的直线。

测者地平平面:凡与测者铅垂线相垂直的平面。

测者地面真地平平面:测者地平平面有无数个,其中通过测者眼睛的地平平面。

另外,通过地心的地平平面称为测者真地平平面。测者真地平平面是一个不可见平面,在天文定位中有具体应用。

二、方向基准线

为了确定测者周围的方向,首先必须确定测者的方向基准线。

如图 1-2 所示,测者位于 A 点,眼高为 AA',测者地面真地平平面 NESW 与测者子午圈平面 $P_N Q P_S Q'$ 相交的直线 SN 称为测者的方向基准线——南北线。南北线近北极 P_N 的一端为测者的正北方向,近南极 P_S 的一端为测者的正南方向。其中,从测者眼睛 A' 指向北极的射线 $A'N$ 称为真北线,一般用 N_T 表示。船舶的航向和陆地物标的方位均以真北线为基准。

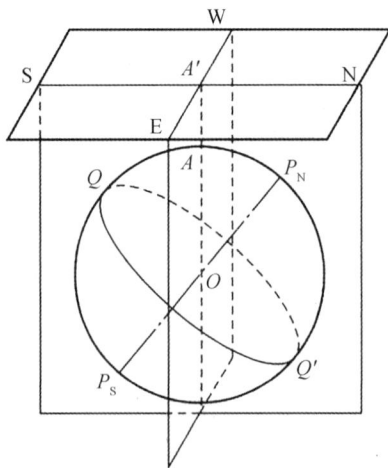

图 1-2 方向的确定

通过测者铅垂线,并与测者子午圈平面相互垂直的平面,叫作测者卯酉圈平面。测者卯酉圈平面与测者地面真地平平面相交的直线 EW,叫作测者的东西线。当测者面北背南时,测者东西线的左方是正西方向,右方是正东方向。

以上在测者地面真地平平面确定的 N、E、S、W 四个方向称为基点方向。

位于不同地点的测者,具有不同的测者铅垂线和测者地面真地平平面,其方向基准也各不相同。位于两极的测者无法确定其方向基准:位于南极的测者,其任意方向都是正北方向;而位于北极的测者,其任意方向都是正南方向。

三、航海上方向的划分

仅在测者地面真地平平面上确定四个基本方向,不能完全表示测者地面真地平平面上的其他各个方向,远远不能满足航海上的需要,必须将方向做进一步的划分。航海上常用的划分方向的方法有下列三种:

（一）圆周法

以真北线为基准,顺时针方向计量,计量范围为 000°~360°,用三位数字表示,不需加名称。

N、E、S、W 四个基点的方向分别为 000°、090°、180° 和 270°。

圆周法是航海上最常用的表示方向的方法。船舶航向和陆标方位均用圆周法表示。

（二）半圆法

半圆法以正北或正南为方向基准,分别向东或向西计量到正南或正北,计量范围为 0°~180°。用半圆法表示某方向时,除度数外,还应标明起算点和计量方向,如 30°NE、150°SE、30°SW、150°NW。除 0°、180° 外,任何一个地平平面方向,都有两种半圆法表示。在天文航海中,常用半圆法来表示天体的方位。

（三）罗经点法

罗经点法(如图 1-3 所示)以北、东、南、西 4 个基本方向为基点;将平分相邻基点之间的地面真地平平面方向称为隅点,即东北(NE)、东南(SE)、西南(SW)和西北(NW) 4 个方向;将平分相邻基点与隅点之间的地面真地平平面方向称为三字点,其名称由基点名称之后加上隅点名称组成,即北北东(NNE)、东北东(ENE)、东南东(ESE)、南南东(SSE)等 8 个方向;再将平分相邻基点或隅点与三字点之间的 16 个地面真地平平面方向称为偏点(基点或隅点/基点),例如北偏东(N/E)、东北偏北(NE/N)、东偏北(E/N)等。

图 1-3　罗经点示意图

船舶在海上航行,驾驶员应时刻掌握船舶的航行方向,即航向,而在定位中常用到的是物标的方位,舷角则是驾驶员在船舶避碰、判断横距等方面经常使用的。这三者之间有着紧密的联系(见图1-4)。

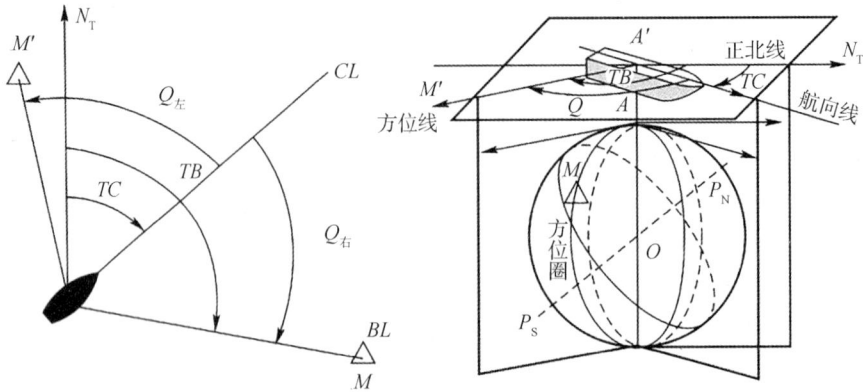

图1-4 航向、方位与舷角关系图

四、真航向

航向线:当船舶正浮时,船舶首尾方向的连线在测者地面真地平平面上的投影叫作船首尾线,以测者为起始点,首尾线向船首方向的延长线,代号为 CL,如图1-5所示。

船首向:在任何情况下,船舶在某一瞬间的船首方向。

真航向:船舶航行时,在测者地面真地平平面上,从正北线顺时针度量到航向线的角度,代号为 TC。真航向按 $000° \sim 360°$ 计量,通常用三位数字表示。

五、方位与舷角

方位线:在地球表面上经过测者与物标的大圆 AM 叫作物标的方位圈,而物标的方位圈平面与测者地面真地平平面的交线 $A'M'$ 叫作物标的方位线,代号为 BL,也就是在测者地面真地平平面上,以测者为中心指向某一方向、某一定点或某一物标 M' 的射线。

真方位:在测者地面真地平平面上,从正北线顺时针度量到物标方位线的角度,代号为 TB。真方位也按 $000° \sim 360°$ 计量,通常也用三位数字表示。

舷角:在测者地面真地平平面上,从航向线到物标方位线的夹角叫作物标舷角,也称相对方位,代号为 Q。

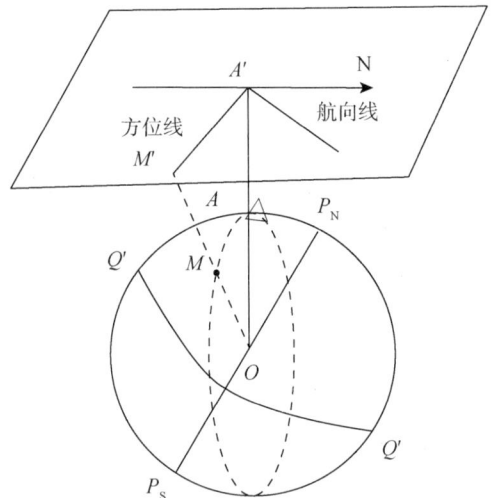

图1-5 航向线与方位线示意图

知识链接三　向位换算

船舶常用的指向设备分为磁罗经与陀螺罗经。要进行正确的海上向位换算,必须首先了解两种罗经的误差。

一、磁罗经与陀螺罗经

航海上用来测定航向与方位的仪器是罗经(Compass)。船上配备的罗经有磁罗经(Magnetic Compass)和陀螺罗经(Gyro Compass)。

磁罗经是由我国古代四大发明之一的指南针演变发展而来的。它是根据水平面内自由旋转的磁针,在地磁力的作用下能稳定指示磁北方向的特性制成的。陀螺罗经是根据高速旋转的陀螺仪在控制设备与阻尼设备的作用下主轴稳定在子午圈平面内而指北的原理制成的。

磁罗经和陀螺罗经都有各自的优缺点。磁罗经结构简单、不易损坏,且不依赖于电源,但易受外界磁场的影响。陀螺罗经指向稳定、准确性高,基本不受外界磁场的影响,且可给自动舵、雷达、GPS 等提供航向信号,是海船上主要的指向仪器。但陀螺罗经依赖于电源,结构复杂,对维护保养要求较高。

二、磁罗经差与陀螺罗经差

磁罗经和陀螺罗经都有指北的特性,然而,作为指向仪器,无论从原理上还是结构上或多或少都存在着误差,使罗经北向与真北方向之间存在一个偏差,即罗经差。

罗经差分为磁罗经差(Compass Error,ΔC)与陀螺罗经差(Gyro Compass Error,ΔG),分别简称为罗经差和陀罗差。

由于磁罗经和陀螺罗经各自的构造、工作原理的不同,所以各自指向不同的北向。磁罗经刻度盘 0°所指的方向称为罗北(Compass North,N_C);陀螺罗经刻度盘 0°所指的方向称为陀罗北(Gyro Compass North,N_G)。

陀罗差是陀罗北(N_G)偏离真北(N_T)的角度。当陀罗北偏在真北的东面时为正(+);当陀罗北偏在真北的西面时为负(-),如图 1-6 所示。

以陀罗北(N_G)为基准的航向称为陀罗航向(Gyro Compass Course,GC);以陀罗北为基准的物标方位称为陀罗方位(Gyro Compass Bearing,GB)。它们与真向位之间的关系是:

$$GC = TC - \Delta G$$

$$GB = TB - \Delta G$$

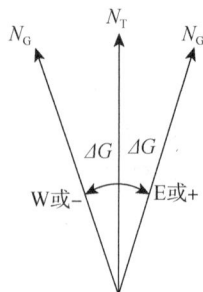

图 1-6　陀罗差

陀螺罗经在稳定工作时, ΔG 是一个定值, 且与航向无关。但在地理纬度变化和航速正在改变时, ΔG 会发生改变, 另外电压的不稳也会引起陀罗差的变化。当航向正在改变时, ΔG 会发生暂时的改变。特别是在陀螺罗经重新启动后, 或者在进行了清洁和维修保养后, 陀罗差往往会有新的改变。因此, 每次启动陀螺罗经并待其稳定后, 应仔细核对主罗经与分罗经的读数, 并尽快测定罗经差。另外, 还要经常与磁罗经进行比对。

罗经差是罗北(N_C)偏离真北(N_T)的角度。当罗北偏在真北的东面时为正(+); 当罗北偏在真北的西面时为负(−), 如图 1-7 所示。

以罗北(N_C)为基准的航向称为罗航向(Compass Course, CC); 以罗北(N_C)为基准的物标方位称为罗方位(Compass Bearing, CB)。它们与真向位之间的关系是:

$$CC = TC - \Delta C$$

$$CB = TB - \Delta C$$

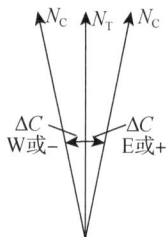

图 1-7　罗经差

三、磁差的产生

如图 1-8 所示, 地球是一个天然大磁体, 就好像是它的内部存在一个大磁铁, 因而地球周围存在一个天然磁场——地磁。地面上各点的磁力线方向是不相同的, 磁力线方向垂直于地面的点, 叫作地磁磁极。靠近地理北极的是磁北极; 靠近地理南极的是磁南极。连接地磁北极和地磁南极的直线, 称为地磁磁轴, 它与地轴约成 $11°.5$ 角。此外, 地磁磁极的位置并不是固定不变的, 它沿椭圆轨道缓慢地绕地极移动, 约 650 年绕地极一周。

因为地磁北极与地理北极并不在同一地点, 地磁磁场本身又很不规则, 所以地面上某点的磁北线与真北线往往不重合。磁北(N_M)偏离真北(N_T)的角度称为磁差, 代号为 Var。如图 1-8 所示, 如磁北偏在真北的东面, 称磁差偏东, 用 E 或 " + " 表示; 磁北偏在真北西面, 则称磁差偏西, 用 W 或 " − " 表示。

以磁北(N_M)为基准的航向称为磁航向(Magnetic Course,MC);以磁北(N_M)为基准的物标方位称为磁方位(Magnetic Bearing,MB)。它们与真向位之间的关系是:

$$MC = TC - Var$$

$$MB = TB - Var$$

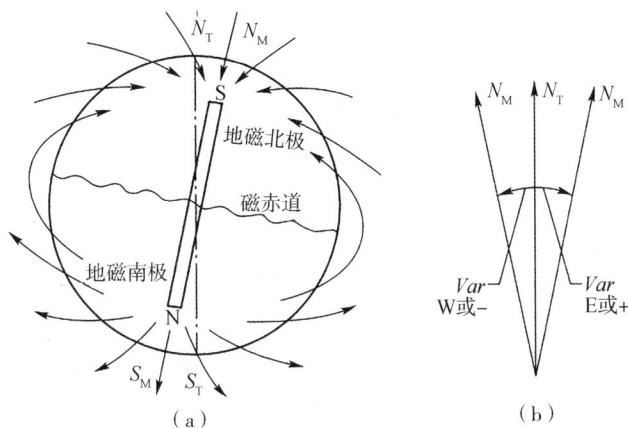

图 1-8　地磁与磁差

四、磁差的变化

地理坐标建立在地球椭圆体表面上,格林子午线和赤道是地理坐标的基准线(圈),它们的交点就是坐标原点,经线与纬度圈构成坐标线图网。过地球椭圆体表面任意一点,均可作出唯一的纬度圈和子午线,该点的位置可以用地理坐标即地理纬度和地理经度来表示。

(一)磁差随地点的变化

地磁磁轴并不与地轴重合,地磁磁轴也不通过地球球心,加上地磁磁场的不规则性,使得地面上磁力线的分布与走向相当复杂。因此,各地磁差的大小和方向,随各地相对于地理北极和地磁北极的方向的不同而各不相同。低纬地区磁差一般较小,最小可为 0°;高纬地区,尤其是靠近地磁磁极的地区,磁差值较大而且变化显著,磁差最大可达 180°。因此,船舶在磁极地区(通常指极区)航行,是无法用磁罗经导航的。

(二)磁差随时间的变化

磁极绕地极缓慢移动,使各地磁差随时间发生变化。磁差每年的变化量叫作年差,通常在 ±0.2° 以内。年差的表示方法有以下两种:

(1)用磁差的绝对值的增加(+)(Increasing)或减少(-)(Decreasing)表示年差的变化。这种表示方法在新的英版海图图式中已不采用。应特别注意的是,这里年差的"+"和"-"并不是指磁差向东(E)和向西(W)变化,而是指在原来磁差基础上的绝对值的增加(+)和减少(-)。

(2)用(E)或(W)来表示年差的向东(E)或向西(W)的变化。新的英版海图图式采用的就是这种表示方法。

海图上给出的年差是在出版该海图时该地区几年内磁差的年平均值。使用陈旧的磁差资料,可能会产生较大的误差,所以尽量使用新的磁差资料。中版海图的年差表示方法基本与英版相同。

（三）磁差随地磁异常和磁暴变化

某些地下埋藏着大量磁性矿物的地区的磁差与附近其他地区的磁差有明显的差异,称为地磁异常。各地地磁异常区的有关资料通常刊印在相应的海图和《航路指南》中。地磁场的强烈扰动称为磁暴。经研究,它主要与太阳黑子的暴发有关。磁暴的时间一般比较短暂,但它可使磁差在一昼夜中变化几度至几十度。因此,一旦发现磁向位突然发生较大的变化,应特别谨慎。

五、磁罗经自差

安装在钢铁制成的船上的磁罗经,除了受到地磁的作用外,还将受到船上钢铁在地磁磁场中磁化后形成的磁场——船磁场的影响,以及磁罗经附近电气设备形成的电磁场的影响。受到影响后,磁罗经的指北端不再指示磁北方向,而是指向上述各磁场磁力的合力方向。此时磁罗经刻度盘0°所指示的北端称为罗北,代号为 N_C。

罗北偏离磁北,是由船舶自身的磁场引起的,因此将罗北线与磁北线之间的角度称为自差,用 Dev 表示。如图1-9所示,如罗北偏在磁北之东,称为东自差,用 W 或"+"表示;若罗北偏在磁北之西,称为西自差,用 W 或"–"表示。

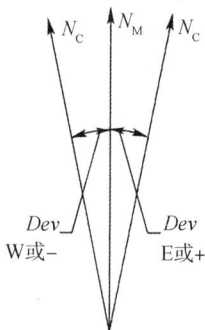

图 1-9　自差

知识链接四　距离的确定及灯标射程的标注

航海上有许多距离单位,与生活中的距离单位不同的是,航海上常用的距离单位长度并不固定,而是在某个区间浮动。

一、航海上的距离单位

航海上最常用的距离单位是海里(n mile),它等于地球椭圆子午线上一分纬度所对

应的弧长,如图 1-10 所示。我们可以推导出 1 n mile 的公式为:

$$1 \text{ n mile} = 1\,852.25 - 9.31\cos(2\varphi) \text{ m}$$

可见,地球椭圆子午线上一分纬度弧长,即 1 n mile 的长度不是固定不变的,它随纬度的不同而略有差异。在赤道上最短,为 1 842.94 m;在两极最长,为 1 861.56 m;在纬度 44°14′处,1 n mile 的长度为 1 852 m。可以看出 1 n mile 是关于 ρ(ρ 取 0°~90°)的余弦函数,而且是增函数,于是得出 1 n mile 是随着测者纬度 φ 的增大而增大的。

为了满足航海上实际应用的需要,必须用一个固定值作为 1 n mile 的标准长度。目前,我国和世界大多数国家采用国际水文科学协会决定、国际海上人命安全会议承认的标准,即 1 n mile = 1 852 m,它正好是 44°14′处 1 n mile 的长度。将 1 852 m 作为 1 n mile 的固定值后,在航海实践中产生的误差并不大,可以忽略不计。如某船沿赤道东西走向航行,若每小时按标准海里航行 12 n mile,则 1 天后航行的距离约为 12×24 = 288 n mile,赤道上 1 n mile 的实际长度为 1 842.94 m,因此在赤道上航行的实际距离应该是 $\frac{1\,852 \times 288}{1\,842.94} \approx 289.42$ n mile,由此引起的误差为 $\frac{289.42 - 288}{288} \times 100\% \approx 0.49\%$,即为航行距离的 0.49%。若在中纬度航行误差会更小些。航海上,习惯用“′”表示海里,例如 1 n mile 可记为 1′。

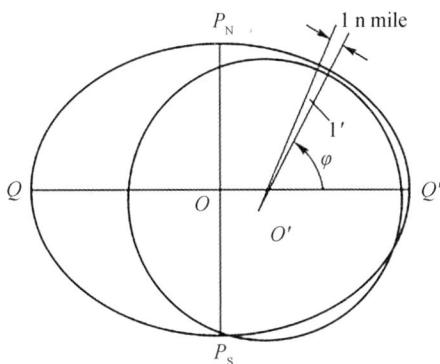

图 1-10　海里的确定

标准海里值与实际海里值的差异造成实际船位与推算船位之间的偏差。由上述可知 1 n mile = 1 852 m,约相当于纬度 44°14′处 1 n mile 的长度,当纬度大于 44°14′时,无论航向如何,实际船位总是落后于推算船位;当纬度小于 44°14′时,实际船位总是超前于推算船位。

二、航海上速度单位与长度单位

(一)速度单位

航速的单位是节(Knot),用 kn 表示。1 kn = 1 n mile/h,它是国际航海上通用的速度单位,也可用来度量风速与流速。

其他常用的速度单位有 km/h、m/s 等。

(二)长度单位

除海里外,航海上还可能用到下列一些长度单位:

链(cab):1 cab = 0.1 n mile ≈ 185 m。

米(m):国际通用长度单位。

英尺(ft):1 ft = 0.304 8 m。

拓(fm):1 fm = 6 ft = 1.828 8 m。

码(yd):1 yd = 3 ft = 0.914 4 m。

航海上,常使用海里和链作为度量距离的单位;米作为高程和水深的单位;在某些较早出版的英版拓制海图和图书资料中,高程和水深的单位为英尺和拓。

三、能见距离

平面上某点的位置可以用直角坐标和极坐标确定,地面上某点的位置可以用地理坐标来确定,它建立在地球椭圆体表面上,包括地理经度和地理纬度。

(一)测者能见地平距离

如图 1-11 所示,在海上,具有一定眼高 e 的测者 A,向周围大海眺望,所能看到的最远处,水天相交成一个圆 BB',该圆所在的地平平面,或者自测者至 BB' 这一小块球面,叫作测者能见地平平面或视地平平面。而圆 BB' 就是测者能见地平或视地平,俗称水天线。自测者 A 至测者能见地平的弧线距离 AB,称为测者能见地平距离,用 D_e 表示。

地球表面处于大气的包围之中,通常大气密度随高度的增加而逐渐减小,当光线通过不同密度的大气层时,将发生折射,因此,水天线上 B 处的光线沿着弧线 BA' 到达测者眼睛 A' 点。也就是说,从测者眼睛 A' 出发的光线不是以直线 $A'C$ 到达 C 点,而是沿弧线 $A'B$ 到达 B 点。弧线 $A'B$ 的切线方向 $A'E$ 与 $A'C$ 之间的夹角,称为地面蒙气差 γ。γ 越大,测者能见地平距离越大;反之,γ 越小,测者能见地平距离也越小。

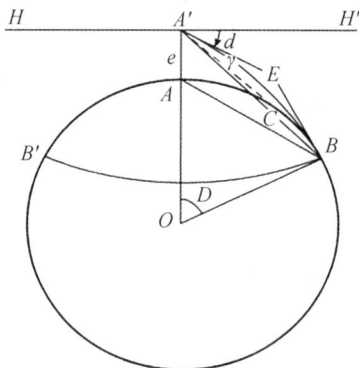

图 1-11　测者能见地平距离

测者能见地平距离还与测者眼高和地面曲率有关。将地球看成圆球体,可以推导得到:

$$D_e = 2.09\sqrt{e}$$

式中:D_e——测者能见地平距离(n mile);

e——测者眼高(m)。

(二)物标能见地平距离

眼高为零的测者理论上所能看到的物标的最远距离称为物标能见地平距离,实际上就是将测者眼睛置于物标顶端时所能看见的最远距离,用 D_h 表示,如图 1-12 所示。

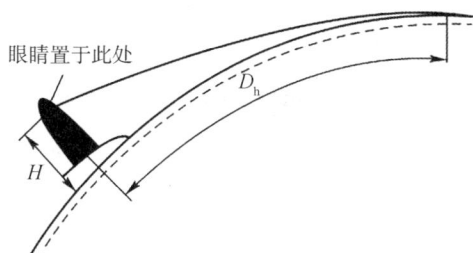

图 1-12　物标能见地平距离

与测者能见地平距离一样,物标能见地平距离为:

$$D_h = 2.09\sqrt{H}$$

式中: D_h——物标能见地平距离(n mile);

H——物标顶端距海平面的高度(m)。

(三)物标地理能见距离

能见度良好时,仅由于地面曲率和地面蒙气差的影响,测者理论上所能看到物标的最远距离,叫作物标的地理能见距离,用 D_o 表示,如图 1-13 所示。物标地理能见距离为:

$$D_o = D_e + D_h = 2.09\sqrt{e} + 2.09\sqrt{H}$$

式中: e——测者眼高(m);

H——物标顶端距海平面的高度(m)。

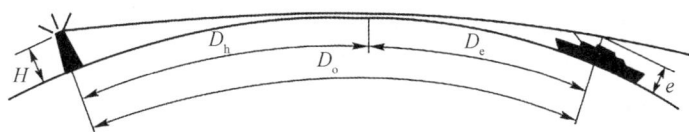

图 1-13　物标地理能见距离

物标地理能见距离是在气象能见度良好(标准大气状态下)的情况下,仅考虑地面曲率和地面蒙气差影响而经过理论计算出来的。实际上,由于当时的气象能见度以及测者眼睛本身分辨力的影响,在白天测者所能发现的最远距离往往要小于物标地理能见距离。

四、灯光初显与初隐

晴天黑夜,船舶驶近灯标,灯标灯芯初露水天线的那一瞬间,称为灯光初显;相反,当船舶驶离灯标时,灯标灯芯初没于水天线的那一瞬间,称为灯光初隐。初显初隐的距离就是灯标的地理能见距离。

显然,并不是所有的灯标都有初显初隐,只有光力足够强,才可能有初显初隐,倘若灯标光力较弱,往往在刚发现灯标灯光时,灯标灯芯早已高出水天线了。此时灯标与测者间的距离小于灯标的地理能见距离。

航行中,驾驶员可以用初显初隐来概略估计船舶到灯标的距离。如同时测得该灯标方位,可以估算本船船位。

知识链接五 测算航速与航程

一、基本概念

船舶的航速与航程与陆地上运输工具的航速与航程有许多共性,同时也有许多自身的特点,测算航速与航程必须弄清楚航速与航程的基本概念。

船舶在海上的航行速度按照参照物不同,分为以下三种:

船速(Ship Speed):船舶在无风、流情况下单位时间内航行的距离,即船舶静水速度。

对水航速(Speed Through Water):船舶相对于水的航行速度。船舶在航行中使用相对计程仪测定的速度就是对水航速,习惯上又称为计程仪航速(Speed by Log)。通常所说的航速是指船舶相对于水的速度。

对地航速(Speed over Ground):船舶在风、流和浪的综合影响下相对于海底的航行速度,又称实际航速,用符号 v_E 表示。

船舶航行速度的单位是节(kn),1 kn = 1 n mile/h。

航程(Distance Run)是给定时间段内船舶航行经过的距离,代号为 s,航程的计量单位是海里。在有水流影响的海区,航程分为对水航程和对地航程。船舶对地航程矢量是船舶对水航程矢量和水流流程矢量之和,即对地航程=对水航程+水流流程。航海上可用推进器转速或计程仪测定船速和航程。

二、根据主机转速求船速

以螺旋桨作为推进器航行的船舶,其航行速度与主机转速有着直接的关系。

理论上将螺旋桨在固体中每旋转一周所推进的距离,叫作螺距,用 P 表示,螺旋桨的转速用 n 表示,那么螺旋桨的理论推进速度是 nP。由于螺旋桨在水中工作,再加上船舶有很大的阻力,因此,螺旋桨旋转一周推动船舶相对水前进的距离远小于螺距。把螺旋桨推动船舶相对水的前进速度叫作主机航速,用 v_E 表示,也即航海上习惯称呼的船速。把螺旋桨理论速度 nP 与主机航速 v_E 的差值叫作螺旋桨的滑失(Slip)。滑失比是滑失与螺旋桨理论速度 nP 之比。

$$滑失比 = \frac{nP - v_E}{nP}$$

滑失比是一个变数,它与船舶的航行条件有关,例如风浪、吃水及吃水差、船壳上的附着物等。所以,船舶的主机每分钟转数与船速之间的关系也会变化。不同装载状态下船速和推进器转速之间的关系只能通过船舶在船速校验场实际测定来获得。表1-1为某船推进器转速与船速对照表,便于在实际工作中进行船速的估算。

表 1-1　某船推进器转速与船速对照表

推进器转速(r/min)	船速(kn)		推进器转速(r/min)	船速(kn)	
	满载	空载		满载	空载
120	14.0	14.7	80	10.3	11.3
110	13.2	14.0	70	9.2	10.2
100	12.3	13.0	60	8.2	9.2
90	11.4	12.4	50	7.2	8.2

　　航海上船速的测量工具有很多,计程仪便是其中一个,在使用计程仪之前,首先要对计程仪的改正率进行测定并修正。

　　船速校验线一般设在一些重要港口附近的测速场上,在那里有专供船舶试航时测定船速和计程仪改正率之用的横向叠标组,如图 1-14 所示。它一般由三对横向叠标,或加一对导航叠标构成。有关这方面的资料可查阅《航路指南》及《航标表》等。良好的船速校验线应具备以下条件:

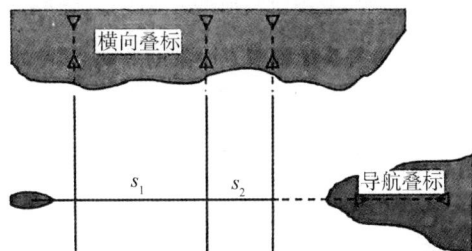

图 1-14　测速场

　　(1)船速校验线的长度应当适当,过短或过长都会影响测定精度。一般对于船速在 18 kn 以下的船舶,船速校验线的长度应为 1~2 n mile;对于船速在 18 kn 及以上的船舶,其长度为 2~3 n mile。

　　(2)船速校验线上的水深应满足:

$$h \geqslant 1.5 \frac{v^2}{g} + d$$

　　式中:h——水深(m);

　　　　　v——船速(m/s);

　　　　　g——重力加速度(m/s^2);

　　　　　d——船舶吃水(m)。

　　如不满足上述条件,会产生浅水附加阻力,影响测速精度。

　　(3)在船速校验线的两端,应该有宽广的旋回余地,以便船舶在到达第一对横向叠标之前的一定距离上能够尽早驶上船速校验线。

　　(4)船速校验线应能避风浪且最好无流,如果有流,测速线应与流向平行。

　　(5)船速校验线附近应确保不存在危险物,而且助航标志易于辨认。

✏️ 项目实施

任务一 测算纬差和经差

一、任务描述

当船舶由一点航行至另一点时,它的经度和纬度便发生了变化,其方向和大小的改变用经差和纬差来表示。

到达点纬度与起航点纬度之差称为纬差,用 $D\varphi$ 表示;到达点经度与起航点经度之差称为经差,用 $D\lambda$ 表示。

纬差和经差都具有方向性。确定的原则是根据到达点在起航点之南或之北,来确定纬差方向是南或是北;同样,根据到达点在起航点之东或之西,来确定经差的方向是东或是西。

二、实施步骤

（一）计算纬差

纬差($D\varphi$)——地面上两点间纬度之差,范围是 $0° \sim 180°$,当到达点在起航点之北时,纬差为北,用 N 表示;反之,当到达点在起航点之南时,纬差为南,用 S 表示。

（二）计算经差

经差($D\lambda$)——地面上两点间经度之差,范围是 $0° \sim 180°$。当到达点在起航点之东时,经差为东,用 E 表示;反之,当到达点在起航点之西时,经差为西,用 W 表示。

设到起航点地理坐标为(φ_1, λ_1),达点地理坐标为(φ_2, λ_2),则经差和纬差的计算公式如下:

$$D\varphi = \varphi_2 - \varphi_1$$
$$D\lambda = \lambda_2 - \lambda_1$$

运用上述两式计算时应注意:

(1)北纬、东经为正(+),南纬、西经为负(−);

(2)纬差、经差也有符号,正值(+)为北纬差、东经差,负值(−)为南纬差、西经差;

(3)经差不大于180°,如果大于180°,应用360°减去该值,并改变其原来的方向符号。

（三）实战演练

例 1-1:某船由 $33°48'.0N, 123°16'.0W$ 航行至 $46°28'.0N, 96°14'.0W$,求两地的经差和纬差。

φ_2	$46°28'.0N(+)$		λ_2	$96°14'.0W(-)$
$-)\ \varphi_1$	$33°48'.0N(+)$		$-)\lambda_1$	$123°16'.0W(-)$
$D\varphi$	$12°40'.0N$		$D\lambda$	$27°02'.0E$

例 1-2:某船由 $55°18'.0S,122°21'.0E$ 航行至 $66°24'.0N,154°13'.0W$,求两地的经差和纬差。

	φ_2	$66°24'.0N(+)$		λ_2	$154°13'.0W(-)$
$-)$	φ_1	$55°18'.0S(-)$	$-)$	λ_1	$122°21'.0E(+)$
	$D\varphi$	$121°42'.0N$		$D\lambda$	$276°34'.0W$
					$83°26'.0E$

例 1-3:从上海港($31°14'.0N,121°29'.0E$)到夏威夷群岛的火努鲁鲁($21°8'.0N$,$157°52'.0W$),求两地的纬差和经差。

	φ_2	$21°18'.0N(+)$		λ_2	$157°52'.0W(-)$
$-)$	φ_1	$31°14'.0N(+)$	$-)$	λ_1	$121°29'.0E(+)$
	$D\varphi$	$-9°56'.0S$		$D\lambda$	$279°21'.0W(-)$
					$80°39'.0W$

例 1-4:已知起航点($35°39'.4N,167°42'.2E$),两地纬差和经差分别为 $12°43'.2S$、$26°28'.6E$,求到达点的纬度和经度。

	φ_1	$35°39'.0N(+)$		λ_1	$167°42'.2W(-)$
$+)$	$D\varphi$	$12°43'.2S(-)$	$+)$	$D\lambda$	$26°28'.6E(+)$
	φ_1	$22°55'.8(N)$		λ_2	$194°10'.8E(+)$
					$165°49'.0W$

例 1-5:已知到达点($30°39'.4N,135°40'.2W$),两地纬差和经差分别为 $32°43'.8S$、$16°25'.6E$,求起航点的纬度和经度。

	φ_2	$30°39'.4N(+)$		λ_2	$135°40'.2W(-)$
$-)$	$D\varphi$	$32°43'.8S(-)$	$-)$	$D\lambda$	$16°25'.6E(+)$
	φ_1	$63°23'.2(N)$		λ_1	$162°08'.8W(-)$

任务二　测算航向方位

子任务 1　航向、方位与舷角的换算

一、任务描述

舷角的度量通常有两种方法:一种是圆周法,即自船首线开始沿顺时针方向度量到物标位线的角度,计量范围为 $000°\sim360°$,通常也用三位数字表示;另一种是半圆法,即自船首线开始,向右或者向左度量到物标方位线的角度,计量范围为 $0°\sim180°$,它们分别叫作物标的右舷角($Q_右$)和物标的左舷角($Q_左$),通常用度数后加右或左来表示。圆周舷角与半圆舷角可以互换。

$$半圆舷角=\begin{cases}圆周舷角（圆周舷角<180°，为右舷角）\\360°-圆周舷角（圆周舷角>180°，为左舷角）\end{cases}$$

二、实施步骤

（一）舷角换算

圆周舷角分别为 036° 和 236°，换算成半圆舷角分别为 36°右和 124°左。

在航海中，物标的左正横与右正横是驾驶员经常关注的，例如判断物标的正横距离，利用物标的正横方位转向等。当舷角 $Q = 090°$，或者 $Q = 90°$右时，叫作物标的右正横；当舷角 $Q = 270°$，或者 $Q = 90°$左时，叫作物标的左正横。

真航向、真方位和舷角的关系（见图 1-4）是：

$$TB = TC + Q \begin{cases} Q_{右} \text{ 为 "+"} \\ Q_{左} \text{ 为 "-"} \end{cases}$$

（二）真方位计算

物标的真方位是以真北线为基准度量的，与船舶的航向变化无关。而物标舷角是以航向线为基准度量的，随航向变化而改变。也就是说，当测者位置不变时，随着船舶的转向，船舶的航向和物标的舷角随之发生改变，而物标的方位线没有变化，所以，物标的真方位保持不变。如果测者位置发生变化，物标的真方位一般情况下会随之变化。

（三）实战演练

例 1-6：某船 $TC = 125°$，测得某物标舷角 $Q = 100°$，求该物标的真方位 TB。

解：$TB = TC + Q = 125° + 100° = 225°$。

例 1-7：某船 $TC = 150°$，测得某物标舷角为 50°左，求该物标真方位 TB。

解：$TB = TC + Q = 150° - 50° = 100°$。

例 1-8：某船 $TC = 080°$，求某物标左正横时的真方位 TB。

解：$TB = TC + Q = 080° - 90° + 360°$（不够减，加 360°）$= 350°$。

例 1-9：某船 $TC = 230°$，测得某物标真方位 $TB = 185°$，求该物标的舷角。

解：$Q = TB - TC = 185° - 230° + 360°$（不够减，加 360°）$= 315°$或 45°左。

子任务 2　方向度量方法的换算

一、任务描述

方向度量方法的换算包括圆周法与半圆周法的换算，罗经点法与圆周法的换算。

二、实施步骤

（一）圆周法与半圆周法的换算

在航海观测和计算中，圆周方向和半圆周方向均准确到 0°.1。非整数度数，在书写时，航海的专业习惯是将度符号记在其整数的个位数字上，随后写小数点，如 108°.5，而不能写成 108.5°。

圆周方向和半圆周方向可以相互换算，换算法则为：

在北东(NE)半圆周:圆周度数=半圆周度数;

在南东(SE)半圆周:圆周度数=180°-半圆周度数;

在南西(SW)半圆周:圆周度数=180°+半圆周度数;

在北西(NW)半圆周:圆周度数=360°-半圆周度数。

换算时,可用图解法。如图 1-15 所示,M' 的方位 25°SE = 180°-25° = 155°,M 的方位 50°NW = 360°-50° = 310°。

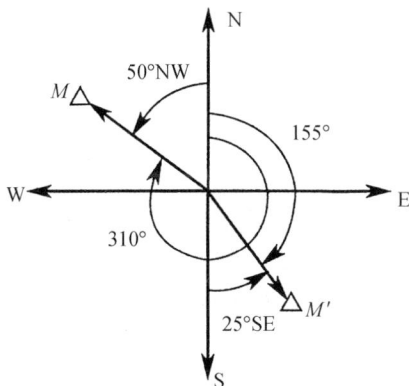

图 1-15　圆周方向和半圆周方向互换

例 1-10:将 53°.3NE、162°SE、126°.5SW、49°NW 换算成圆周方向。

解:53°.3NE = 053°.3;

162°SE = 180°-162° = 018°;

126°.5SW = 180°+126°.5 = 306°.5;

49°NW = 360°-49° = 311°。

(二)罗经点法与圆周法的换算

罗经点法所确定的 4 个基点、4 个隅点、8 个三字点和 16 个偏点共计 32 个点,就将一个圆周均匀划分为 32 个方向点,叫作 32 个罗经点。32 个罗经点是测者周围的 32 个方向,每个罗经点代表一个特定的方向。

1 个罗经点也可以看作两个相邻的罗经点之间的角度,则:

$$1 个罗经点 = 11°.25 = 11°15'$$

根据 1 个罗经点等于 11°.25,可以方便地进行罗经点方向和圆周方向的换算。换算时首先应熟记基点和隅点的圆周方向度数。4 个隅点的度数分别为 NE = 045°,SE = 135°,SW = 225°,NW = 315°。

三字点是等分基点与隅点方向的罗经点,与基点和隅点都相差 2 个罗经点,据此便不难求出三字点的圆周方向。根据三字点的结构,即"基点+隅点",三字点换算成圆周方向的法则是:基点度数+22°.5,三字点度数比基点大用"+",否则用"-"。

如 SSE,SSE 比 S 点小 22°5,所以 SSE = 180°-22°.5 = 157°.5。

偏点与基点、隅点或三字点偏差(或大或小)1 个罗经点,根据偏点的结构,即"基点或隅点/基点",偏点换算成圆周方向的法则是:基点或隅点度数为+11°.25,同样偏点度数比基点或隅点大用"+",否则用"-"。如 SW/S 比 SW 点小 1 个罗经点。

三、习题

(1)罗经点方向 E/N 换算成圆周方向为_____。

A.011°.25

B.078°.25

C.078°.75

D.101°.25

(2)罗经点方向 E/S 换算成圆周方向为_____。

A.045°

B.101°.25

C.035°

D.168°.75

(3)罗经点方向 N/E 换算成圆周方向为_____。

A.011°.25

B.079°.25

C.011°.25

D.348°.75

(4)罗经点方向 N/W 换算成圆周方向为_____。

A.348°.75

B.281°.25

C.315°

D.337°

任务二 测算罗经误差

子任务 1　磁差的计算

一、任务描述

磁差随地区变化,不同地区的磁差值一般经测量得到。此外,磁差还随时间变化而变化,因此仅知道测量当时磁差的大小和方向是不够的,还必须知道该地的年差。完整的磁差资料应包含测量当时的磁差值(大小和方向)、测量年份和年差。

二、实施步骤

在航用海图上,查取磁差资料的方法一般有下列三种:

（1）一般航行图和港泊图的向位圈（罗经花，Compass Rose）上，都给出该向位圈所在地点的磁差资料，包括磁差的大小和方向，所给磁差的年份、年差数据。一张海图一般有几个罗经花，驾驶员应使用就近的罗经花，如果船舶位于两个罗经花之间，可用目测估计，按比例内插求得。

（2）在总图和远洋航行图上，海图比例尺小，覆盖范围大，图区内磁差变化较大，因此，只能以等磁差线的形式给出磁差资料。等磁差线是磁差相等的各点的连线。每条等磁差线上都注有相应的磁差和年差，其中 E 和 W 分别表示磁差（年差）偏东、偏西。所提供磁差的年份在海图标题栏内给出。

（3）在一些大比例尺港泊图上，海图覆盖范围较小，整个图区内的磁差可以认为是相等的，因此，通常仅在海图标题栏内给出所有的磁差资料。

驾驶员在使用磁罗经时，必须适时地查取磁差资料，并按下式求取当地、当时的磁差：

$$所求磁差 = 图示磁差 + 年差 \times （所求年份 - 测量年份）$$

图示磁差取其绝对值。年差增加取（+），减少取（-）。若年差用 E 或 W 表示，则当年差与图示磁差同名时，年差取（+）；异名时，取（-）。结果为（+），则所求磁差与图示磁差同名；结果为（-），则所求磁差与图示磁差异名。

例 1-11：某海图罗经花上注有"Var 2°30′W（1986）increasing about 2′ annually"，求该地 1997 年的磁差。

解：$Var = 2°30′W + （1997 - 1986） \times 2′ = 2°52′W$。

例 1-12：某海图罗经花上注有"磁差偏西 5°35′（1995），年差 +5′"，求该地 2001 年的磁差。

解：$Var = 5°35′W + （2001 - 1995） \times 5′ = 6°05′W$。

例 1-13：某海图罗经花上注有"Var 4°5′W（1991）（5′E）"，求该地 2000 年的磁差。

解：$Var = 4°5′W + （2000 - 1991） \times 5′E = 3°20′W$。

当船舶在海图上相邻两方位圈或等磁差线之间航行时，应先分别求出两方位圈或等磁差线上的磁差值，再进行必要的目视内插，从而求取船舶所在地点的正确磁差值。

实际工作中，除了按上述方法求取磁差外，还可根据船位从北斗或 GPS 接收机和 ECDIS 等现代化导航仪器中直接读取磁差值。

子任务 2　磁罗经自差求取

一、任务描述

船磁的大小与方向并不是固定不变的，当磁力线与船体的相对位置发生变化时，船磁也就发生变化。所以船磁随着航向的改变而改变，这样，船上的磁罗经自差也随着航向的改变而变化。另外，磁罗经自差还可能因船舶装载钢铁和磁性矿物，磁罗经附近的铁器、电气设备的位置改变，船舶倾斜和船舶所在的磁纬变化很大而发生变化。

二、实施步骤

（一）自差消除

当自差值过大时，会产生船舶已改向而罗盘上没有反应或变化很小的现象，而在某些航向上又会引起罗盘的大幅摆动。这说明，作用于罗盘上的某些船磁力过大，已影响到磁针的指北能力。这显然对航行安全构成威胁。所以，必须对磁罗经进行自差消除，但不可能把各个航向上的自差消除干净，一般还会剩下 3°以内的自差，叫作剩余自差。在消除自差后应将 4 个基点和 4 个隅点这 8 个主要航向上的剩余自差值测定出来，并通过公式算出任意航向上的自差，然后制成自差表或自差曲线图。

（二）自差求取

由于船磁随时间、地点不断变化着，自差表和自差曲线图不是一成不变的，它们只能代表当时当地的自差特征，或近似认为是测定后的一定时间内和测量地的一定范围内的自差特征。为了获得航行中船舶航向上的准确自差值或为了验证所采用的自差的可靠性，必须利用一切机会测定航行中实际自差值，并将测定结果记入航海日志和磁罗经自差记录簿中，以便在今后的相同航行条件下参考使用。当发现自差曲线或自差表与所测得的实际自差值有较大出入时或船磁发生较大变化时，都必须重新进行自差校正，制定新的自差表或自差曲线图。

例 1-14：已知 $CC=215°$，利用自差表求自差 Dev。

解：查表并进行内插得：

$$Dev=+1°.8+\frac{2°.3-1°.8}{225°-210°}\times(215°-210°)\approx+1°.8+0°.2=+2°.0 \text{ 或 } 2°.0E$$

例 1-15：已知 $TC=162°$，$Var=12°E$，利用自差表求磁罗经自差。

解：$MC=TC-Var=162°-12°=150°$。

以 MC 代替 CC 查表得：$Dev=-2°.5$ 或 $2°.5W$。

自差表和自差曲线图中的自差均以罗航向为引数查取。如果仅知道真航向而不知道罗航向时，可用磁航向代替罗航向作为引数，查得自差，在剩余自差不大时，由此引起的误差可忽略。但不能用真航向代替罗航向，否则在查取自差时会有较大的误差。

任务四 换算向位

子任务 1 向位换算

一、任务描述

向位换算是指不同基准的航向或方位之间的换算。航海上用磁罗经或陀螺罗经测定的航向和方位是罗航向、罗方位或陀罗航向、陀罗方位。海图作业时,必须先将它们换算为以真北为基准的真航向或真方位;相反,如果在海图上事先设计好了真航向和真方位,实际导航中,又需要先将它们换算为以罗北或陀罗北为基准的罗航向、罗方位或陀罗航向、陀罗方位,以便用磁罗经或陀螺罗经去执行。

二、实施步骤

向位换算的方法有两种:图解法和公式计算法。利用图解法进行向位换算,应首先根据已知条件画出各种不同的基准线以及相应的航向线和方位线,然后从不同的基准线起算,即可求取对应于不同基准线的各种航向和方位值。真向位、罗向位、磁向位以及罗经差、磁差和自差之间的关系如图 1-16 所示。

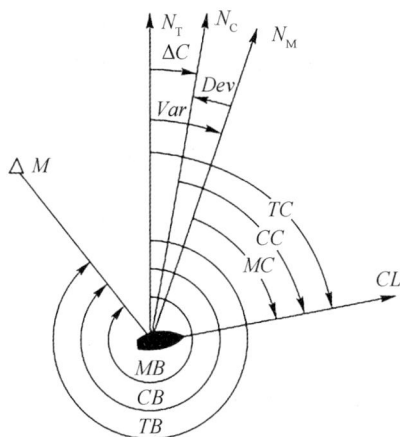

图 1-16　真向位、罗向位、磁向位以及罗经差、磁差和自差的关系

公式计算法是根据已知条件,直接用公式计算进行向位换算的方法。向位换算的公式如下:

$$TC = GC + \Delta G = CC + \Delta C = CC + Dev + Var = MC + Var$$
$$TB = GB + \Delta G = CB + \Delta C = CB + Dev + Var = MB + Var$$
$$MC = CC + Dev = TC - Var$$
$$MB = CB + Dev = TB - Var$$
$$\Delta C = Var + Dev = TC - CC = TB - CB$$
$$\Delta G = TC - GC = TB - GB$$

利用图解法进行向位换算比较直观,不易出错,但作图麻烦、费时,且精度较低。公式计算法中,磁罗经向位之间的换算比较抽象,但熟练掌握该方法后,不仅简单、快捷,而且具有较高的精度。实际工作中,往往采用公式计算法,必要时辅以作图法,以帮助理解和记忆,避免出错。下面重点介绍不同情况下利用公式计算法进行向位换算。

1.罗经向位换算为真向位

(1)向位换算公式

$$TC = GC + \Delta G = CC + \Delta C = CC + Dev + Var$$
$$TB = CB + \Delta G = CB + \Delta C = CB + Dev + Var$$

$$\Delta C = Var + Dev$$

（2）向位换算步骤

①从海图上查取航行海区的磁差资料，求取该海区当年的磁差值 Var；

②以罗航向为引数，从磁罗经自差表或自差曲线中查取该航向上的自差值 Dev；

③按公式 $AC = Var + Dev$ 求取罗经差 ΔC；

④直接按向位换算公式计算求解。

2.真向位换算为罗经向位

（1）向位换算公式

$$GC = TC - \Delta G$$

$$GB = TB - \Delta G$$

$$CC = TC - \Delta C = MC - Dev$$

$$CB = TB - \Delta C = MB - Dev$$

$$MC = TC - Var = CC + Dev$$

$$MB = TB - Var = CB + Dev$$

$$\Delta C = Var + Dev$$

（2）向位换算步骤

①从海图上查取航行海区的磁差资料，求取该海区当年的磁差值 Var；

②按公式 $MC = TC - Var$ 求取磁航向 MC；

③以 MC 代替 CC 为引数，从磁罗经自差表或自差曲线中查取该航向上的自差值 Dev；

④按公式 $\Delta C = Var + Dev$ 求取罗经差 ΔC；

⑤直接按向位换算公式计算求解。

子任务2 中版海图灯标射程计算

一、任务描述

晴天黑夜，灯光所能照射的最大距离，叫作光力能见距离，也叫光力射程。光力能见距离仅与光强[用"坎德拉（cd）"表示]和气象能见度有关，而与眼高、灯高、地面曲率及地面蒙气差均无关。

二、实施步骤

海图上标示的灯塔射程有两种：一种标示的是地理射程，即测者眼高为 5 m 时灯标的地理能见距离；另一种标示的是光力射程，即光力能见距离。射程单位为海里，在标注中通常用"n mile"表示。射程不足 10 n mile，注至 0.1 n mile，大于 10 n mile 的，注至整海里，舍去小数。

当灯标的光力能见距离大于或等于测者眼高 5 m 时的灯标地理能见距离时，标注的是地理射程，其值为测者眼高 5 m 时的灯标地理能见距离，该灯标即属于强光灯标，可能有初显初隐;若灯标的光力能见距离小于测者眼高 5 m 时的灯标地理能见距离,标注的是光力射程,其值就等于该灯标的光力能见距离,该灯标即属于弱光灯标,无初显初隐。

设眼高 e,灯塔射程 D_o,塔高为 H,眼高 5 m 时灯标地理能见距离 $D_o = 2.09(\sqrt{5} + \sqrt{H})$。当 $D_o \approx D_s$ 时,标注的是地理射程,是强光灯标,可能有初显初隐,其初显初隐距离 D 为当时眼高下的灯标地理能见距离,即 $D = 2.09(\sqrt{e} + \sqrt{H})$ 或 $D = $ 射程 $+ 2.09(\sqrt{e} - \sqrt{5})$,当 $D_o > D_s$ 时,标注的是光力射程,是弱光灯标,无初显初隐。

例 1-16: 中版海图上某灯塔灯高 58 m,射程 20 n mile,我船高 16 m,问该灯塔有无初显初隐? 距离多少?

解: $D_o = 2.09(\sqrt{5} + \sqrt{H}) = 2.09(\sqrt{5} + \sqrt{58}) \approx 20.6(\text{n mile})$。

舍小数取整即为 20 n mile,等于灯塔射程,则该灯塔属强光灯标,有初显初隐,初显初隐距离:

$$D = 2.09(\sqrt{e} + \sqrt{H}) = 2.09(\sqrt{16} + \sqrt{58}) \approx 24.3(\text{n mile})。$$

例 1-17: 中版海图上,某灯塔灯高为 38 m,射程 15 n mile,我船眼高 18 m,问该灯塔有无初显初隐? 初显初隐距离是多少?

解: $D_o = 2.09(\sqrt{5} + \sqrt{H}) = 2.09(\sqrt{5} + \sqrt{38}) \approx 17.6(\text{n mile}) > D_s$,

所以,该灯塔标注的是光力射程,属弱光灯标,无初显初隐。

例 1-18: 中版海图上,某灯塔射程 23 n mile,我船眼高 20 m,求该灯塔的初显初隐距离。

解: $D = $ 射程 $+ 2.09(\sqrt{e} - \sqrt{5}) = 23 + 2.09(\sqrt{20} - \sqrt{5}) \approx 27.7(\text{n mile})$。

由上可见,中版海图和《航标表》上的图注灯标射程为测者眼高 5 m 时的灯标地理能见距离与该灯标光力能见距离两者中较小值。

任务五 测算灯标射程与航程

子任务 1 英版海图灯标射程计算

一、任务描述

英版海图和《灯标表》中灯标射程分光力射程与额定光力射程两种。光力射程是指在某一气象能见度条件下,灯光光力的最大能见距离。额定光力射程是指在气象能见度为 10 n mile 条件下,灯光光力的最大能见距离。这两种射程都仅与灯光强度和气象能见度有关,而与眼高、灯高、地面曲率及地面蒙气差无关。

世界上大多数国家采用额定光力射程作为灯标射程。英版海图中大多数采用额定光力射程作为图注灯光射程,也有一些采用光力射程作为图注灯光射程。采用额定光力射程的国家和地区,在《灯标表》的"特殊说明"(Special Remarks)中注明。

二、实施步骤

英版资料中灯标的灯光最大可见距离与初显初隐的判断,可以用以下方法:当图注灯光射程大于或等于该灯标的地理能见距离 D 时,该灯标可能有初显初隐,灯光最大可见距离等于 D_0;当图注灯光射程小于 D_0 时,该灯标无初显初隐,灯光最大可见距离等于图注射程。也就是说,英版海图上,灯光最大可见距离等于图注灯光射程和该灯标的地理能见距离两者的较小值。

例 1-19:英版海图上标注某灯塔射程 33 n mile,该灯塔高 90 m,我船眼高为 20 m。问该灯塔有无初显初隐?该灯塔灯光的最大可见距离是多少?

解: $D_0 = 2.09(\sqrt{e} + \sqrt{H}) = 2.09(\sqrt{20} + \sqrt{90}) \approx 29(\text{n mile}) < 33(\text{n mile})$,

该灯塔有初显初隐,其灯光的最大可见距离为约 29 n mile。

例 1-20:英版海图上某灯塔图注射程 27 n mile,灯高为 120 m。我船眼高为 18 m。问该灯塔灯光的最大可见距离是多少?

解: $D_0 = 2.09(\sqrt{e} + \sqrt{H}) = 2.09(\sqrt{18} + \sqrt{120}) \approx 31.8(\text{n mile}) > 27(\text{n mile})$,

该灯塔无初显初隐,其灯光的最大可见距离约为 27 n mile。

以上的计算并不一定与实际相符。事实上,测者能够看到灯标灯光的最大距离还与很多因素有关,如灯光强度、气象能见度、地面蒙气差、灯高、眼高、人眼能够发现最弱灯光的能力、灯光背景等因素。特别是气象能见度发生变化的情况下,测者能够看到灯标灯光的最大距离随即发生变化。如例 1-20 中,如能见度小于 10 n mile,则其灯光最大可见距离将小于 27 n mile。

通过对灯光的最大可见距离或初显初隐的判断,驾驶员在拟订航行计划时,可以预先求出灯标被发现的时间、地点,据此来判断船位的准确性。

子任务 2 用计程仪求航程

一、任务描述

计程仪(Log)是测量船舶航速和航程的主要仪器。目前根据计程仪能够提供的速度和航程的性质,可以将计程仪分为相对计程仪(Relative Log)和绝对计程仪(Absolute Log)两大类。

相对计程仪只能显示船舶相对于水的航速与航程,即只记录受风影响后的航速与航程,而不能显示受水流影响后的航速与航程,也就是通常所说的"计风不计流"。例如,在无风的海面,船舶停车,随流漂移,这时,船舶没有对水做相对运动,相对程仪无法计算出其漂移速度,即流速。但是,如果船舶在静水中,停车随风漂移,相对计程仪可以计算出其漂移速度,这是因为船舶受风作用对水做相对运动。

绝对计程仪则可以测量船舶相对于海底的航速与航程,即船舶受风、流影响后的实际航速与实际航程。

二、实施步骤

计程仪的种类很多,主要有回转式计程仪、水压力计程仪、电磁式计程仪、多普勒计程仪与声相关计程仪。其中电磁式计程仪、多普勒计程仪和声相关计程仪目前在船上用得比较多。电磁式计程仪是相对计程仪。多普勒和声相关计程仪发射的超声波有效作用距离只有几米到十几米,因此,水深不大时,这两种计程仪可作为绝对计程仪,一般情况下它们也是相对计程仪。

计程仪与所有仪器一样不可避免地存在着误差。计程仪显示出来的里程数叫计程仪读数,用 L 表示。计程仪的改正率为 ΔL,它是用百分数表示的计程仪误差与计程仪读数差的比值,表达式为:

$$\Delta L = \frac{s_L - (L_2 - L_1)}{L_2 - L_1} \times 100\%$$

式中:ΔL——计程仪改正率,用百分数表示;

s_L——准确的船舶相对于水的航程,即计程仪航程;

L_1、L_2——航行于航程 s 的始末的两次计程仪读数。

当计程仪改正率为"+"时,表示计程仪慢了或航程少计了;反之,则表示计程仪快了或航程多计了。因此,计程仪航程必须经计程仪改正率修正后才能得到,即

$$s_L = (L_2 - L_1)(1 + \Delta L)$$

根据这个公式,我国《航海表》Ⅲ-6 列出了"计程仪改正率表"利用 $L_2 - L_1$ 和 ΔL 作为引数可查得计程仪航程 s_L。

若要预求某时刻或船舶到达某地点的计程仪读数时,使用的公式为:

$$L_2 = L_1 + \frac{s_L}{1 + \Delta L}$$

例 1-21:某船计程仪改正率 $\Delta L = +2.8\%$,0900 计程仪读数 $L_1 = 88.8$ n mile;1030 计程仪读数 $L_2 = 104.8$ n mile。求 0900—1030 的计程仪航程。

解:$s_L = (L_2 - L_1)(1 + \Delta L) = (104.8 - 88.8)(1 + 2.8\%) \approx 16.4$ n mile。

例 1-22:某船相对计程仪改正率 $\Delta L = -4\%$,0800 从甲地驶向乙地,此时计程仪读数 $L_1 = 120$ n mile。甲、乙两地相距 62 n mile,顺流流速 4 kn,1030 抵达乙地。求抵达乙地时的计程仪读数 L_2。

解:从甲地到乙地的流程为 $4 \times 2.5 = 10$ n mile,则该船计程仪航程为 $62 - 10 = 52$ n mile。

$$L_2 = L_1 + \frac{s_L}{1 + \Delta L} = 120 + \frac{52}{1 - 4\%} \approx 174.2 \text{ n mile}$$

例 1-23:某船从甲地到乙地逆流而行,船速为 15 kn,流速为 2 kn。海区有顺风,风使船速增加 1 kn,船在甲地时计程仪读数 $L_1 = 120$ n mile,抵达乙地时计程仪读数 $L_2 = 150$ n mile,求相对计程仪改正率 ΔL。

解:该船对水的相对速度为 $15 + 1 = 16$ kn,则计程仪航程 $s_L = 16 \times 2 = 32$ n mile

所以:

$$\Delta L = \frac{s_{\text{L}}-(L_2-L_1)}{L_2-L_1} \times 100\% = \frac{32-(150-120)}{150-120} \times 100\% \approx 6.7\%$$

子任务3　测定船速和计程仪改正率的方法

一、任务描述

测定船速的基本计算公式为：

$$v_{\text{E}} = \frac{3\ 600 \times s}{t}$$

式中：v_{E}——船速（kn）；

　　　s——船速校验线上的某一段距离（n mile）；

　　　t——在船速校验线上航行 s 距离所需的时间（s）。

二、实施步骤

如果在船速校验线上没有水流影响，船舶只要沿校验线航行一次，便可直接按上述公式计算出船速。如果有水流影响，则必须在短时间内往返重复测定多次，以消除水流影响。

（1）在恒流影响下，只要往返测定两次，分别求出每次测定的船速 v_1 和 v_2，然后利用算术平均值的计算方法就能得到船速：

$$v_{\text{E}} = \frac{v_1+v_2}{2}$$

（2）在等加速水流影响下，则必须在短时间内往返重复测定三次，分别求出每次测定的船速 v_1、v_2 和 v_3，则有：

$$v_{\text{E}} = \frac{v_1+2v_2+v_3}{4}$$

（3）在变加速水流影响下，则在短时间内往返重复测定四次，然后分别求出每次测定的船速 v_1、v_2、v_3 和 v_4。按下列公式求得：

$$v_{\text{E}} = \frac{v_1+3v_2+3v_3+v_4}{8}$$

船速一般应在满载、压载情况下分别测定，还可以在半载情况下进行测定。船速测定后，应该列出该船的主机转速与船速对照表，如表1-1所示。该表放在海图室和驾驶台，供驾引人员估计船速和主机转速之用。

由于主机转速与船速的关系受到多方因素的影响，如吃水、吃水差、风浪、污底等，表1-1仅能说明测速时的情况。在条件不同的情况下，该表也就只能作为航行中的参考。

目前，可以利用高精度的连续定位仪（如 GPS 等）测定船舶的实际航速；也可以利用自动雷达标绘仪（Automatic Radar Plotting Aid，ARPA）中的导航功能测定船舶的实际航速。

例1-24：某船在2000年8月12日在某测速场测速，两组叠标间的距离为 1 n mile，该海区为等加速水流,往返航行测定三次,记下时间分别为 $t_1 = 239$ s,$t_2 = 246$ s,$t_3 = 230$ s,求船速。

解:

$$v_1 = \frac{3\,600 \times s}{t_1} = \frac{3\,600 \times 1}{239} \approx 15.06 \text{ kn}$$

$$v_2 = \frac{3\,600 \times s}{t_2} = \frac{3\,600 \times 1}{246} \approx 14.63 \text{ kn}$$

$$v_3 = \frac{3\,600 \times s}{t_3} = \frac{3\,600 \times 1}{230} \approx 15.65 \text{ kn}$$

$$v_E = \frac{v_1 + 2v_2 + v_3}{4} \approx \frac{15.06 + 2 \times 14.63 + 15.65}{4} \approx 14.99 \text{ kn}$$

计程仪改正率 ΔL 也应通过实测求得。对 ΔL 的测定,也应该在船速校验线上进行,并按计程仪改正率 ΔL 的公式计算求出。为了消除水流对测定的影响,也要在短时间内在船速校验线上往返重复测定多次,并按以下各种情况求得计程仪改正率 ΔL。

(1)恒流影响下:

$$\Delta L = \frac{\Delta L_1 + \Delta L_2}{2}$$

(2)在等加速度水流影响下:

$$\Delta L = \frac{\Delta L_1 + 2\Delta L_2 + \Delta L_3}{4}$$

(3)在变加速水流影响下:

$$\Delta L = \frac{\Delta L_1 + 3\Delta L_2 + 3\Delta L_3 + \Delta L_4}{8}$$

式中:ΔL_1、ΔL_2、ΔL_3、ΔL_4 分别是在船速校验线上各次测定的计程仪改正率。

项目考核

项目考核单

	考核内容	分值	考核标准	得分
1				
2				
3				
4				
5				

项目二
海图辨识

项目描述

我国是航海历史悠久的国家,早在13世纪就使用海图了,即我国最早的南海诸岛图。1405—1433年,我国航海家郑和已绘制出比较详尽的"郑和航海图"。海图(Chart)是地图的一种,是航海专用地图,是航海必不可少的重要工具之一。它的功能是传递地球表面为航海所需要的海洋水域及沿岸地物的各种信息。海图上以统一的图式详细描绘了航海所需要的海洋水域及其相关资料,同时对陆地范围内与航海有密切相关的地物、地貌信息,如岸形、岛屿、礁石、浅滩、沉船、水深、底质、水流和各类助航标志等也做了详细描绘。海图对航海工作者来说,是片刻不能离开的。拟订航行计划,航行中进行航迹推算、定位、导航、避险,航行后总结航行经验,发生海事后判明事故责任等都离不开海图。因此,熟知海图构图特征和各种海图图式的意义,正确使用和管理海图是船舶驾驶员必备的知识。

学习目标

1.知识目标

(1)认识海图投影;

(2)认识构建航用海图;

(3)投影墨卡托海图;

(4)绘制墨卡托空白定位图;

(5)认识投影港泊图;

(6)识读海图;

(7)辨识海图分类。

2.能力目标

(1)能够认识不同种类的海图投影;

(2)能够构建航用海图;

(3)能够识别投影墨卡托海图;

(4)能够绘制墨卡托空白定位图;

(5)能够了解投影港泊图;

（6）能够熟练识读海图；

（7）能够熟练辨识海图分类。

3.素质目标

（1）培养学生职业核心能力；

（2）培养学生严谨认真态度和团队协作精神。

知识链接

知识链接一 认识海图投影

地球是一个圆球体，其表面是一个不可展开的封闭曲面，而海图是平面图像，为了得到地球表面的平面图像，必须借助一定的数学方法才能完成。因此，按照一定的数学方法将地球表面信息一一描绘到平面上的方法称为投影。

一、投影变形

要把不可展开的地球表面信息投影到平面上去，就必须拉长或压缩经、纬线，这就不可避免地产生变形，包括长度变形、角度变形和面积变形，如图 2-1 所示，一个微分圆投影后变成了椭圆。海图出版部门根据海图的不同用途，对不同的投影变形加以克服或保留。常用的航用海图——墨卡托投影海图就能满足角度相等、形状相似的投影要求。

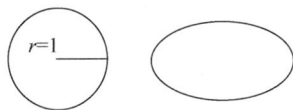

图 2-1　投影变形示意图

二、海图比例尺

（一）局部比例尺

如图 2-2 所示，图中 A 是地面上任意一点，在它的某一方向上有线段 AB，如果将它投影到地图上，变成线段 ab，则该图在 a 点的 ab 方向上的局部比例尺（Local Scale）C 是：

$$C = \lim_{AB \to 0} \frac{ab}{AB}$$

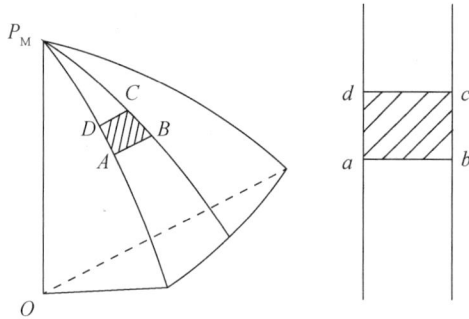

图 2-2　局部比例尺示意图

这种局部比例尺在投影中的变化,可以表明海图投影的变形特点。例如,在地图上某点的各个方向的局部比例尺相等,地图在这一点上就能保持与地面形状相似,这在地图投影中叫作正形或等角;相反,如果地图上某点的各个方向的局部比例尺不相等,则地图在这一点上就不能保持正形或等角。

(二)基准比例尺

由于海图上不同地点的局部比例尺可能不相等,如果某纬度处的局部比例尺被采用作为某张海图或某套海图比例尺的计算基准时,该纬度处的局部比例尺称为该张海图或该套海图的基准比例尺(Nature Scale)。该纬度称为该张海图或该套海图的基准纬度(Standard Parallel)。海图上均标明基准纬度与基准比例尺。例如,我国 12000 号海图就是采用 30°北纬的局部比例尺作为该图的基准比例尺。需注意的是,一张海图的基准纬度并不一定在本图范围内,有时由于海图所需航海资料及比例尺的要求,一个海区往往需要以多幅海图表示,为了使同一海区海图使用起来保持连续性,这一套海图的制作采用统一的基准比例尺。纬度大于或小于基准纬度者,其局部比例尺分别大于或小于基准比例尺。

(三)海图比例尺的表示方法

海图比例尺的表示方法有两种数字比例尺和直线比例尺(图示比例尺的一种)。以数字形式表示的海图比例尺为数字比例尺,如 1:200 000 或 1/200 000。海图比例尺的大小是以比例尺比值大小来表示的,如 1:20 000 比 1:30 000 的比例尺大。一般来说,数字比例尺小于 1:250 000 的海图为小比例尺海图;大于 1:50 000 的为大比例尺海图。直线比例尺是用比例图尺形式绘制海图标题栏或者适当的地方,如图 2-3 所示。海图比例尺的大小决定了海图的极限精度,即海图在绘制过程中存在的固定最高精度。正常人的肉眼分辨力不低于 0.1 mm,因此在绘制海图工作中,绘制精度不会低于 0.1 mm,这就决定了海图绘制存在一个固定的最高精度,其值等于 0.1 mm 与海图比例尺的乘积。海图比例尺的大小也决定了海图作业的极限精度,如果用削尖的铅笔在海图上画一小点,其直径最小也有 0.2 mm,这就是海图作业中能够量出的最小距离,其值等于 0.2 mm 与海图比例尺的乘积。例如在一张比例尺为 1:200 000 的海图上进行海图作业,极限精度为 0.2 mm×200 000＝40 m。

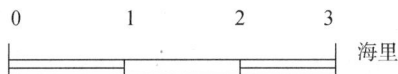

图 2-3　直线比例尺示意图

　　海图比例尺还决定了图上资料的详细程度。比例尺越大,图上资料越详细。在进行海图作业时,应根据航区的特点,尽可能地使用较大比例尺的海图,以便获得更多的航海资料和较高的海图作业的精度。比例尺越小,图区范围越大,图上资料越少。但在制订航行计划时,必须使用小比例尺海图来做总图,以总览整个航程情况。

三、海图投影分类

　　海图投影按不同的分类标准分成不同的种类,按投影性质,海图投影可以分为以下几类(如图 2-4 所示)。

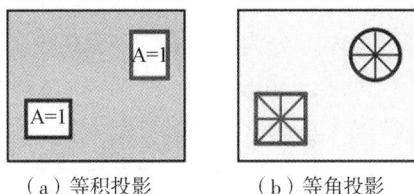

（a）等积投影　　　　（b）等角投影

图 2-4　按投影性质分类

　　（一）等角投影（Equiangle Projection）

　　实地任意两个方向之间的夹角投影到图上后保持不变的投影,称等角投影,又称正形投影。在等角投影中,图上无限小的局部图像,应与实地形状保持相似,但不能保持其对应的面积成比例。因此,在等角投影中,从局部看能够保持形状的相似,但从整个地图来说,图形仍然是变形的。例如,在不同地点的两个相同大小的微分圆,在等角投影的地图上可能被绘成不同大小的两个圆。

　　（二）等积投影（Equalarea Projection）

　　等积投影是保持地面与地图上相对应处的面积成恒定比例的投影方法。因此,等积投影不一定能保持等角,等角与等积在同一投影中很难同时被满足。

　　（三）任意投影（Orthographic Projection）

　　任意投影是除等角和等积之外的其他各种投影方法,是根据某种特殊需要或是为了解决特定问题而制作海图的投影方法。

　　海图投影按用途分为墨卡托投影(或称等角正圆柱投影)、日晷投影(或称心射投影)和高斯–克吕格投影,相关内容将在后文进行详细介绍。

📊 知识拓展

　　按一定的数学方法,把地球椭球(或球)表面的经纬线网转化为海图平面上相应的经纬线网的理论和方法,其实质是将地球椭球(或球)表面上的点表示在海图平面上。

　　海图是一个平面,而地球椭球(或球)表面是不可展开的曲面。把不可展开的曲面上的经纬线网描绘成平面上的图形,必然会发生各种变形,使海图上不同点位的比例尺不能保持一个定值。即某种投影同时达到海图平面上的图形与实地保持形状相似、面积与实地相对应区域的面积相对大小不变、任何距离与相应实地距离的比值为常数是不可能的。但是,在海图投影公式中赋予某函数值,使其在长度、面积、角度(即形状)变形中,保持其中一项不变,或者将变形限制在较小的范围内是可能的。根据不同用途的地图对变形的要求,创造出了多种多样的投影。在设计投影时,通常设想用某种可以展开的曲面作为辅助面,如圆锥面、圆柱面或平面,置于地球椭球(或球)的某位置,将地球椭球上的经纬线网投影到辅助面,并将辅助面展成平面,其目的是获取经纬线网的平面表象。

投影通常按变形性质或正常位置下投影的经纬线形状进行分类。

投影按变形性质可分为:①等角投影,能保持微小面积的图形同实地相似,即两个方向之间的夹角大小投影后保持不变。②等距离投影,能保持一定方向上线段的长度不变。③等面积投影,投影后面积大小保持不变。④任意投影,凡不属于等角或等面积的投影称为任意投影。等距离投影是任意投影的一种。

按正常位置下经纬线形状进行分类,有三种情况:①辅助面种类不同而获得正常位置下投影的经纬线形状,海图投影可分为圆锥投影、圆柱投影和方位投影。②按辅助面与地球椭球(或球)的位置不同,投影可分为正轴、横轴、斜轴圆锥投影,圆柱投影,正、横、斜方位投影。上述两种情况中的每一种投影,按变形性质又可分为等角投影、等面积投影和等距离(或任意)投影。③有些投影不设某种几何辅助面,而设一些其他假定条件,如伪圆锥投影、伪圆柱投影、伪方位投影、多圆锥投影等。

在海图制图中,投影的选择主要考虑各种投影的变形特征和制图任务的特点,如海图的内容、用途、使用方式、出版方式、制图区域特点等。海图最常用的投影有墨卡托投影、高斯-克吕格投影和日晷投影。

知识链接二 构建航用海图

一、恒向线

恒向线是指在地球表面上与所有经线相交成相同角度的曲线,也叫等角航线。如图 2-5 所示,设某船从 A 点沿恒定的真航向 050°航行,它将与地面上所有经线相交成相同角度 050°,其轨迹即恒向线,它将绕地球表面,以螺旋状无限地趋向地极,但总不能到达地极,它的形状是一条对数螺旋线。

船舶沿恒向线航行是十分方便的。因为船舶真航线保持在一个稳定的角度上,而不用改变航向,伴随航行而来的所有计算都变得简单。但是,把地球当成圆球体时,地球表面上两点间的最短距离是连接该两点的大圆劣弧,而地面上两点间恒向线不是大圆弧而是球面曲线,因此恒向线不是地面上两点间的最短距离。

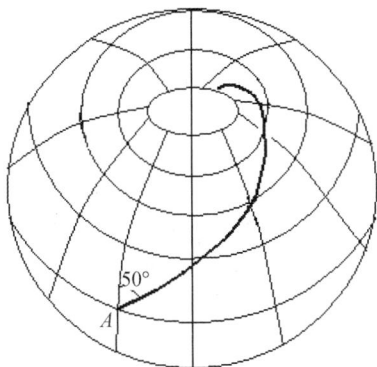

图 2-5　恒向线示意图

把地球当成圆球体,设起航点为 $A(\varphi_1,\lambda_1)$,以真航向 C 航行至到达点 $B(\varphi_2,\lambda_2)$,不难求出两点间的恒向线方程为:

$$\lambda_2-\lambda_1=\tan C\left[\operatorname{lntan}\left(\frac{\pi}{4}+\frac{\varphi_2}{2}\right)-\operatorname{lntan}\left(\frac{\pi}{4}+\frac{\varphi_1}{2}\right)\right] \tag{2-1}$$

从恒向线方程可以得出恒向线有如下特征:

(1)当 $C=000°$ 或 $180°$ 时,$\lambda_2=\lambda_1$,即恒向线与经线重合,反过来说经线是恒向线的特例。

(2)当 $C=090°$ 或 $270°$ 时,$\tan C=\infty$,而 $\lambda_2-\lambda_1$ 是一有限值,因此

$$\operatorname{lntan}\left(\frac{\pi}{4}+\frac{\varphi_2}{2}\right)-\operatorname{lntan}\left(\frac{\pi}{4}+\frac{\varphi_1}{2}\right)=0$$

即 $\varphi_2=\varphi_1$,这时恒向线与纬度圈重合,反过来说纬线也是恒向线的特例。

(3)如起航点为 $M(0,\lambda_0)$,即起航点在赤道上,代入恒向线方程,得:

$$\lambda_2=\lambda_0+\tan C\left[\operatorname{lntan}\left(\frac{\pi}{4}+\frac{\varphi_2}{2}\right)\right]$$

由上式可知,对于 φ_2 的每一个值,λ_2 只有一个解,说明恒向线与每一条纬线只相交一次。

(4)把 $\lambda_2=\lambda_0+\tan C\left[\operatorname{lntan}\left(\frac{\pi}{4}+\frac{\varphi_2}{2}\right)\right]$ 变换得:

$$\tan\left(\frac{\pi}{4}+\frac{\varphi_2}{2}\right)=\mathrm{e}^{(\lambda_2-\lambda_1)\cot C}$$

式中,e 为自然对数的底,从上式可以看出,当 λ_2 以 $\lambda_2+2\pi$、$\lambda_2+4\pi$ ……代入时,则纬度 φ_2 的对应值也将随之改变,而且有无数个解。这说明恒向线与每一条经线相交无数次。

(5)当恒向线每围绕地球一周,都与同一条经线相交一次,并且交点纬度越来越高,最后接近地极,但不能到达地极。

(6) $\tan\left(\frac{\pi}{4}+\frac{\varphi_2}{2}\right)=\mathrm{e}^{(\lambda_2-\lambda_1)\cot C}$ 与对数螺旋线参数方程 $\rho=a\mathrm{e}^{\theta}$ 相比较,其形式是相同的,说明恒向线是一条具有双重曲率的对数螺旋线。

以上是将地球视为圆球体的解法。如果将地球当成椭球体,就要考虑到地球椭球体扁率的影响,不过,由于扁率的数值很小,可以忽略不计。

二、航用海图必备条件

航用海图是船舶航行中供拟定航线、绘算航迹、测定船位等使用的海图。为了使用方便,航用海图必须具备以下两个条件:

(1)在航用海图上画恒向线航线和物标方位线的目的是利用比较简单的图解方法来确定船舶的运动情况。因此,为了使航用海图能满足船舶驾驶应用的需要,必须使经过投影后的航用海图上所画的恒向线航线和物标方位线成为直线。因此,要求恒向线在航用海图上是直线。

(2)在地球表面上,船舶航线是船舶首尾面与船舶所在子午圈平面间的夹角。而所测定的物标方位是测者经线和物标方位圆间的夹角。它们必须和投影在航用海图上的对应角度相等。这样就可以根据求得的真航向或真方位,直接在航用海图上画出航向线和方位线。与此相同,地面上的其他元素如岸形、物标等,应与投影在航用海图上的图象成正形,因此要求航用海图投影必须是等角投影。

知识链接三 墨卡托投影海图

1569 年,荷兰制图学家格拉德·克列密尔创造了能够满足航用海图两个必备条件的投影方法,因为他的拉丁名字是墨卡托,这种投影方法就命名为墨卡托投影,用这种投影方法制成的海图叫墨卡托投影海图,简称墨卡托海图。国际航道组织原则上决定航用海图应采用墨卡托投影,用墨卡托投影制成的海图占全部航用海图的 95% 以上。

一、墨卡托投影的原理

墨卡托投影的性质是等角正圆柱投影,它是将地球放入一个假想的与地球直径相等的圆柱内,使地球的赤道与圆柱相切,地轴与圆柱的中轴相重合,将视点置于地心。墨卡托投影是如何满足航用海图两个必备条件的呢?一是地面上的经线均投影到圆柱面上后,沿着圆柱面上某一条母线剪开后展平,则所有经线相互平行,且经线与纬线相互垂直,这样就满足了恒向线是直线的要求。二是墨卡托投影采用数学方法来满足等角投影的条件。众所周知,地球表面是一个不可展开的曲面,且所有经线都相交于极点,但在正圆柱投影中,所有经线相互平行且间距相等,这样除赤道外,其他所有纬线发生了程度不同的拉长变形,且纬度越高,拉长的幅度越大。为了满足墨卡托海图等角投影的要求,相应的经线也应随着纬线的拉长而拉长,且拉长的幅度应相等,这样就保证等角的性质,如图 2-6 所示。

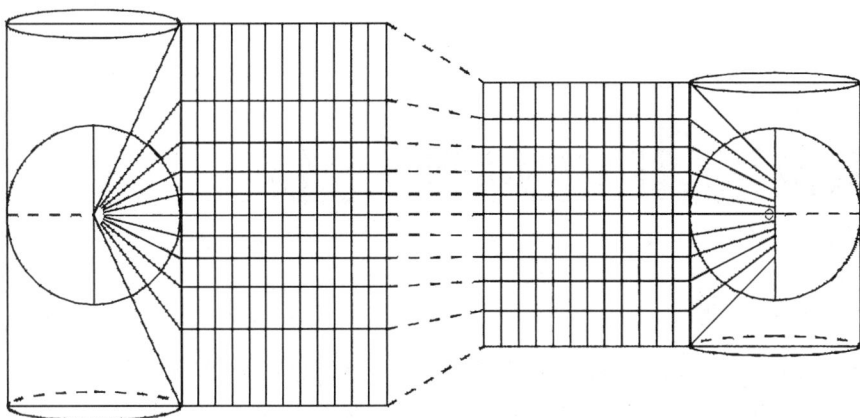

图 2-6 正圆柱投影

那么,墨卡托投影每一条纬线到底随纬度的增加拉长了多少呢? 在墨卡托海图上投影拉长的程度用纬度渐长率 MP 来表示。在墨卡托海图上,任一纬线到赤道的距离与该图上经度 1′即 1 赤道里的比值叫该纬度的纬度渐长率(Meridional Parts, MP)。如果把地球当成椭圆体,不难推算出纬度渐长率的公式为:

$$MP = 7\ 915.704\ 47\ \lg\left[\tan\left(\frac{\pi}{4}+\frac{\varphi}{2}\right)\left(\frac{1-e\sin\varphi}{1+e\sin\varphi}\right)^{\frac{e}{2}}\right] \tag{2-2}$$

如果将地球看作圆球体,纬度渐长率的公式为:

$$MP = 7\ 915.704\ 47\ \lg\left[\tan\left(\frac{\pi}{4}+\frac{\varphi}{2}\right)\right] \tag{2-3}$$

它表示在墨卡托投影海图上,为了达到等角正形投影的要求,图上的任一纬线到赤道的距离,如果以 1 赤道里为单位,则它应等于上述纬度渐长率公式算出来的值;反之,如果使海图上所有纬线到赤道的距离与图上 1 赤道里之比等于纬度渐长率,该图就能满足等角投影的要求。为计算方便,有的航海国家根据纬度渐长率公式编制了纬度渐长率表,如我国《航海表》Ⅲ−3。表中以纬度为引数即可查出该纬度的纬度渐长率 MP。在墨卡托投影海图上,两条纬线的纬度渐长率之差或者说任意两条纬线之间的距离与 1 赤道里的比值叫这两条纬线的纬度渐长率差 DMP,渐长率差的计算公式如下:

$$DMP = MP_2 - MP_1 \tag{2-4}$$

由墨卡托投影的原理可以看出,在墨卡托海图上 1′经度的长度是相等的、不变的,而图上的每 1′纬度的长度是不相等的,它们是随纬度的增加而逐渐变长的。因此,在墨卡托海图上量取距离时,应该在所量地区的所在纬度图尺上去量取。

综上所述,墨卡托海图有如下特点:

(1)墨卡托海图上恒向线为直线;

(2)具有纬度渐长特性,即图上 1′纬度的长度随纬度变化而变化,纬度越高,图上 1′纬度的长度越长,但它所代表的距离均为 1 n mile,图上 1′经度的长度均相等;

(3)由于墨卡托投影越往高纬变形越大,所以墨卡托海图不适用于高纬度地区;

(4)具有等角正形投影的性质,因此可以直接在墨卡托海图上量取方向;

(5)所有经线都相互平行,所有纬线也相互平行,经线与纬线互相垂直。

知识链接四 投影港泊图

一、高斯投影

高斯投影（Gauss Projection）又称高斯-克吕格投影，它是等角横圆柱投影。如图 2-7 所示，它相当于用一个圆柱面横切在地球椭圆体的某一子午线上，圆柱不是与赤道相切，而是与某一经线相切，该经线称中央经线。圆柱轴不与地轴重合，而是与地轴垂直，位于赤道面上。按照等角投影条件，把中央经线东、西各一定的经差范围内的地球椭圆面投影到圆柱面上，将圆柱面展开为平面，即得到高斯投影经纬线图网，很明显，在高斯投影经纬线图网中，除了中央经线和赤道是直线外，其他经线均是曲线，而且离中央经线和赤道越远，则弯曲变形程度也越厉害。另外，在高斯投影中还有一种图网，即所有垂直于中央经线的大圆，在图上都像墨卡托图网中经线一样，被等间距地绘画成与中央经线垂直的直线，而平行于中央经线的小圆，也都像墨卡托图网中的纬线一样，被绘画成与中央经线平行的直线；但它与中央经线的间距与纬度渐长一样，即离开中央经线越远，则其放大变形越大，这种垂直正交的网络称为公里图网。

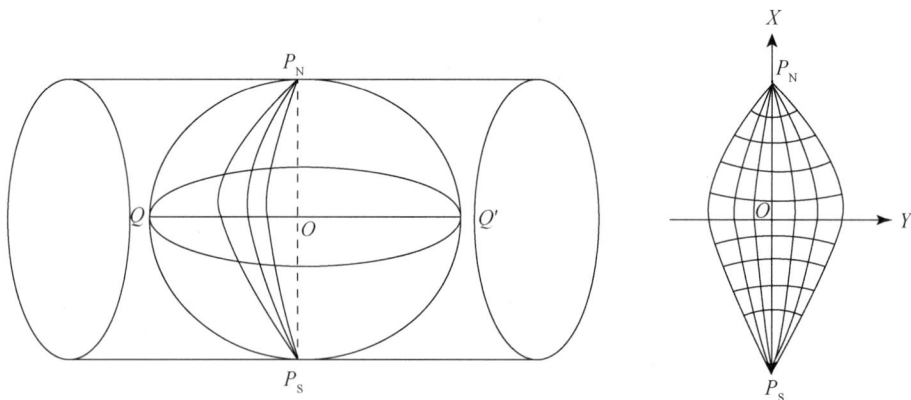

图 2-7 高斯投影原理图

从高斯投影的投影性质和方法可以看出，高斯投影有如下特点：

(1)具有等角正形投影的性质；

(2)中央经线附近变形很小，因此适宜用来描绘经差小而纬差大的狭长地带；

(3)图上极区的变形也较小，因此它也适宜用来描绘高纬度地区的海图；

(4)图上有经、纬线和公里线两种图网，而后者主要是用在测量和军事上。

我国出版比例尺 1∶20 000 及更大比例尺港湾图一般采用高斯投影图法。在这种图上仍只画出经、纬线图网，而没有公里图网。因为港湾图比例尺大，图区范围小，在中纬度以下，经线的弯曲甚微，甚至小于测量和制图误差，所以可以忽略不计，而把它们都看作直线。因此,这种图可以当作墨卡托海图一样来使用。

二、日晷投影

日晷投影又称心射投影(Gnomonic Projection),是任意投影的一种,它是将地球球心为投影中心并将地球表面投影到与地球相切的平面上的投影方法,如图2-8所示。在投影中,因为地球上任一大圆都过球心即投影的中心,所以投影后大圆弧都变成了直线。在心射投影,只有切点处不产生变形,离切点越远,投影变形越大。在心射投影图上角度变形和长度变形同时存在,但保证了大圆弧是直线这一特点,所以航海上用心射投影来绘制大圆海图。又因为心射投影切点附近变形小,在英版海图中,比例尺大于1:50 000的港泊图均采用心射投影来绘制。根据切点位置不同日晷投影又分成以下几种类型:

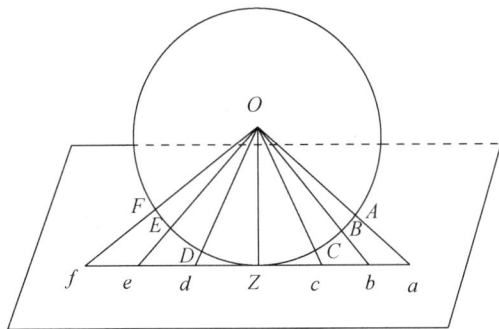

图2-8 日晷投影原理图

(一)正日晷投影

切点在两极的日晷投影,称为正日晷投影,又称为极切投影,如图2-9(a)所示。此时经线被投影变成以极点为中心的射线,纬线被投影成以极点为中心的同心圆,纬差相同的两纬线,随着纬度的不同间隔不等,距离切点越远,间隔则越大,正日晷投影通常用于绘制极区海图。

(二)横日晷投影

切点在赤道的日晷投影,称为横日晷投影,又称赤道切投影,如图2-9(b)所示。此时经线被投影成平行直线,经线以通过切点的经线为轴左右对称,经差相同的两经线,随着经度的不同间隔不等,离切点越远,图上间隔越宽。赤道被投影成直线,其他纬线被投影成以赤道为对称轴的双曲线,双曲线间的间隔离切点越远越宽。

(三)斜日晷投影

切点在除了两极和赤道的其他位置的日晷投影,称为斜日晷投影,如图2-9(c)所示。此时经线被投影成交汇于极点的一条射线。纬线除赤道被投影成直线外,其他纬线随位置不同分别被投影成双曲线、抛物线或椭圆。这些曲线之间的间隔,随其离切点之间的距离不同而不同。距切点越远,曲线的间隔越宽。在日晷投影的大圆海图上,距离切点1 000 n mile以内的变化程度在航海上是可以接受的。

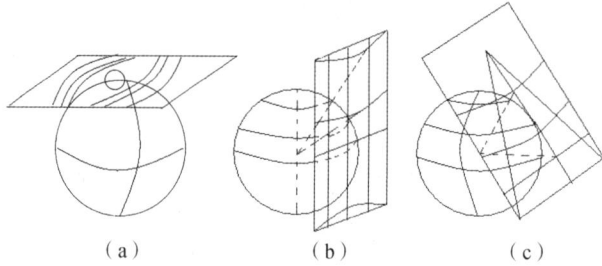

（a）   （b）   （c）

图 2-9　日晷投影分类示意图

大圆海图是用日晷投影绘制的,其特点如下:

(1)大圆弧在大圆海图上为直线。

(2)正日晷投影绘制的大圆海图为极区图。在极区图上,所有经线向极点辐合,所有纬线为围绕地极的同心圆。

(3)除横日晷投影绘制的大圆海图外,大圆海图上所有经线向极点辐合,所有纬线为凸向赤道的曲线,赤道为直线。

(4)心射投影不是等角正形投影,故在大圆海图上不能直接量出方向和距离,只有在图上印有特殊的算图时,方可计量航向和航程。

心射投影切点附近变形小,通常还用来绘制港泊图,把要绘制港泊图的港口置于切点处即可。在英版海图中,比例尺大于 1∶50 000 的港泊图均采用心射投影来绘制就是这个道理。

三、平面图法

英版大比例尺港泊图除了一部分采用心射投影来绘制外,大都采用平面图法。它是将小范围地面当作平面进行测量和绘制海图的方法。由于图区范围小,图网投影变形小于制图的精度,因此平面图的特点是图区范围内各点的局部比例尺相等,可以认为整个地图没有变形存在,可以满足航海上的需要。

知识链接五　识读海图

在航用海图上仅有经纬线图网是不够的,还必须将所有航海资料以特定的符号或缩写的形式按各自的地理经纬度准确地绘制到海图上去,这些符号或缩写叫作海图图式(Symbols and Abbreviations Used on Charts)。船舶驾驶员必须了解和熟悉与航海关系密切的各种海图图式的含义,才能正确而熟练地使用海图,最大限度地发挥海图的作用。应注意的是,海图图式在海图上不是按比例画出的。

一、海图上常用的基准面

（一）平均海面(Mean Sea Level)

由于潮汐的存在,海面的高度随着时间变化。经过长期观测海水水位而确定的海水平均位置称为平均海面。平均海面是根据验潮站点每日整点的观测资料求取的海水水位的算术平均值。由于平均海面受引潮力变化的影响,不同观测期限和不同地点的平均海面略有差异。因此,平均海面根据观测期限的不同又分为日平均海面、月平均海面、年平均海面和多年平均海面。观测时间越长,取得的平均海面的精度越高,常用的平均海面值一般以不少于 9 年的观测为宜。我国现在的平均海面是根据青岛验潮站1952—1979 年的潮汐观测资料计算出来的。平均海面是海区、陆地高程和海图深度基准面的起算面。海面水位的高度会受气象因素的影响而变化,而气象条件又因季节的变化而不同,因此平均海面的高度也随季节变化而变化。统计多年的月平均海面与年平均海面之差称为平均海面的季节改正值。

（二）海图深度基准面(Chart Datum)

海图上所注水深的起算面称为海图深度基准面。它是进行水深订正的重要依据。该基准面的选择是否合理对船舶的安全十分重要。国际上曾有协议,作为海图基准面应选择足够低的潮面,尽可能低潮时不致低于它。各国根据本国情况确定海图深度基准面,其名称亦不统一。自 1956 年起,我国沿海地区一般采用理论深度基准面即理论上出现的最低低潮面作为海图深度基准面,英版海图采用最低天文潮面即潮汐推算中所出现的最低低潮面作为海图深度基准面。

（三）平均大潮高潮面(Mean High Water of Spring Tide)

海水在月引潮力和太阳引潮力的作用下,形成了周期性的海面涨落,称为潮汐(Tide)。月亮、太阳与地球相对位置呈周期性的变化,引起了海面涨落的周期性变化。当每月朔、望时,太阳引潮力与月亮引潮力互相叠加,就形成了最高高潮、最低低潮,即潮差最大的潮汐,称为大潮。由于多种因素的影响,每一个大潮的潮高也不相等,将多次大潮的高潮面高度加以平均,其值就称为平均大潮高潮面,它是度量灯塔高度(灯高)、架空电缆、桥梁最大净空高度等的起算面。

二、高程、水深和底质

（一）高程(Elevation)

自高程基准面起算的物标高度称为物标高程,又称物标的海拔。海图陆地上所标数字以及部分水上带括号的数字,都表示该数字附近物标的高程。物标高程起算面和单位一般在海图标题栏内加以说明。我国沿海地区一般采用 1985 国家高程基准面作为高程起算面,舟山群岛及远离大陆的岛屿采用当地平均海面作为高程基准面。英版海图在半日潮为主海区采用平均大潮高潮面作为高程基准面,在日潮为主海区采用平均高高潮面作为高程基准面,在无潮海区采用当地平均海面作为高程基准面。

中版海图高程单位为米,高度不足 10 m 的,注记精度为 0.1 m,高度大于 10 m 的,舍去小数注整米数。英版米制海图高程单位为米,拓制海图单位为英尺。山高的高程点一般用黑色圆点表示,并在附近标有高程数值,其他各高程用等高线(Contor Line)描绘。等高线是高程相等各点的连线,等高线上的数字表示该等高线的高程。

高程和高度是两个不同的概念,以下是几个航海上重要的高度概念:

比高(Relative Elevation)指物标本身的高度,即自地物、地貌基部地面到顶端的高度,3 m 以下的注至 0.1 m,3 m 以上的注至整米,小数舍去。

干出高度(Drying Height)指干出礁露出海图深度基准面以上的高度,注至 0.1 m,在整米数字下加一横线表示,如"1_5"表示干出高度为 1.5 m。

灯高(Elevation of Flight)一般是指自平均大潮高潮面至光源灯芯的高度,灯高不足 10 m 的,注至 0.1 m,大于 10 m 的,舍去小数注整米数。

桥梁净空高度(Charted Vertical Clearance)指自平均大潮高潮面或江河高水位到桥下净空宽度中下梁最低点的垂直距离,包括架空管道、电缆等净空高度等,净空高度不足 10 m 的,注记精度为 0.1 m,高度大于 10 m 的,舍去小数注整米数。英版海图净空高度一般自平均大潮高潮面、平均高高潮面或平均海面起算。

(二)水深(Sounding)

水深是海图深度基准面到海底的垂直距离。凡海图水面上的数字均表示水深,但不包括括号中的数字和数字下有横线的数字。等深线是指水深相同点的连线。水深说明见表 2-1。

表 2-1 水深说明

中版图式说明	英版图式说明
①水深点的位置是在水深整数的中心。	①同左。
②各种水深注记,水深小于 21 m 的注记 0.1 m,21~31 m 的注至 0.5 m,深于 31 m 的注至整米。	②米制海图水深小于 21 m 的注记 0.1 m,有的海图因资料相当精确,则 21~31 m 的注至 0.5 m,深于 31 m 的注至整米。拓制图以拓和英尺为单位,则精确到 1.0 m。拓制海图中小于 11 拓的以拓和英尺表示,其余则精确到 1.0 拓;有的海图因资料相当精确,则 11~15 拓也可能以拓和英尺表示。
③各种水深以米为单位,小数用拖尾小号数字表示,如 4_5 表示 4.5 m。	③米制海图同左。
④ $\frac{\cdot\cdot}{50}$ 表示该处水深 50 m 尚未测到底。	④同左。
⑤水深注记一般用斜体字表示。斜体字表示实测水深,精度良好。但在 1:500 000 及更小比例尺海图上全部用斜体字表示,如 15_2。	⑤通常用斜体字表示水深。
⑥直体水深表示深度不准确、采自旧资料或小比例尺海图的水深资料,如 245。	⑥同左。
⑦ 11 表示经过扫海或潜水员探测的水深是 11 m。	⑦同左。
⑧等深线用实线表示,并注记水深,不精确水深用虚线表示。为满足某些特殊需要,等深线可与浅蓝色带(一般宽 3 mm)组合表示。	⑧米制海图 0~5 m 及 5~10 m 等深线内印浅蓝色或者在 10 m 或 20 m 等深线浅水一侧印浅蓝色。
⑨带圆括号的水深如⑧表示特殊水深是指明显浅于周围深度的水深为 8 m。	⑨据报或未确定水深或危险物。
⑩ $\overline{32}$ 表示未曾精测过的水深是 32 m	⑩同左

（三）底质（Nature of the Seabed）

底质即海底的性质。海底种类很多,如泥（M）、沙（S）、岩（R）、石（St）、贝壳（Sh）等。它为测深辨位、选择锚地等提供资料。在表示底质时,一般用"颜色+形容词+性质"来说明,如黄粗沙、黑软泥等。若海底上、下两层底质不同,应先注上层后注下层,如泥/沙（M/S）,表示上层为泥,下层为沙。若底质为两种物质的混合底质时,先注成分多的后注成分少的,如沙泥（S.M）,表示沙多于泥。

三、航行障碍物

（一）礁石

礁石有明礁、暗礁、干出礁、适淹礁之分。

（1）明礁（Bare Rock）

露出平均大潮高潮面的岩石称为明礁。中版海图图上的图式是:大比例尺海图上,通常根据明礁的大小形状按比例绘出,并注记高程;海中孤立的岩峰为使其明显突出,可在其周围加绘危险线;不能按比例绘出的,可用直径为 0.6 mm 的圆形符号表示,对于群集的可用 0.4 mm 的点状符号表示。英版海图图式明礁与中版海图相同。同一明礁,但由于中、英版海图所采用的高程基准面不一定相同,因此其所注记的高程不一定相等。

（2）暗礁（Reef or Submerged Rock or Sunken Rock）

在海图深度基准面以下的礁石称为暗礁。暗礁有的能按比例画出,有的不能按比例画出。暗礁有已知深度和深度不明的暗礁之分,并在海图上用不同的图式表示。深度不明的危险暗礁是指可能会对航行构成危害的暗礁。其上水深大于 20 m 的暗礁称非危险暗礁。暗礁的中、英版海图图式基本相同。暗礁对船舶有很大危险,航行时应引起高度重视。

（3）干出礁（Dying Rock）

在平均大潮高潮面以下,海图深度基准面以上的礁石称为干出礁。干出礁有时淹没,有时露出。中版海图用按比例和不按比例两种图式标出,附近所注记的数字系干出高度,英版海图干出礁图式同中版海图。

（4）适淹礁（Rock Awash）

在深度基准面上适淹的礁石称为适淹礁。中、英版海图图式相同。

各种礁石的定义如图 2-10 所示。

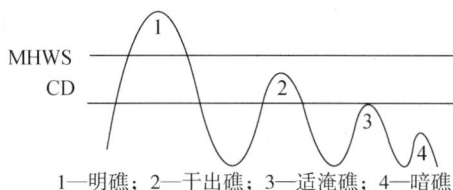

1—明礁; 2—干出礁; 3—适淹礁; 4—暗礁

图 2-10　礁石示意图

（二）沉船（Wreck）

沉船具体分为部分露出水面的沉船、露出桅杆的沉船、危险沉船、非危险沉船、经扫海的沉船、测得其上深度的沉船和其上深度未精测的沉船。沉船图式又可分为船体形状依比例画出和不依比例画出两种。危险沉船是指其上水深小于 20 m（中版海图）或 28 m（英版海图）的沉船，或深度不明，但有碍水面航行的沉船。非危险沉船是指水深大于 20 m（中版海图）或 28 m（英版海图）的沉船，或深度不明，但不影响水面航行的沉船。未精测沉船指未进行精确的测量，沉船最浅深度不明，但表示的深度是采用其他方法估计的水深。

（三）其他障碍物

（1）渔礁

为保护某些珍贵的海上鱼类，人为地在海底设置的供鱼类栖息的场所，这些场所一般由钢筋水泥或其他有碍安全航行的材料制成。

（2）渔栅

渔栅是指捕鱼用的木栅、竹栅或系网捕鱼的桩等。

（3）水草

水草是指海上或江河航行水域天然生长的水生植物。

（4）不明性质障碍物

不明性质障碍物是指不知其性质的障碍物。常见的礁石、沉船等障碍物和其他一些重要的海图图式和定义见表 2-2。在这些海图图式中，扫海的意思是在一定海区内进行扫测，以查明该区域内或该区域所规定的深度上是否存在航行障碍物的一种测量。用软扫海具进行扫测的方法分定深和拖底扫测两种。定深扫测是使用扫海具的底索在深度基准面以下保持一定深度的扫海测量，主要用于确定船舶安全航行的深度和确定航行障碍物的最小深度。拖底扫测是扫海具底索落底扫测，以便发现和探测航行障碍物。凡扫海的海图图式一般加"└──┘"，凡危险物外加点线圈者，均为对水面航行有碍的危险物，提醒航海者予以特别注意。危险物位置未经精确测量的，加注"概位"（Position Approximate，PA）；对危险物位置有疑问时，则加注"疑位"（Position doubtful，PD）；对危险物的存在有疑问时，也加注"疑存"（Existence Doubtful，ED）；未经测量，根据船舶或其他报告的航行障碍物，则加注"据报"（Rep）。

四、助航标志

助航标志（Navigational Aids），简称航标，是指供船舶定位、导航或其他专用目的（如测速、校罗经）的人工助航标志，包括灯塔、灯标、浮标、立标、雷达站、无线电导航设备及雾号等。航标包括特定的标志、灯质、音响或无线电信号等，其海图图式和含义见表 2-2 和表 2-3。航标是以形状、颜色、顶标、灯质和编号等特征相互区别的。各国浮标制度至今仍不完全统一，多数航海国家采用国际航标协会（IALA）推荐的海上浮标系统。具体细节应查阅有关航路指南、港章和海图标题栏的有关说明。中国海区水上助航标志制度是采用 IALA 海上浮标系统（A 区域）的原则，结合我国具体情况制定的。

助航标志的灯质（Light Character）是指灯光的性质，它是以灯光节奏和灯光颜色来相互区别的。灯质的种类很多，但基本灯质只有五种，即定光（Fixed）、闪光（Flashing）、明暗光（Occulting）、互光（Alternating）和莫尔斯灯光（Morse）。通过这五种基本灯质可

以引申出很多灯质,具体详见表2-2、表2-3。在这些助航标志中,有关定义如下:

定光(Fixed):一种颜色灯光发光,长明不灭。

闪光(Flashing):一种颜色灯光发光,亮比暗短。

明暗光(Occulting):一种颜色灯光发光,亮比暗长或相等。

互光(Alternating):几种颜色灯光交替发光,长明不灭。

周期(Period):有节奏的灯光自开始到以同样的节奏重复时所经过的时间间隔(单位为s)。

灯高(Elevation):见前面"高程、底质和水深"。

射程(Range):见前面"能见距离"。

雾号(Fog Signals):即雾警设备,是附设在航标上雾天发出声响的设备。雾号设备种类很多,如雾钟(Bell)、雾锣(Gong)、雾哨(Whistle)、雾角(Horn)、雾笛(Siren)、爆音雾号(Explos)、雾炮(Gun)等。

光弧(Sector):用于表示光弧灯的光弧区域,不同光色分别标注。所标注方位为观测者由海上观测灯标的真方位,沿顺时针方向计算。

在助航标志中,灯标的灯光性质在白天和夜间不同时,则将白天的灯光性质括注在夜间灯光性质的下方并在其后加注"昼"(中版)或"By Day"(英版)在有雾时灯光性质发生改变,或仅在雾天显示的雾灯,应括注"雾"(中版)或"In Fog"(英版)。无人看守的灯标可在其灯光性质之后括注"无"(中版)或"u"(英版)。临时的灯注记"临"(中版)或"Temp"(英版),表示灯光已熄灭的灯用"熄"(中版)或"Extingd"(英版)。表示为航空导航而设置的航空灯在灯光性质后括注"航空"(中版)或"Aero"(英版)的灯标。

海图图式在海图上占有一定的位置,而物体的实际位置要看具体的海图图式而定。面状符号(Symbols in Plan)如"✠",位置在符号中心;形象符号(Symbols in Profile)如"⌂",位置在符号底线中心;点状符号(Point Symbols)如"⊙",位置在符号中的中心点。

表2-2　常用海图图式

名称		中版	英版	备注
礁石	明礁	⟳ (3.5) ▲ (2.6)	⟳ (4.8) ⌂ (1.5)	
	干出礁	⋇ (2) ⋇ (1)	⋇ (2) ⋇ (1)	
	适淹礁	⊞ ⊞	⊞ ⊞	
	暗礁	＋ ＋	＋ ＋	
		23 岩	23 R	
		＋ (4) ＋ (4)	＋ (4) ＋ (4)	
	水下珊瑚礁	＋ 珊 ＋ ＋	＋ co ＋ co ＋	

续表

	名称	中版	英版	备注
沉船	非危险沉船	┼┼┼	┼┼┼	其上水深中版大于 20 m,英版为 28 m
	危险沉船	⊂┼┼┼⊃	⊂┼┼┼⊃	
	部分露出水面的沉船	◣	◣	
	已知最浅深度的沉船	⟨27⟩ 船	⟨27⟩ WK	
	经扫海已知最浅水深的沉船	⟨27⟩ 船	⟨27⟩ WK	
	未精确测量沉船	⟨27⟩ 船	⟨27⟩ WK	
其他障碍物	浪花	∿∿∿	∿∿∿	
	碍锚地	⌐碍锚地¬ #	⌐Foul¬ #	
	深度不明障碍物	碍 碍	Obstn Obstn	
	已知最浅深度的障碍物	⟨12⟩ 碍	⟨12⟩ Obstn	
	经扫海的障碍物	⟨12⟩ 碍	⟨12⟩ Obstn	
	渔栅		⊥ ⊥ ⊥	
	渔礁	⌐🐟¬ 🐟 (2)	⌐🐟¬ 🐟 (2)	
	贝类养殖场	⌐贝¬	⌐Shellfish Beds¬	

续表

名称		中版	英版	备注
其他重要图式	生产平台、井架	⊡ 南海1号	⊡ Z-24	
	已知最大吃水的航道	——⟨6.5m⟩——	⟨6.5m⟩	
	已知最大吃水的推荐航道	- - - ⟨6.5m⟩ - - -	- - - ⟨6.5m⟩ - - -	
	深水航道	深水 26米	DW26m	
	无线电报告点	⊂◯⊃ ⑤	⊂◯⊃ ⑤	
	限制区界限	⊥⊥⊥⊥⊥⊥⊥	⊥⊥⊥⊥⊥⊥⊥	
	引航站	◆	◆	
航标	灯塔	★	★	
	灯桩	★	★	
	航空灯塔	★航空	★ Aero	
	灯船	⚓	⚓	
	雷达反射器	⌒	⌒	
	大型助航灯浮（蓝比 LANBY）			
	海岸雷达站	◉ 雷达	◉ Ra	
	雷达指向标	◉ 雷信	◉ Ramark	

续表

名称		中版	英版	备注
航标	雷达应答标	⊙ 雷康（O）	⊙ Racon（O）	
	全向无线电信标	⊙ 环向	⊙ Name RC	
	定向无线电信标	⊙ 定向270.5°	⊙ RD RD270.5°	
	旋向无线电信标	⊙ 旋向	⊙ RW	
	无线电测向台	⊙ 测向	⊙ RG ⊙ Ro D.F.	
	无线电答询台	⊙ 答询	⊙ R ⊙ Ro	
	航空信标	⊙ 空指向	⊙ Aero RC	

表 2-3　常见灯质的海图图式

灯质	中版图式	说明	英版图式
定光	定	一种颜色灯光发光，长明不灭颜色不变	F
单闪光	闪	颜色不变，在 1 个周期内只显示单次闪光，明比暗短的灯光	Fl
联闪光	闪(3)	在 1 个周期内以 2 次或 2 次以上的闪光组成 1 个组	Fl(3)
混合联闪光	闪(3+1)	在 1 个周期内相继出现几个不同闪光次数的联闪光	Fl(3+1)
长闪光	长闪	持续时间不少于 2 s 的闪光，我国规定持续时间为 2 s	LFL
连续快闪光	快	颜色不变，每分钟发 50~80 次闪光，我国为每分钟 60 次	Q
联快闪光	快(3)	在 1 个周期内以 2 次或 2 次以上的快闪光组成 1 个组	Q(3)
间断快闪光	断快	有间断的快闪光	IQ
连续甚快闪光	甚快	颜色不变，明暗次数每分钟 80 ~ 160 次，我国为 120 次	VQ
联甚快闪光	甚快(3)	每 1 周期内以 2 次或 2 次以上的甚快闪光组成 1 个组	VQ(3)

续表

灯质	中版图式	说明	英版图式
间断甚快闪光	断甚快	有间断的甚快闪光	IVQ
连续超快闪光	超快	颜色不变,每分钟发闪光 160 次以上,一般 240～300 次	UQ
间断超快闪光	断超快	有间断的超快闪光	IUQ
莫尔斯灯光	莫(A)	颜色不变,按莫尔斯码显示有节奏的灯光	Mo(A)
定闪光	定闪	颜色不变,每隔一定时间加发 1 次更亮闪光的定光灯	FFl
互光	互白红	有节奏地交替显示不同颜色的灯光	ALWR
明暗光	明暗	一种颜色灯光发光,亮比暗长或相等	Oc
联明暗光	明暗(2)	在 1 个周期内连续熄灭 2 次或 2 次以上,明长于暗的灯光	Oc(2)
混合联明暗光	明暗(2+3)	在 1 个周期内相继出现几个不同熄灭次数的联明暗光	Oc(2+3)
等明暗光	等明暗	颜色不变,明暗交替且时间相等的灯光	ISO

五、海图标题栏及图廓资料

(一)海图标题栏(Chart Legend)

为了不影响船舶的航行安全,海图标题栏一般刊印在海图内陆处或航行不到的水面上,特殊情况下也可能印在图廓外适当的地方,海图标题栏是该海图的说明栏,一般制图和用图的重要说明均印在此栏内。标题栏的内容包括出版机关的徽志、比例尺、投影方法、基本等高距、地理位置、深度和高程的基准面及计量单位、图名、图式版别、坐标系和测量年份等编图资料的说明等。海图标题栏通常还印有图区内禁航区、雷区、禁止抛锚区、航标、分道通航制和地磁资料等与航行安全有关的说明和重要注意事项或警告。有些海图标题栏还附有图区内重要物标的对景图、潮信表、潮流表和换算表等资料。使用海图时,应首先仔细阅读标题栏内有关重要说明,特别是其中用红色印刷的重要图注。

图幅位置通常给出该图所属地区、国家和海区。总图的图名一般以海洋区域命名,如"渤海及黄海海区"。航用海图一般用图内较重要的地名作为起讫点来命名,如"日照港至上海港"。当航用海图包括的地理单元较小且相对完整时,也以区域命名,如"长江口及其附近"。港湾图一般以其包括的港湾、锚地、岛屿、水道等命名,如"南通港"。当港湾图为一狭长水域时,也可采用两个地名为起讫点来命名,如"吴淞口至高桥港"。

(二)图廓注记(Marginal Notes)

在海图图廓四周注记有许多与出版和使用海图有关的资料,这些资料通称图廓注记。

(1)海图图号(Chart Number):英版海图图号与地区无关,是按出版海图的时间先后编排的,刊印在海图图廓外右下角和左上角,图号前缀有"BA"以区别英版系列海图及其他海图。印有台卡、罗兰 C 等位置线图网的海图,在图号前有前缀有"L(××)"。有些海图图号前还印有该图的国际系列图号。中版海图图号是按海图所属地区编号的,印在海图图廓的四个角上。不论该图怎样放置,图号均可保持从海图的右下角读出。

(2)图幅(Dimensions):印在图廓外右下角,在括号内给出海图内廓界限尺寸,用以检查海图图纸是否有伸缩变形。中版海图和英版米制海图以毫米为单位,拓制海图以英寸为单位。

(3)小改正(Small Correction):印在图廓外左下角,用以登记该图出版(新版或改版)以来改正过的所有小改正的通告年份和通告号码,以备查考该图是否已改正至最新。

(4)出版和发行情况(Publication Note):印在图廓外下边中间,给出新图(New Chart)的出版和发行单位、日期,其右边还印有该图新版或改版日期。自 1972 年以来,英版海图的修正版统称为新版。

(5)邻图索引:印在图廓外或图廓内适当地方,表示相同或相近比例尺的邻接图图号。

(6)对数图尺(Logarithmical Scale):在某些大比例尺的港湾图和航用海图的外廓图框上,通常印有对数图尺,位于该图左上方和右下方,以便用来速算航程、航速和航行时间等。

知识链接六 辨识海图分类

一、海图的分类

根据不同的分类标准,海图可分为不同种类。根据制作材质的不同,海图分为纸质海图和电子海图两大类。

(一)纸质海图

纸质海图是用传统的方法用纸作为装载信息的工具印刷而成。纸质海图根据用途的不同可分为航用海图、专用图和参考图三大类。

航用海图大部分是墨卡托海图。航用海图用于拟定航线、进行航迹推算和定位等海图作业,航用海图按其比例尺的大小又可分为:

(1)总图(General Charts)

总图只能作船舶在大洋航行时研究总的航行条件、拟定大洋航线和制订总的航行计划。比例尺一般为 1:3 000 000 及更小。总图图区包括范围甚广,图上只印有简略的岸线、岛屿、水深点、在远离海岸航行看到的重要物标和灯塔,以及与海岸有一定距离的航海危险物。沿岸航海危险物,仅做概略的描述。

(2)远洋航行图(Ocean Sailing Charts)

远洋航行图是供远洋航行中研究洋区的地理、水文特点,标示灾害性天气位置,决定改向、改线措施等使用的海图。比例尺一般为 1：1 000 000～1：2 990 000。图上详细标有海上平台、井架等近海设施，一般还标有主要的山头及岛顶高程,主要雷达及无线电导航设备,特别重要的灯塔、灯桩、灯船等。

（3）近海航行图（Offshore Sailing Charts）

近海航行图是供船舶在近海航行时导航与定位用的海图。比例尺一般为1：200 000～1：9 900 000。图上详细标有雷达站及无线电导航设备、灯塔和射程较远的灯桩、主要灯船、雾号、有雷达反射器和雷达应答标的航标、进港的 1 号浮及指示航行障碍物的浮标。图上一般还标有沿海较主要的航道、码头、防波堤、港外较大的锚地和港口沿岸较显著的建筑物。

（4）沿岸航行图（Coastal Sailing Charts）

沿岸航行图是供船舶沿岸和狭水道航行用的海图。比例尺一般为 1：100 000～1：190 000。沿岸航行图是大比例尺海图,沿岸地形、地物、水深及全部航行障碍物和灯标、浮标等均详细标注。例如,图上一般都详细标有除供港湾内用的助航标志以外的助航标志,还详细标有港口附近的主要航道及其疏浚深度或扫海深度、港外锚地和较大港湾内的码头、防波堤、海上平台等近海设施和沿海陆地地貌、烟囱、灯塔、电线杆等具有航行意义的各种建筑物等。

（5）港湾图（Harbour Charts）

港湾图是供船舶进出港湾、锚地,通过狭水道及港口管理等使用的海图。比例尺一般大于 1：100 000。港内地形、地物、水深及全部航行障碍物和灯标、浮标等均详细标注。如图上详细标有港内灯塔、灯标、浮标、立标、雷达站、无线电导航设等各种助航标志。当图幅范围内有更大比例尺的港湾图时,会对港内助航标志做较多的取舍。图上还详细标有各种航道及其疏浚深度或扫海深度、锚地和锚位,以及码头、防波堤、船坞和系船灯桩等港口资料。

（6）专用图

专用图是为了某种航海特殊需要而专门绘制的海图,如供无线电定位用的"罗兰海图""台卡海图",为设计大圆航线用的"航路设计图""大圆海图"等。

（7）参考图

参考图是标绘有关航海资料供航行参考使用的海图,如"等磁差曲线图""地磁要素图""洋流图""冰况图""潮汐图"等。

（二）电子海图

（1）概述

电子海图（Electronic Chart）是在电子显示器上显示出与纸质海图相同的航海信息以及其他一些纸质海图无法显现的航海信息。目前能查询到的最早的电子海图系统出现在 1979 年。在 20 世纪 80 年代初,人们主要是从事电子海图系统的研制和试用;到了90 年代,关于电子海图系统的讨论（包括争论）以及相应的国际规范相应出台。这时出现了 Chart Plotter 设备,实际上是 GPS 液晶屏幕在显示本船位置的同时显示简单的岸线和水深。Chart Plotter 可以看作电子海图的雏形或前身,目前国外许多人仍把电子海图系统称为 Chart Plotter。实际上,电子海图系统的英文为 Electronic Chart System,简称ECS,它的功能比 Chart Plotter 要完善得多。一种功能更加完备并可取代纸海图的系统称为"电子海图显示与信息系统",英文缩写为 ECDIS。根据 1995 年 The Future of Electronic Charts in Merchant Ships 的统计,当时使用 Chart Plotter 和 ECS 的各类船舶有 20 万艘之多。与此相适应,20 世纪 90 年代研制或生产 ECS/ECDIS 的厂商和单位也迅速增加。电子海图之所以引起海事界高度重视,是因为它具有传统纸质海图无法比拟的优点。一套性能完善的电子海图系统可以进行航线辅助设计,船位实时显示,航向航迹监测,航行自动警报(如偏航、误入危险区等),"黑箱"自动存储本船航迹和 ARPA 目标,历史航程重新演示,快速查询各种信息(如水文、港口、潮汐、海流等),船舶动态实时显示(如每秒刷新船位、航速、航向等),与其他航海仪器(如 GPS、陀螺罗经、计程仪、雷达、NAVTEX、AIS 等)进行数据与信息交流,将雷达/ARPA 捕捉到的目标船动态叠显在海图上,与电子海图系统相配的雷达信号综合处理卡可直接处理和显示来自雷达天线的视频信号,自动生成若干类型的搜救(SAR)航线,海图手动改正或编辑、海图自动改正(数千幅海图的改正只需几分钟)。

(2)电子海图的构成

完整的电子海图系统由三部分组成,即硬件设备、海图显示系统和海图数据库。硬件设备包括显示器、处理器(PC 机)、电源、控制台和接口单元;海图显示系统(如 ECS、ECDIS 或 RCDS)是对电子海图操纵和控制的软件系统;海图数据库是按照某一格式(如 Vector 或 Raster)制成的海图文件,由海图显示系统打开和显示。

(3)名词解释

①Raster Charts——光栅式海图,是电子海图数据库的一种形式,通过对纸质海图的一次性扫描,形成单一的数字信息文件。光栅海图可以看作纸质海图的复制品,包含的信息(如岸线、水深等)与纸质海图一一对应。可定期更正,可与定位传感器(如 GPS)接口,但使用者不能对光栅海图进行询问式操作(如查询某一海图要素特征,或隐去某类海图要素等)。因此有人称光栅海图为"非智能化电子海图"。英国航道测量局(UKHO)制作的光栅海图 ARCS 和美国国家海洋空间署(NOAA)制作的光栅海图是比较有影响的两种。

②Vector Charts——矢量式海图,是电子海图数据库的另一种形式,数字化的海图信息分类存储,因此可查询任意图标的细节(如灯标的位置、颜色、周期等),海图要素分层显示,使用者可根据需要选择不同层次的信息量(例如只显示小于 10 m 的水深),并能设置警戒区、危险区的自动报警,还可查询其他航海信息(如港口设施、潮汐变化、海流矢量等),有人把矢量海图称为"智能化电子海图"。世界上生产矢量海图数据库最大的两家公司是英国船商公司(Transas Marine Ltd.)和挪威 C-Map 公司。

③ENC——电子导航海图,英文为 Electronic Navigational Chart,是由各国官方航道测量部门(HO)按照国际水道测量组织(IHO)S57(第三版)标准制作的矢量式电子海图,英国船商公司也为各国航道测量部门提供 ENC 的制作、更新和维护服务。

④ECDIS——电子海图显示与信息系统,属于海图显示系统,专门用来显示官方电子导航海图(ENC)。而 ENC 是唯一可以合法地用于 ECDIS 上的电子海图数据库。

⑤ECS——电子海图系统,英文为 Electronic Chart System,属于海图显示系统,用来显示非官方矢量电子海图或光栅电子海图数据库。

⑥RCDS——光栅海图显示系统,英文为 Raster Chart Display System,属于海图显示

界面,只能显示光栅电子海图数据库。

　　(4)电子海图的性能标准

　　与电子海图密切相关的三个国际组织是国际海事组织(IMO)、国际水道测量组织(IHO)和国际电工委员会(IEC)。1986年,IMO和IHO同意成立一个由各国海运安全部门和航道测量局组成的协调小组(HGE),共同参与电子海图方面的技术讨论。随后的十几年中,与电子海图特别是与ECDIS有关的国际规范和标准不断地更新出台。1995年11月,IMO讨论通过了ECDIS的性能标准,此标准明确规定,ECDIS可以作为1974 SOLAS公约所要求的纸质海图的等价物,换句话说,ECDIS(配以ENC)可以取代传统的纸质海图。1996年11月,IMO又增补了ECDIS备用设备的条款。英国KH公司生产的Nucleus 2系列ECDIS系统与IMO ECDIS性能标准相呼应,IHO在1996年12月增补通过了关于电子海图内容、图标、颜色和ECDIS显示系统的规范,简称IHO S-52(第五版)规范。而IHO的S-57是关于数字化水文数据的转换标准,它包括DX-90数据格式,ENC数据库的性能标准,以及ENC的改正概要。1996年11月IHO公布了S-57(第三版),此标准保持到2000年不变。与此同时,IEC提出了对ECDIS硬件设备的检验和测试标准。1998年7月,这个标准被IEC确定。IEC还有一个对船用导航设备的"环境测试标准",称为IEC 60945。此标准用来检测ECDIS系统在不同温度、湿度、振动等情况下的可行性。

　　实际上,前文提到的电子海图的三个组成部分可以看成是三个国际组织针对ECDIS的不同分工,即IMO负责ECDIS显示界面,IHO负责ECDIS数据库(ENC),IEC负责ECDIS硬件设备。当然三者的分工互有交错。Raster和Vector的关系:电子海图的最终使命是取代传统的纸质海图。为达到这一目的,光栅海图的制造商与矢量海图的制造商一直在激烈竞争,并通过各种手段努力引导IMO和IHO制定出有利于各自利益的国际公约。随着1995年11月出台的IMO ECDIS性能标准即A.817(19)号决议,以及1996年11月通过的IHO ENC S-57标准,矢量海图的发展方向已被确立,ECDIS(配以ENC)已经成为合法的纸质海图的替代品。而在1996年7月举行的IMO第42次导航会议上,关于使用光栅海图作为纸海图替代品的提案由于大多数成员国的反对而未获得通过。随后,在1997年7月IMO航海安全分委会试图制定一个光栅海图显示系统(RCDS)的性能标准,但由于许多成员国对光栅海图的安全性持有怀疑态度而被迫中断。在1998年7月召开的IMO航海安全分委会第44次会议上,会议讨论通过了在EC-DIS A.817(19)性能指标上附带一个关于RCDS的性能指标的条款(草案),目的是使ECDIS系统在ENC不足时可选择使用光栅海图;而在讨论"光栅海图能否作为SOLAS公约纸质海图等效物"的议案时,会议仍存在分歧,因此使用光栅海图的船舶必须要同时配备纸质海图,这在电子海图领域中被称为"双重燃料"(Dual Fuel)。应该看到,光栅海图在世界航运界仍占据着一定的市场。其原因之一是IMO和IHO对光栅海图没有做出明确的定论,另外,也不能否认许多船东只看到纸质海图变成了计算机海图,但尚不了解矢量海图和光栅海图的根本区别和发展动向,从而在一定程度上为光栅海图的发展提供了市场。当然,在覆盖全球的ENC数据库到来之前,光栅海图以及非S-57格式的矢量海图仍不失为一种过渡性产品。ENC、ECDIS、RCDS三者之间的关系:如前所述,RCDS只能显示光栅海图;而ECS和ECDIS主要用来显示矢量海图,但由于光栅海图目前仍有一定市场,因此一些电子海图制造商生产的 ECS 或 ECDIS 也可以同时显示光栅海图。ECS 和 ECDIS 之间并没有明显的界限,就显示界面而言,一个性能完善的 ECS 与 ECDIS 之间并没有本质区别。但 ECS 可以使用非官方、非 S-57 格式的海图数据库,用于 ECDIS 的数据则必须是 ENC。从法律上讲,ECDIS 完全可以取代纸质海图,而 ECS 不行。举例来说,ENC 数据库的类型属于矢量式,其格式属于 S-57,其原始数据来源于官方水道测量部门。

电子海图的使用作为一门新兴的航海技术具有很多吸引人的优点。但目前它还存在着许多尚待解决的问题。譬如,如何制定出一个有统一标准的通用的电子海图版本,如何确定电子海图的改正方法和改正规范以及电子海图在使用中的法律地位等。我们相信,随着技术的不断发展,在世界各国及各国际组织的通力合作下,这些问题必然会逐步得以解决。电子海图将成为未来海图的主流。

二、海图的使用和保管

(一)判断一张海图的可信赖程度

海图是船舶海上航行的向导,海图精度的高低直接影响到船舶的航行安全。船舶驾驶员在购置、使用海图时必须懂得判断海图的可信赖程度。一般来说一张海图的精度的高低从以下几个方面加以考虑。

(1)测量和编绘时间

测量和编绘的时间愈近,海图的可信赖程度愈高,反之愈低。年代早,测绘中所用的仪器和方法不完善。此外,随着时间推移,海上资料也越来越丰富,例如沉船越来越多。

(2)资料来源

海图出版国的海道测量机构所测绘的海图,资料比较可靠,而引用别国资料或从外国海图翻印的海图,可信赖程度低。

(3)海图比例尺

大比例尺海图比小比例尺海图的可信赖程度高,因为在大比例尺海图上的误差总是减少到最低程度,只有最大比例尺海图才是优先按照最新的重大测量资料进行详细广泛订正,当然大比例尺海图所示资料也较为详尽。再者,海图变形,比例越大所受影响越小。

(4)出版、新版或改版日期

海图出版一定时期后,对原版做全面的改正和补充后,重新刊印出版的海图称为新版图;对原版图某一局部范围做较大修改和补充后,重新印刷出版的海图称为改版图。因此,海图出版、新版或改版日期是最新的,其可信赖程度高。而某张海图出版后很长时间没有改版或者新版,其可信赖程度低。

(5)测深的详尽程度

①海图上等深线多,水深点密集,测深工作比较精密,海图可信赖程度高。

②海图在测绘过程中对测深线间隔、水深点间隔是按不同海域、不同比例尺来选定的。海图可信赖程度高的海图,不应存在巨大的水深空白区。若存在巨大的水深空白

区,则海图可信赖程度低。

③水深点排列有规律,等深线层次分明,有始有终,海图可信赖程度高;如果等深线间断,来去不明,海图可信赖程度低。

(6)陆标

海图上所标注的岸上观测点和显著物标的数量也是评定海图可信赖程度的一个因素,尤其是在沿岸、海峡或航道上的海图。如靠海一侧缺乏具有显著特征的陆标,海图可信赖程度低。

(7)岸线

海图上的岸线是完整的实线,海图可信赖程度高;反之,可信赖程度低。

(8)图纸质量

正规出版的海图,图纸质量高,如果海图纸质量非常差,则可信赖程度低。

(二)使用海图注意事项

(1)要使海图所载航海资料保持在最新状态,使用前要查对海图左下角的小改正是否改正到最新。

(2)对水深点之间的空白,应认为是未经水深测量的区域;对较浅的水深点之间的空白,应认为可能存在浅点。

(3)使用外版海图时,要注意其单位是拓制还是米制。同时应持有该图出版国发行的最新海图图式。对新近出版的米制图要考虑其资料来源,因为它们中不少取材于拓制图,因此要着重看清图上印有的测量时间和资料采用略图,不能只看海图外表。

(4)船上如有大比例尺海图尽量用大比例尺海图,特别是在浅滩或岸边附近航行时,更要用大比例尺海图,因为大比例尺海图航海资料详尽。

(5)船舶在航行中,原则上在海图桌上只可以放上一张海图,以免彼此混淆。

(6)在礁脉绵亘水域或其边缘,往往在一定范围内还延伸着未知的暗礁和浅滩,在珊瑚礁海域航行时,必须考虑到从海图上测量日期至航行之日这段时间中,由于珊瑚礁生长和碎块沉积可能引起水深减少的情况(因为珊瑚每年都在生长)。

(7)对海图上印有的航行障碍物、危险区、警戒区以及不应进入区域等应予以特别重视。例如马六甲海峡、多佛尔海峡等的海底存在沙波,由于沙波受潮流或巨浪的作用会改变其上水深。因此,受其影响的沉船有时不但会变更位置,而且会变更沉船上的水深。

(8)对海图要持谅解的态度。因为海图中的资料必须体现易懂、确切和可靠,因此要求在海图上刊印完整的资料,不但有困难,而且不现实。所以海图上资料不够完整是客观存在的。

(9)航行中应使用最邻近的罗经花,如船位处在两罗经花中间位置,则应用内插法求得。

(10)将船位从某一张海图转移至另一张时,应仔细核对转移海图船位的准确性。

(11)在使用每一张海图之前,一定要仔细阅读图上所有说明、注解和告诫。

(三)海图管理注意事项

海图的重要性不言而喻,因此应养成爱护它的习惯。不爱护海图不仅会缩短海图的使用寿命,更严重的是会影响海图的精度和可靠性,危及船舶航行安全。

（1）不可因雨、雾、雪而使海图潮湿;如受潮,应平放阴干,切不要曝晒和火烤。海图室内应备有干毛巾,以备擦汗水或雨水,以免海图受潮。

（2）使用海图时,应保持图面清洁,图面资料清晰可见,海图作业用的铅笔以 2B~4B 的柔软铅笔为宜,画线或注字要轻,选用优质的软橡皮,严禁在海图上乱涂乱画或把海图当草稿纸使用。

（3）海图应按图号顺序保存,平放在海图柜内,尽量不要死折(如不得已则尽可能虚折且注意图上罗经花不应在褶痕处)。

（4）航行中海图作业及书写文字应保留至下一航次开始时方可擦去。

（5）海图室内要有通风设备保持适当温度和湿度,避免海图因潮湿或干燥而伸缩变形。

（6）使用海图时,应将海图平放,并将四隅压好。

（7）凡作废海图应立即从图柜抽出报废并做报废登记,千万不要与现用海图混淆。

（8）海图在搬运过程应将海图卷起(图面向里),最好放入海图筒内以防损坏。

✎ 项目实施

任务一 绘制墨卡托空白定位图

一、任务描述

空白定位图(Plotting Chart)是一种用墨卡托投影法绘制的空白海图。图上只绘有经线、纬线、经度图尺、纬度图尺和罗经花,纬线标有相应纬度,南、北半球可倒转互用,经线的经度由使用者根据需要填写。大洋航行时使用的海图比例尺均较小,为了弥补小比例尺海图精度较差的缺点就要使用空白定位图。此外,发生海事后,需要绘画事故分析图时,也需要空白定位图。所以空白定位图是远洋航行船舶必备的。出于某种特殊需要,或缺乏空白定位图时,驾驶员可以根据墨卡托投影的原理自行绘制空白定位图。

二、实施步骤

（一）根据纬度渐长率绘制墨卡托图网

绘制图网的步骤是:

(1)根据图纸大小和图幅经差,计算出图上 1′经度长度,即图上 1 赤道里的长度。

(2)根据"经差(分)×图上 1 赤道里长度",平行画出图幅内整度经线(或根据需要每隔 2°或 5°的经线)。

(3)根据图幅纬度查纬度渐长率表,得到图幅上、下纬线纬度渐长率及纬度渐长率差,并乘以图幅上 1 赤道里的长度,即可得到图幅上、下纬线间的距离,并按此画出图幅上、下纬线。

(4)图中其他纬线的画法,也是先查出该纬度的纬度渐长率,求出它与图幅中上或下纬线间的纬度渐长率差,乘以图上 1 赤道里的长度,即可求得该纬线与图幅中上或下纬线间的应有的距离间隔,并可画出该纬线。

(5)图上经度图尺可按图上 1 赤道里的长度等分画出。但纬度图尺最好以每 10′纬差,按纬度渐长率差计算出,以提高图网的精度,不能用一般平均细分的方法来加密纬线。

例 2-1:以图上 1°经度等于 5 cm 的比例尺,绘制一张 120°E~123°E,20°N~23°N 范围的墨卡托图网。

解:

(1)图上 1′或 1 赤道里长度为 $\frac{5}{60} = \frac{1}{12}$ cm。

(2)图幅经差范围是 120°E~123°E,因此图幅宽度为 5×3 = 15 cm。相邻整度经线 120°E、121°E、122°E 和 123°E 之间的距离均为 5 cm,按此画出各整度经线并相互平行。

(3)纬线间距离按纬度渐长率计算如表 2-4 所示。

表 2-4　纬度渐长率计算表

纬度 φ	纬度渐长率 MP	纬度渐长率差 DMP	DMP×1 赤道里(cm)
23°	1 409.6	64.5	5.38
22°	1 345.1	64.2	5.35
21°	1 280.9	63.6	5.30
20°	1 217.3		
		$\sum$ 16.03	

按表 2-4 的计算结果,画出各整度纬线,并与经线相互垂直,如图 2-11 所示。

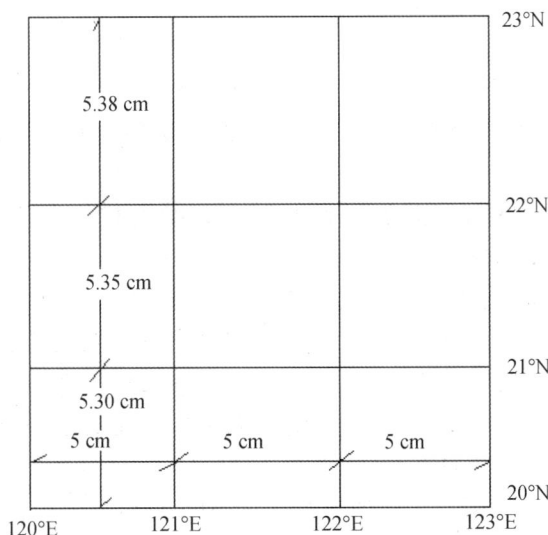

图 2-11　纬度渐长率

（二）小区域简易空白定位图绘法

在实际工作中，如果区域很小，又不要求十分精确，可以根据墨卡托投影原理，用简易作图法绘制小区域空白定位图。既节省时间又适应实际需要。其原理是将地球视为圆球体，如图 2-12 所示，$ABCD$ 的区域很小，$OE = OA = R$，AD 为 A、D 所在纬度平行圈上一段弧长，以 W 表示。EF 为 A、D 之间经差以 $\mathrm{d}\lambda$ 表示；$O'A$ 为纬度圈半径，以 r 表示；$\angle DOF$ 为 A 或 D 之纬度，以 φ 表示；在图中，$abcd$ 是 $ABCD$ 按墨卡托投影后的矩形。根据 $\triangle O'AD$ 和 $\triangle OEF$ 相似的原理，有

$$\frac{ad}{AD} = \frac{ab}{AB} = \sec\varphi \tag{2-5}$$

即 $\mathrm{d}\lambda = W\sec\varphi$，投影后它们一样长了，说明按墨卡托投影后纬线伸长了 $\sec\varphi$ 倍，根据墨卡托等角投影的性质，投影后经线也应伸长 $\sec\varphi$。但在两纬线间经线上各点的纬度不同，因此 $\sec\varphi$ 也不同，为方便起见，在这种小区域空白定位图中，采用两纬线间的平均伸长率。当区域很小，纬度不高，两纬线间的纬差很小，且不考虑地球扁率时，误差在航海上是被允许的。如区域稍大或要求较精确，此方法就不适用。

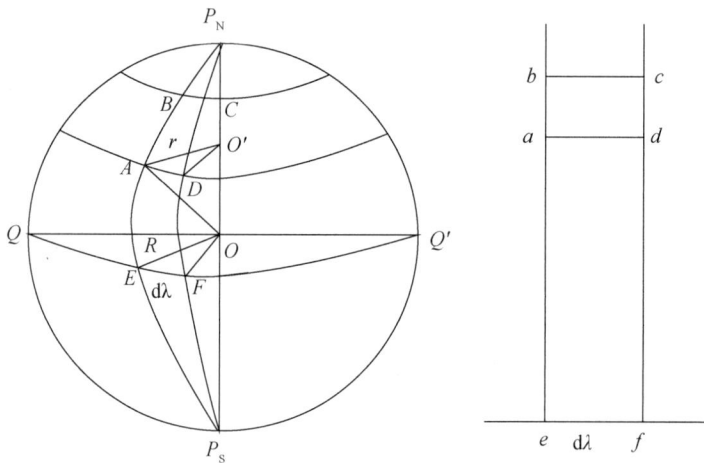

图 2-12 简易作图法原理

例 2-2：以图 2-12 上 1°经度等于 5 cm 的比例尺，绘制一张 120°E～123°E，20°N～23°N 范围的简易墨卡托图网。

解：（1）按上面例题所述在图纸上分别相互平行画出 120°E、121°E、122°E、123°E 等各条整度经线，间距为 5 cm。

（2）在图的下端画一条垂直于经线的纬线，作为 20°N 的纬线。

（3）在 A 点（φ20°N，λ120°E）处以 20°N 纬线为边作一角度等于 20.5°，与 121°经线相交于 B 点，则 $AB = (121°E - 120°E) \times \sec20.5° = 1° \sec20.5°$，即 AB 等于图上经度 1°或 60 赤道里的 $\sec20.5°$倍，所以按 AB 的长度在 120°E 经线上量 $AC = AB$，过 c 点平行于 20°N 纬线即可画出 21°N 纬线。

（4）用类似的方法，可以画出其他纬度线，如图 2-13 所示。

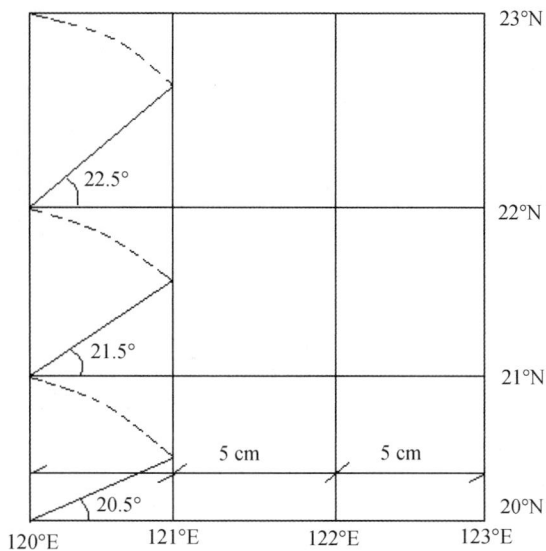

图 2-13　简易墨卡托图网

项目考核

项目考核单

	考核内容	分值	考核标准	得分
1				
2				
3				
4				
5				

项目三

潮汐与潮流推算

📺 项目描述

　　海面每天产生周期性的升降现象,海水白天上涨称为潮,晚上上涨称为汐。海面在周期性外力作用下产生的周期性升降运动称为潮汐(Tide),海面上升的过程称为涨潮(Rising Tide or Flood Tide),当海面升到最高时,称为高潮(High Tide or High Water);海面下降的过程称为落潮(Falling Tide or Ebb Tide),当海面降到最低时,称为低潮(Low Tide or Low Water)。

　　伴随海水周期性涨落,还同时产生海水周期性的水平方向流动,即产生潮流(Tidal Stream)。潮汐与潮流对船舶航行有着直接的影响,例如由于潮汐的存在,海图上所载的水深与实际水深不同,即实际水深较图载水深大,因此吃水深的船舶就可利用高潮或涨潮时通过浅水航道或进入浅水港湾。潮流则将直接影响船舶航速和航迹,为此可利用顺流航行以提高船舶实际航速,从而缩短航行时间和节省燃料。为此船舶驾驶员必须熟练掌握潮汐和潮流的推算方法,利用潮汐和潮流,为安全、经济航行服务。

💡 学习目标

1.知识目标

(1)了解月球的引潮力;

(2)了解潮汐静力原理;

(3)了解潮汐变化规律;

(4)了解潮汐不等现象;

(5)了解潮高基准面;

(6)明白平均海面的定义。

2.能力目标

(1)充分了解潮汐产生的原理;

(2)了解月球对潮汐的影响。

3.素质目标

(1)培养严谨、细致的学习工作态度;

(2)树立海权意识。

知识链接一　潮汐的成因与现象

一、月球的引潮力

（一）月球的引力

由万有引力定律可知:月球及其他星球对地球表面上的海水均有吸引力,现首先研究月球对地球的引力。如将地球、月球都看成质点,则月引力的大小可用下式表示:

$$F_1 = \frac{K \cdot M_1 \cdot M_2}{D} \tag{3-1}$$

式中:F_1——月球对地球的吸引力;

M_1——地球的质量;

M_2——月球的质量;

D——月球与地球之间的距离;

K——两质点在单位距离的引力常数。

由于地球上各点距月球球心的距离不同,因此地球上各点所受月球引力的大小也不相同,且方向不同,但其方向均向着月球球心,如图 3-1 所示。经计算,近月点 Z 的月引力是远月点 N 的月引力的 1.065 倍。

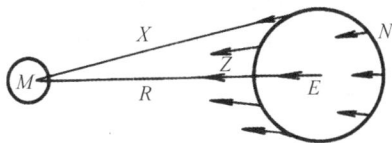

图 3-1　月球的引力

（二）惯性离心力

众所周知,月球是地球的卫星,它不停地绕着地球公转,但严格地说,月球并不是绕地球中心公转,而是绕着月球和地球的公共质心旋转。与此同时,地球除自转和绕太阳公转外,也会绕月、地的公共质心旋转,其旋转的周期也是一个月,地球这种绕月、地公共质心的旋转运动,称为地月运动。如图 3-2 所示,设 G 为月球和地球的公共质心,则根据计算,G 的位置在月地连线上,距地球中心 E 约为 $0.73r$(r 为地球半径)。在旋转过程中,月心、地心与公共质心永远在一条直线上,且月心和地心分别位于公共质心的两边。

为了求得地月运动时惯性离心力的大小,可将地球、月球均看成质点,且其质量均分别集中在其球心。长期以来,月球、地球均能持久地沿着一定的轨道运动,说明地球所受的月引力和地月运动时所产生的惯性离心力相平衡,即其合力为零。这就说明,地心处单位质量的物体,因地月运动所产生的惯性离心力和其所受的月引力的大小相等,但方向相反。

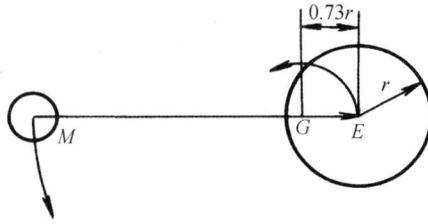

图 3-2   月地系统的运动

因为地球绕公共质心 G 做水平动,平动的特征是地球上各点在任一瞬间都具有相同的速度和加速度,即都等于地心 E 绕 G 运动的速度和加速度,因此地球表面上各单位质量的水质点都具有和地心 E 处单位质量的水质点大小相等、方向相同的惯性离心力的作用,图 3-3 所示为地球上各点的惯性离心力。

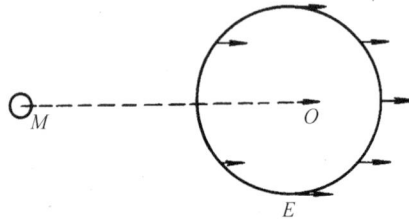

图 3-3   地球上各点的惯性离心力

因此,月球的引潮力是月球引力和地月运动时的惯性离心力的矢量和,即

月引潮力矢量 = 月引力矢量 + 地月运动的惯性离心力矢量

地球上各点在地月运动时的惯性离心力,其大小均相等,等于地心处的月球引力大小,方向也均相同,均背向月球,但地球上各点所受月球引力的大小和方向均不相同,因此除地心外,地球上各点所受的力均不平衡,从而便有一个合力存在,这个合力便是月引潮力。球面上各点所受的月引潮力如图 3-4 所示。

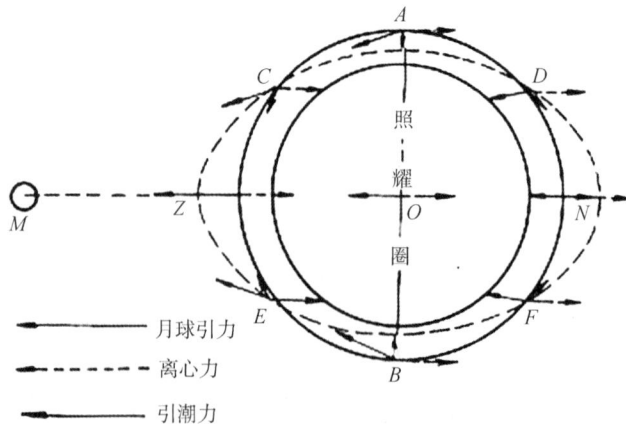

图 3-4   球面上各点的月引潮力与潮汐椭圆体

除月引潮力外,还有太阳的引潮力即日引潮力,它与月引潮力相似。因为太阳质量是地球质量的约 330 000 倍,所以地球与太阳的公共质心几乎与太阳的中心相重合,因此尽管太阳对地球表面单位质量的水质点的引力较大,其惯性离心力也很大,但太阳对地球上水质点的引力大部分被地球日运动时所产生的惯性离心力所抵消。

经过有关的计算,太阳对地球表面上近日点处 10^7 t 质量海水的引力为 6 016.912 t,地球绕地日公共质心运动时,地心处或地球表面上任意点 10^7 t 质量海水的惯性离心力为 6 016.358 t,两者之差为 0.554 t,这就是太阳对地球近日点处 10^7 t 质量海水的引潮力。月球对地球上近月点 10^7 t 质量海水的引力为 34.99 t,而地月运动时的惯性离心力为 33.77 t,两者之差为 1.22 t,由

$$\frac{月引潮力\ 1.22}{日引潮力\ 0.554} \approx 2.20\ 倍 \tag{3-2}$$

可见,日引潮力是次要的。其他天体对地球上潮汐形成的影响很小,可不予考虑。由太阳引起的潮汐称为太阳潮。日引潮力和月引潮力共同作用于地球表面的海水,是引起潮汐的总根源。

二、潮汐静力原理

当假设整个地球表面被等深的海水所覆盖,且海水之间没有摩擦力和惯性力,则当受到外力作用时,将能立即和外力达到平衡状态。基于以上两假设研究的潮汐形成的原理,称为潮汐静力原理或平衡潮理论。

图 3-4 所示是月球引潮力分布的情况。由图可见:地心处的引潮力为 0,Z 点月引潮力向上(向月球方向),N 点的引潮力也向上(背向月球方向,经计算,Z 点引潮力较 N 点引潮力大 1/43 倍)。在照耀圈 AOB 上各点的引潮力向下(向地球中心),其他各点引潮力的大小和方向以照耀圈为界对称分布,如图 3-4 中 C、D、E、F 各点所示。

必须明确:在 A、B、Z、N 等各点垂直于地球表面的力中,由于各力的大小与海水重力相比较,其比值较小,因此上述各力直接引起海水在垂直方向的升降很有限,而 C、D、E、F 等各点的月引潮力中,又可分解为与地球表面相垂直和相平行的两分力,其中垂直分力仍很难引起海水在垂直方向的升降,水平分力则将引起海水在水平方向的流动,从而使海水流向 Z 点与 N 点,使 Z 点与 N 点出现高潮;而在照耀圈附近的各点,因海水向 Z、N 等点流动,出现低潮。因此,根据潮汐静力原理的两个假设,地球表面的海水将形成一个椭圆体——潮汐椭圆体,如图 3-4 中虚线所示。

由潮汐椭圆体图可见:潮汐椭圆体的长轴正对着月球,且通过地心和 Z、N 两地,此时 Z 地正是月球上中天,N 地则是月球下中天,而此时两地均出现高潮。椭圆体的短轴在照耀圈 AOB 平面上,照耀圈即月出没圈上各点则均出现低潮。月中天的位置和月出没圈的位置相隔 90°。

由于地球有自转,因此地球上各地月中天的时间和照耀圈的位置是变化的,而潮汐椭圆体的长轴总是对着月球,因此地球上不同地点出现高潮和低潮的时间也是各不相同的。

日引潮力与月引潮力相似,其引起地球上产生潮汐的原因与月引潮力在地球上引

发潮汐的原因也相似,仅是其作用力比月引潮力小。

三、潮汐变化规律

潮汐现象主要是由月球和太阳的引潮力产生的,引潮力的大小和方向决定于太阳、月球与地球之间的相对运动,月球对于地球的运动和地球对于太阳的运动有周期性,因此潮汐现象的变化也具有明显的周期性。

(一)高潮和低潮发生的时刻

如图3-5所示,由于潮汐椭圆长轴的方向永远对着月球,设 P_N、P_S 分别为地球的北、南两极,则长轴与赤道面重合,地轴与照耀圈平面相重合,则向着月球与背着月球的两侧都发生高潮,照耀圈平面上则是低潮。

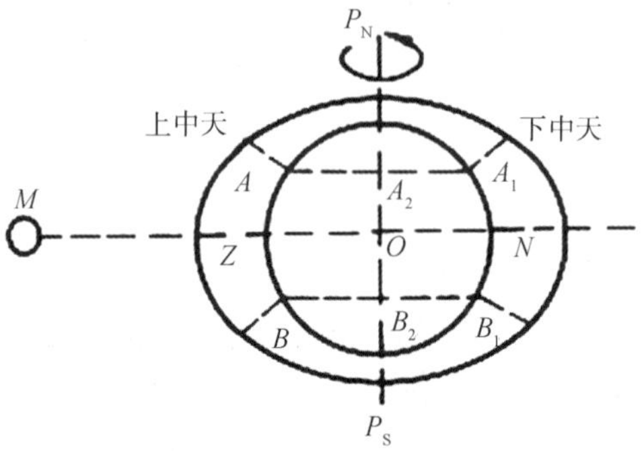

图3-5　潮汐椭圆体

在图3-5中,测者在 A、Z、B 三处,因月球都是上中天,故均是高潮,且均是第一次高潮,但以赤道上 Z 点的潮高为最高,纬度越高,则潮高越低,两极点则无潮汐现象。由于地球自转,原在 A、Z、B 三处的测者,经四分之一太阳日后,将位于照耀圈上 A_2、O、B_2 位置,出现第一次低潮,此时正处于月出没时,地球继续自转。当测者位于 A_1、N、B_1 处,即月球下中天时,出现第二次高潮。同理,当测者位于照耀圈的另一半圆(图的背面)即月出没时,又出现第二次低潮。由此可见,高潮应发生在月中天时,低潮则应发生在月出没时。

但实际上由于海水有黏滞性,而且海水与地面之间有摩擦力以及各地地形不同等,高潮发生的时刻要比月中天的时刻向后推迟一段时间,月中天到第一次高潮发生的时间间隔称为高潮间隙;而低潮发生的时刻由于上述原因,也往往不在月出没时刻,同样需要向后推迟一段时间,月中天到第一次低潮发生的时间间隔称为低潮间隙。

各地的高潮间隙和低潮间隙可以通过长期的观测积累求得。在农历初一,月亮上中天的时刻为1200,下中天的时刻为0000,而在农历十五,月亮上中天的时刻为0000,下中天的时刻为1200。如能知道某地的高(低)潮间隙,即可估算出该地的高、低潮潮时。

(二)潮汐周期

一个潮汐周期的时间为24 h 50 min,亦即高潮潮时每天向后推迟50 min。月球是地球的卫星,它绕地球自转,其公转的轨道称为白道。月球绕地球公转时,并不是绕地心转动,而是绕月亮和地球的公有质心旋转,公转的周期称为恒星月,即 27.32 天。

如图 3-6 所示,设地球上某点 A,当月球在 M_1 时,该地月亮上中天,则当地球自转一周经 24 h 后,月亮将在白道上由 M_1 转移至 M_2,M_1M_2 这段弧距约为 13°(即 360°/27.32≈13°),因此 A 地第二天月亮上中天的时刻将较前一天向后推迟一段时间。由于地球自转一周(360°)需要 24 h,因此每小时自转 15°,即地球每自转 1°约需 4 min,现 A 点需再转 13°月球方能再次上中天,即 A 地后一天月亮上中天的时刻较前一天后移约 50 min,因此一个潮汐周期为 24 h 50 min,而不是 24 h,即高潮潮时每天向后推迟 50 min。

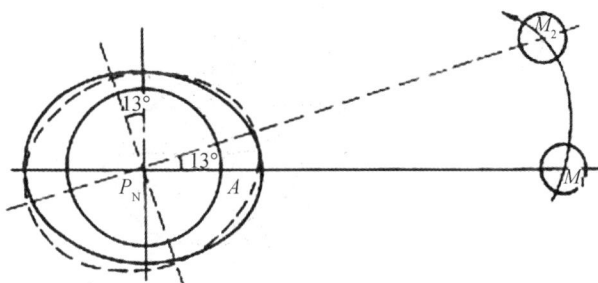

图 3-6　月地运动示意图

四、潮汐不等现象

(一)潮汐周日不等现象

(1)月球赤纬(δ_D)等于 0°时的潮汐现象

月球绕地球公转的轨道——白道,其与地球赤道最大的夹角为 28°36′,因此月球相对于地球的位置每天都是变化的。当月球的赤纬等于 0°时,地球上各地的潮汐现象如图 3-7 所示。归纳其特点如下:

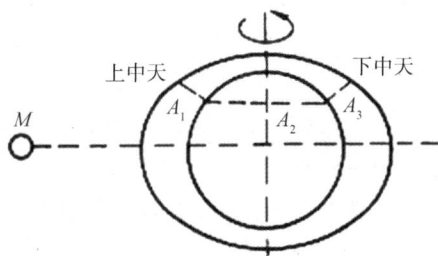

图 3-7　各地潮汐现象

①除两极无潮汐外,各纬度所在地区在一个潮汐周期内都出现两次高潮和两次低潮;

②各纬度所在地区从高潮到低潮,与从低潮到高潮的时间间隔均为 6 h 12.5 min;

③高潮时,赤道上的潮高最高,随着纬度的增加,潮高逐渐降低,但相同纬度所在地的两次高潮潮高相等,两次低潮潮高也相等。

月球赤纬等于 0°或太阳赤纬等于 0°时的潮汐现象,称为分点潮(Equinoctial Tide),

也叫赤道潮。太阳赤纬等于0°时的潮汐现象与月球赤纬等于0°时的潮汐现象相似,但潮高较低。

(2)月球赤纬(δ_D)不等于0°时的潮汐现象

如图3-8所示,设月球赤纬为北赤纬,这时潮汐椭圆体长轴与赤道面之间的夹角就等于月球赤纬,也等于照耀圈与地轴之间的夹角。显然,对着月球与背向月球的两侧各地都是高潮,照耀圈上各地都是低潮。D_2点的纬度φ为90°-δ_D,假定$\delta_D = 20°$,则D_2点的纬度为70°N。在$D_1 D_2$范围内的各点,其纬度$\varphi > 90°-\delta_D$,由图3-8可见,当$\delta_D \neq 0°$时,不同纬度范围地区的潮汐现象差别较为显著。

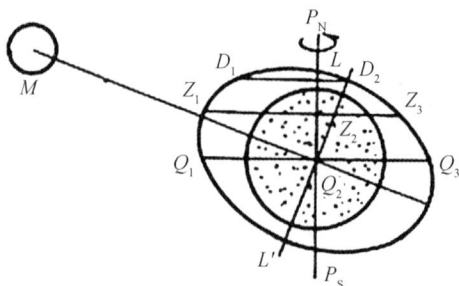

图3-8　月赤纬不等于零时潮汐椭圆体

在$\varphi < 90°-\delta_D$的各地,如Z_1处,月亮上中天时出现第一次高潮。由于地球自转,经12 h 25 min后,Z_1转至Z_3处,此时月亮下中天出现第二次高潮,但这两次高潮的潮高不等。又因Z_1与Z_3处于照耀圈两边的距离圈不等,即$Z_1 Z_2 > Z_2 Z_3$,因此,从第一次高潮到第一次低潮(即照耀圈上的Z_2点)之间的时间间隔,大于6 h 12.5 min,可见在上述地区,在一个潮汐周期内,有两次高潮和两次低潮,但两次高潮的潮高不等,涨、落潮所需的时间不等,这种性质的潮汐,称为混合潮(Mixed Tide)或不正规的半日潮。

至于在$\varphi \geq 90°-\delta_D$的任何地点,当月球上中天时出现第一次高潮,如$D_1$点,经12 h 25 min后,$D_1$才能转到照耀圈上$D_2$的位置,出现低潮;由$D_2$转到原来位置,也需经12 h 25 min,这表明在一个潮汐周期中,只能出现一次高潮和低潮,这种性质的潮汐,称为日潮(Diurnal Tide)。赤道上的潮汐现象与$\delta_D = 0°$时的情况相同,只是两次高潮的潮高稍低。月球赤纬不等于0°时,地球上不同地区的潮汐现象的特点可归纳如下:

①在一个潮汐的周期中,在$\varphi < 90°-\delta_D$的地区出现混合潮(也称不规则半日潮),在赤道地区出现半日潮;在$\varphi \geq 90°-\delta_D$地区出现日潮。

②除赤道地区外,各地的高潮与低潮之间的时间间隔均不等于6 h 12.5 min。

③除赤道地区外,各地两次的高潮潮高均不等。

当月球赤纬最大,并在回归线附近时,上述潮高和涨、落潮时间间隔不等的现象即潮汐周日不等的现象最为明显,这种潮汐称为回归潮(Tropic Tide)。

(二)潮汐半月不等

潮汐现象主要是月球和太阳共同作用的结果。月球、太阳和地球在空间的相对位置不断地循环变化,引起地球上的潮汐现象也发生相应的周期性的显著变化,这种现象称为潮汐的半月不等。在朔(农历初一,也称新月)或望(农历十五,也称满月)日,太阳、月亮和地球的位置差不多在一条线上(或在同一子午圈上),如图3-9所示,这时日引潮力和月引潮力几乎作用于潮汐椭圆体长轴的同一方向,互相叠加,因而出现了高潮最高和低潮最低的潮汐现象,这时高潮潮高与低潮潮高之差也最大,即潮差最大,称为大潮(Spring Tide)。

图 3-9 大潮的产生

在上弦(农历初七、初八)或下弦(农历二十二、二十三)日,太阳、月球和地球三者在空间的位置近于成直角(见图 3-10),太阳引潮力方向与月亮引潮力方向近于垂直,最大程度地互相削弱,使潮汐椭圆体最不扁长,因而出现了高潮最低和低潮最高的潮汐现象,这时潮差最小,称为小潮(Neap Tide)。

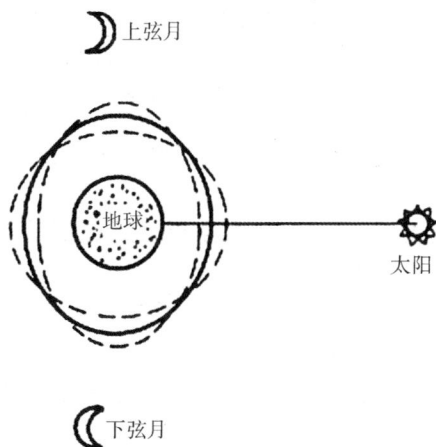

图 3-10 小潮的产生

大潮和小潮在农历一个月中各出现两次,因此潮差是以半个太阴月(约 14.5 天)为周期变化的,故称为潮汐半月不等。除朔、望、上弦和下弦日以外,其他日期的潮汐情况则介于大潮日和小潮日之间。

(三)潮汐的视差不等

由于月球绕地球公转的轨道——白道呈椭圆形,地球则位于椭圆轨道的一个焦点上。当月球位于近地点时(距离约等于 57 个地球半径),其引潮力要比在远地点(距离约等于 63.7 个地球半径)时大 40% 左右,这种潮汐不等是由于地球和月球距离变化而产生的,故称为潮汐的视差不等或月视差不等,其周期为 27.32 天。同理,太阳潮中也有视差不等现象,当太阳位于近地点时,其引潮力比在远地点时的引潮力大 10% 左右,但其周期为 365.25 天,故称为太阳视差不等或年视差不等。

知识链接二 潮汐与潮流推算

一、有关潮汐与潮流的术语

前文在论述潮汐成因、潮汐不等等问题时已介绍了一些潮汐术语,为了便于掌握和运用潮汐计算方法,再介绍一些潮汐术语(有关概念可参照图3-11理解)。

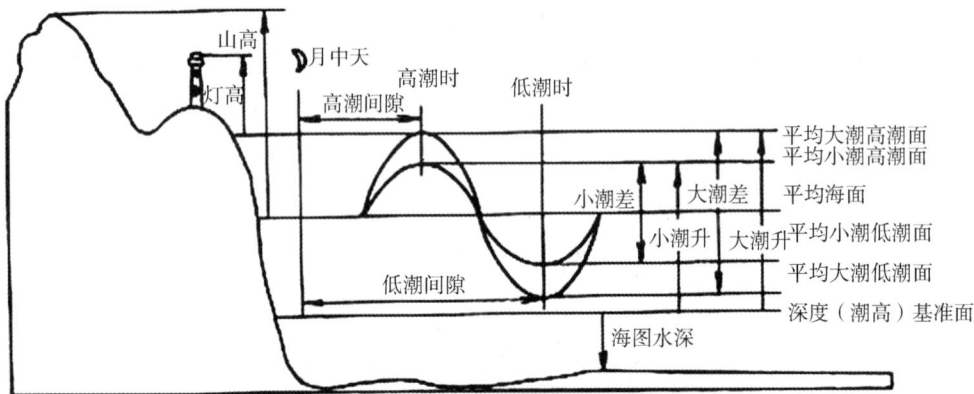

图 3-11　潮汐图解

1.潮高基准面

潮高基准面(Tidal Datum)是指潮高的起算面。在绝大多数情况下,潮高基准面与海图水深基准面相一致,这样便于计算实际水深,即

$$实际水深=海图水深+潮高$$

有些旧版海图,其水深资料不按理论深度基准面计算,而可能是采用略最低低潮面计算的,因而海图基准面与潮高基准面不一致,如图3-12所示,此时求实际水深,就必须进行基面改正。进行基面改正计算实际水深的公式是:

$$实际水深=海图水深+潮高+基面改正值(\Delta)$$
$$基面改正值(\Delta)=海图水深基准面-高潮基准面$$

例3-1:已知2002年2月2日某时余山附近某处海图水深20 m,当时该地潮高441 cm。余山潮高基准面在平均海面下229 cm,海图水深基准面在平均海面下270 cm,求该时当地实际水深。

解:将给出各数值代入基面改正实际算实际水深的公式

$$实际水深=海图水深+潮高+\Delta$$
$$=20+4.41+(2.70-2.29)$$
$$=24.82 \text{ m}$$

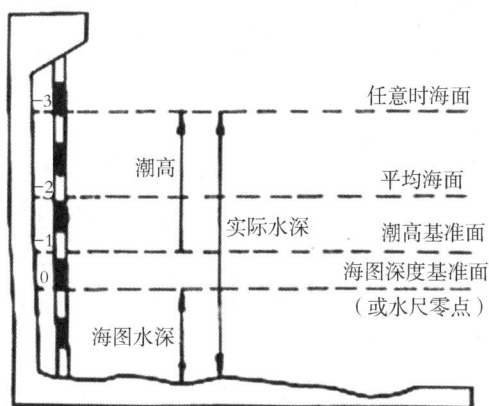

图 3-12 水深与潮高

2.平均海面

在不同的气象和天文条件下,海面的高度很不一致。为了解海面的涨落情况及海洋深度的变化过程,必须能基本上排除气象和天文潮影响的理想海平面,这就是平均海面(Mean Sea Level,MSL)。

一般来说,将某一测量站长期连续观测所得的水位资料加以逐日逐时的平均,其平均值(由水尺零点算起)即为平均海面。它实际上是每小时水位测量高度的算术平均值。根据所取资料时间的长短,平均海面又可分为月平均海面、年平均海面和多年平均海面。由于观测时间较长,一些在短期内扰动海面高度的因素可能相互抵消或将其影响降至到最低,因此在时间上,至少取一年中每小时海面高度的平均值作为平均海面高度,根据理论计算则应取 19 年中每小时海面高度的平均值作为平均海面高度才较精确。我国统一取黄海(青岛)的平均海面作为高程的起算面,它位于青岛验潮站水尺零点之上 2.38 m。

3.平均海面季节改正数

由于海面水位高度会受气象情况变化又因不同的季节而变化,因此平均海面的高度也会因季节的不同而稍有变化。统计多年的每月的平均海面高度与每年的平均海面高度之差,称为平均海面季节改正数(Seasonal Change in Mean Sea Level),单位为厘米。

4.高潮、低潮、平潮、停流、高(低)潮潮时

在一个潮汐周期内,某海域海面升到最高位置时叫高潮(High Water,HW)。海面降到最低位置时叫低潮(Low Water,LW)。出现低潮的时刻叫低潮潮时(Low Water Time)。在高潮发生后,海面有一段暂停升降的过程,叫平潮(Slack);在低潮发生后,海面有一段暂停升降的过程,叫停潮(Stand)。

5.涨潮、落潮、涨潮时间、落潮时间、平潮时间

海面从低潮上升到高潮的过程,称为涨潮(Rising Tide)。其间的时间间隔称为涨潮时间(Duration of Rise)。海面从高潮降低到低潮的过程,称为落潮(Falling Tide)。其间的时间间隔称为落潮时间(Duration of Fall)。海面暂停升降的时间间隔称为平潮时间。

6.潮高、潮差

从潮高基准面到实际海面的高度叫潮高。高潮时的潮高叫高潮高,低潮时的潮高

叫低潮高。相邻的高潮潮高和低潮潮高之差叫潮差(Tidal Range)。潮差大的海区,海面涨得高,落得也低;潮差小的海区,海面涨得不高,落得也不低。大潮(朔、望)潮差大,小潮(上、下弦)潮差小。

7.月潮间隙

从月球上中天或下中天时刻到其后第一次的高潮或低潮的时间间隔,称为月潮间隙(Lunitidal Interval)。月中天到第一次高潮时的时间间隔,叫高潮间隙(High Water Interval)。一个月的高潮间隙的平均值叫平均高潮间隙(Mean High Water Interval)。月中天到第一次低潮时的时间间隔,叫低潮间隙(Low Water Interval)。一个月低潮间隙的平均值叫平均低潮间隙(Mean Low Water Interval)。

8.大潮升

大潮升(Tidal Rise of Spring)是从高潮基准面到平均大潮高潮面的高度。

9.小潮升

小潮升(Tidal Rise of Neap)是从高潮基准面到平均小潮高潮面的高度。

10.早潮

从0点至12点发生的高潮(或低潮)称为早潮。

11.晚潮

从12点至24点发生的高潮(或低潮)称为晚潮。

12.回归潮

当月球赤纬最大时(此时月球在北回归线或南回归线附近)的潮汐称为回归潮。此时,日潮不等现象最显著。

13.分点潮

当月球赤纬最小时的潮汐称为分点潮。此时日潮不等现象最小。

14.高高潮

高高潮(Higher High Water,HHW)是在一个太阴日中发生的两次高潮中较高的高潮。

15.低高潮

低高潮(Lower High Water,LHW)是在一个太阴日中发生的两次高潮中较低的高潮。

16.高低潮

高低潮是(Higher Low Water,HLW)在一个太阴日中发生的两次低潮中较高的低潮。

17.低低潮

低低潮是(Lower Low Water,LLW)在一个太阴日中发生的两次低潮中较低的低潮。

18.潮龄

由朔望至实际大潮发生的时间间隔称为潮龄(Age of Tide)。潮龄一般为1~3天。

19.潮信资料

潮信资料(Tidal Information)是指在潮信表或海图中所提供的概略计算当地潮汐的航海资料,一般包括平均高潮间隙、平均低潮间隙、大潮升、小潮升、平均海面等。

20.正规半日潮

正规半日潮是指在一个太阴日内发生两次高潮和两次低潮,两次高潮和两次低潮的高度都相差不大,涨落潮的时间也很接近。

21.不正规半日潮混合潮

不正规半日潮混合潮还具有半日潮的特性,但在一个太阴日内相邻的高潮或低潮的潮位相差很大,涨潮时和落潮时也不等。

22.正规日潮

正规日潮是指在半个月中有连续二分之一以上天数是日潮,而其余日子为半日潮。

23.不正规日潮混合潮

不正规日潮混合潮是指在半个月中,日潮的天数不超过 7 天,其余日子为不正规日潮。

二、利用中版《潮汐表》推算潮汐

为了安全航行和进出港的需要,航海人员要对某地水域进行必要的潮汐推算,即利用《潮汐表》或海图上潮信资料推算某地水域的高(低)潮时和潮高,以及任意潮时或潮高。本节将介绍我国的《潮汐表》及利用它来推算潮汐的方法。

(一)中版《潮汐表》介绍

1.出版情况

我国出版的年度的《潮汐表》系由国家海洋信息中心编制、海洋出版社出版,共分六册,中国沿海和世界大洋区域各三册,各册范围如下:

第一册:中国黄海和渤海沿岸,从鸭绿江口至长江口。

第二册:中国东海沿岸,从长江口至台湾海峡。

第三册:中国南海沿岸及诸群岛,包括广东、广西和南海诸岛。

第四册:太平洋及毗邻水域,西起马六甲海峡,东到南、北美西岸;北起白令海峡,南到南极洲沿岸。

第五册:印度洋沿岸(含地中海)及欧洲水域。

第六册:大西洋沿岸及非洲东海岸。

《潮汐表》每年出版一次,本年度《潮汐表》均在上年年底提前编好出版。

2.主要内容

(1)主港潮汐预报表:这部分刊载了各册表属水域主港逐日高、低潮时和潮高预报以及部分港口的逐时潮高。

(2)潮流预报表:这部分刊载了部分海峡、港湾、航道以及渔场的每日潮流预报。

(3)差比数和潮信表:这部分差比数用来推算附港潮汐;潮信资料用来概算潮汐。

《潮汐表》还刊有部分港口潮高订正值表、格林尼治月中天时刻表、东经120°月中天时刻表(北京标准时)和月球赤纬表(世界时0时)以及梯形图卡。

3.注意事项

(1)我国沿海港口用北京标准时(东八区区时);第四至六册中的外国诸港均在每页左下角注明所用标准时。

（2）潮高基准面与深度基准面不一致时需改正。

（3）关于《潮汐表》的误差及水文气象的影响，在正常情况下，《潮汐表》预报潮时的误差在 20~30 min，潮高误差在 20~30 cm。但在下列情况下误差较大，应予注意：

①有寒潮、台风或其他天气急剧变化时，水位随之发生特殊变化，潮汐预报（主要是潮高）将与实际出入较大。在山东高角以北及渤海，主要应注意冬季寒潮引起的"减水"，寒潮常使实际水位低于预报很多，个别强烈的寒潮可使实际水位低于预报 1 m 以上。夏、秋季节受到台风袭击的地区（尤其是闽、浙沿海）常常引起较大的"增水"，个别情况也有引起实际水位高于预报 1 m 以上的现象。此外，长江口附近春季经常有气旋出海而引起大风，也能引起水位的较大变化。

②地处江河口的预报点，如吴淞、燕尾、营口、温州、海门、马尾等，每当汛期洪水下泄时，水位急涨，实际水位都会高于预报很多。

③南海的日潮混合潮港，如海口、海安、北海等，因高潮和低潮常常有一段较长的平潮期，预报的潮时有些会与实际相差 1 h 以上，但这对实际使用影响不大，所报时间的潮高仍与实际比较相符。

④潮流预报的站位分为两种情况：一是往复流性质的站位，将给出逐日的转流时间、最大流速时刻以及对应于最大流速时刻的流速；二是回转流性质的站位，将给出潮流回转一周（大约一个潮汐周期）过程中的两个极大值和两个极小值以及与其对应的时刻。

应该指出的是，表中预报的只是海流中的潮流部分。在一般情况下，该表预报的潮流是海流中的主要成分，可以近似地视为实际海流，但是在特殊天气情况下，表层海流受风的影响很大，使潮流规律不甚明显，这时表中的预报与实际海流有较大的差别，使用时应注意。

（二）利用《潮汐表》推算潮汐

1.求主港每日高、低潮的潮时和潮高，或求部分港口每小时潮高

对于主港每日高、低潮的潮时和潮高，或部分港口每小时潮高，可直接查《潮汐表》求得。但应注意船时和表列标准时是否一致。

2.求附港的高、低潮时和潮高

（1）名词解释

①高（低）潮时差：主港与附港高（低）潮时之差。正号（+）表示附港高（低）潮时比主港高（低）潮时发生得晚；负号（-）表示附港高（低）潮时比主港高（低）潮时发生得早。

②潮比差：对半日潮港来说，是指附港的平均潮差与主港的平均潮差之比；对日潮港来说，是指附港的回归潮大的潮差与主港的回归潮大的潮差之比。

③改正值：使用潮差比由主港潮高计算附港潮高时，若附港基准面不是用主港基准面确定的，需要对附港潮高加以订正，使之变为从附港基准面起算，此订正数就是表列的改正值。

改正值=附港经季节改的平均海面-主港经季节改的平均海面×潮差比

（2）应用差比数进行推算的公式

附港高（低）潮时=主港高（低）潮时+高（低）潮时差

附港高（低）潮高=［主港高（低）潮高-（主港平均海面+主港季节改正值）×

潮差比+(附港平均海面+附港季节改正值)

当主、附港季节改正值不大(一般小于5)及潮比差接近1时,可不必进行平均海面的季节改正,而直接用差比数栏中的改正值求得附港的潮高,即

附港高(低)潮高=主港高(低)潮高×潮差比+改正值

后三册的计算公式为:

附港高(低)潮高=主港高(低)潮高×潮差比+改正值+潮高季节改正值

3. 求任意时高潮和任意高潮的时刻

在实际航行中,往往需求某一港口某日某时刻所对应的潮高,或求某一潮高所对应的时刻,例如船舶通过浅水航道时,需趁潮水进出,在此情况下,就需进行这种类型的潮汐计算。为解算这类问题,首先必须研究潮汐随时间变化的规律。

(1)计算公式

通过长期的观测和分析研究可知,在正常情况下,潮汐随时间变化的规律近似于一余弦曲线。如图3-13所示,t_1为高潮时,t_2为低潮时,则落潮时间 $T=t_2-t_1$。由设任意时刻为在高潮潮时后 t 时,则只需求得任意时刻与 t_1 时潮高之差 Δh,即可求得任意时刻的潮高 EF。由于余弦函数的函数值可用一等速旋转的半径在坐标轴上的投影表示,在高潮时(t_1)其半径位置在 OA,在低潮时(t_2),其半径位置在 OB,而在任意时刻(t_1+t),其半径位置在 OD,其半径旋转的角度为 θ,OD 在纵坐标上的投影为 OC。

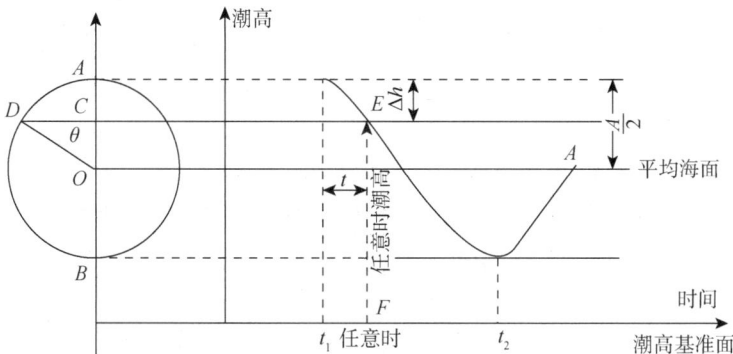

图3-13 任意时的潮高

在直角三角形 OCD 中,$OC=OD\cos\theta$,而 $OD=OA$,所以 $\Delta h=OA-OC$,即 $\Delta h=OA-OA\cos\theta=OA(1-\cos\theta)$ 而 $OA=A/2$(A 为潮差),所以 $\Delta h=A/2(1-\cos\theta)$。

θ 的大小决定于 t,在 t_1 至 t_2 时间内,即在落潮时间 T 内,θ 变化了180°,则单位时间内 θ 的变化为180°/T。现任意时与高潮时 t_1 相距 t,因此在该任意时 θ 的变化之值为 180°/$T\times t$,代入 Δh,得

$$h=A/2(1-\cos 180°/\ T\times t) \tag{3-3}$$

$$\Delta h=A/2(1-\cos t/\ T\times 180°) \tag{3-4}$$

式(3-3)、式(3-4)中:T——落潮时间;

A——潮差;

t——任意时与高潮时的时间间隔。

因此任意时刻的潮高 $EF=$ 高潮潮时 $-\Delta h=$ 高潮潮高 $-A/2(1-\cos t/\ T\times 180°)$。

式(3-4)中,高潮高,潮差 A、落(涨)潮时间 T 均为已知,因此只需知道任意时与高潮时的时间间隔 t,即可求得任意时的潮高。

同理,如任意时按低潮时为准计算,则任意时潮高,可按以下公式计算求得,即

$$任意时潮高 = 低潮潮高 + A / 2(1 - \cos t'/T \times 180°) \tag{3-5}$$

式中: T——涨潮时间;

　　　A——潮差;

　　　t'——任意时与低潮时的时间间隔。

当已知潮高需求某潮高所对应的时刻时,则只需变换求任意时潮高的公式,即

$$\cos\theta = \cos t/T \times 180° = 1 - 2 \times \Delta h/A \tag{3-6}$$

式中: t——任意潮高所对应的时刻与高潮时之差;

　　　T——涨潮时间或落潮时间;

　　　Δh——高潮潮高与任意时潮高之差。

(2)利用等腰梯形图卡求任意时潮高或求任意潮高的潮时

为方便计算,我国《潮汐表》中附有求任意时潮高和求任意潮高的潮时的等腰梯形图卡。图卡由主图、潮时尺、潮高尺三部分组成,如图 3-14 所示。主图由两个等腰梯形组成,其左侧指示潮时,右侧指示潮高。潮时尺分左、右两种读数,涨潮用左边读数,落潮用右边读数。潮高尺分为大尺与小尺两种刻度,大尺刻度为-1 cm 至 10 m,适用于一般高潮,小尺刻度自-1 cm 至 12 m,适用于潮高特大和特小的情况使用。根据某港的高、低潮潮时及潮高,利用等腰梯形图卡,可从潮时尺或潮高尺上直接读出任意时的潮高或任意潮高的时刻。

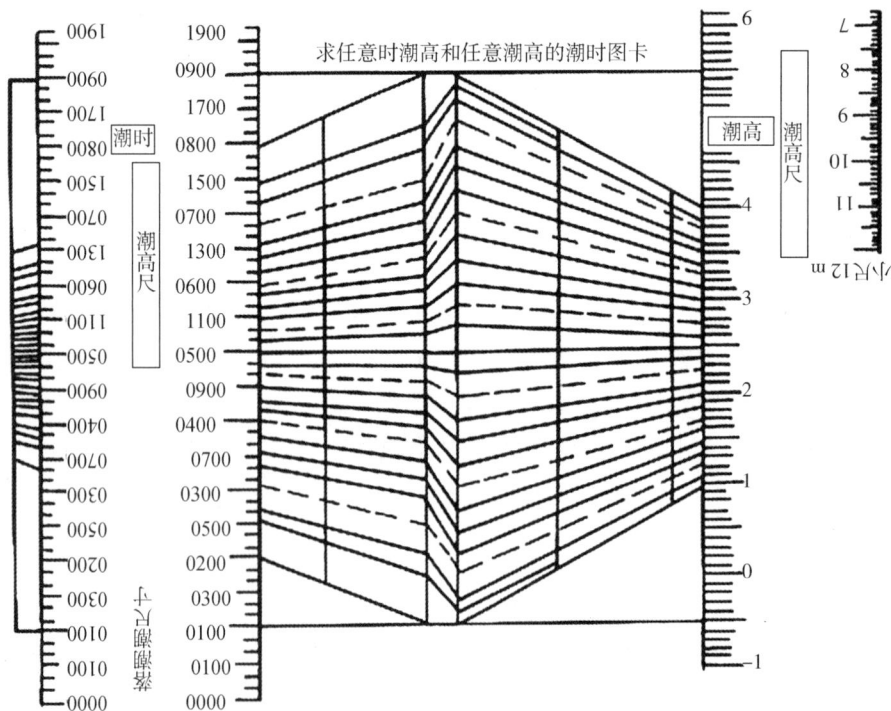

图 3-14　等腰梯形图卡

例 3-2: 已知某港某日低潮潮时为 0200,潮高 1.0 m,高潮潮时 0800,潮高 4.0 m,试分别求 0300、0400、0700 的潮高,及潮高分别为 1.5 m、2.0 m、2.5 m 的时刻。

解: 如图 3-14 所示,将潮时尺上涨潮潮时尺一边的读数 0800 与 0200 处分别与主图左册上、下两斜边相对接,将潮高尺的大尺 4.0 和 1.0 分别和主图右侧上、下两斜边相对接,在对接时,均应注意使潮时尺与潮高尺和主图的垂线相平行,通过主图中的辐射线,即可查得,0300:潮高为 1.2 m;0400:潮高为 1.75 m;0700:潮高为 3.8 m。

另外,潮高为 1.5 m 的时刻为 0335;潮高为 2.0 m 的时刻为 0420;潮高为 2.5 m 的时刻为 0500。

利用等腰梯形图卡求任意时潮高及任意潮高的潮时,可通过主图在潮高尺或潮时尺上直接读取,因而使用简便,但此种方法建立在将潮汐随时间变化的规律看成正规的余弦曲线的基础上,因此,对于具有异常潮汐特性的港口来说,不宜使用这种方法计算。

4.船舶过浅水区时的潮汐计算

船舶过浅水区时的潮汐计算,主要是计算出船舶过浅水区时所需的潮高,然后求得该潮高所对应的时刻。如图 3-15 所示,可知:

$$\begin{cases} 过浅水区的最小安全水深=最大吃水+船底富余水深=海图水深+潮高 \\ 过浅水区时的潮高=最大吃水+船底富余水深-海图水深 \end{cases} \tag{3-7}$$

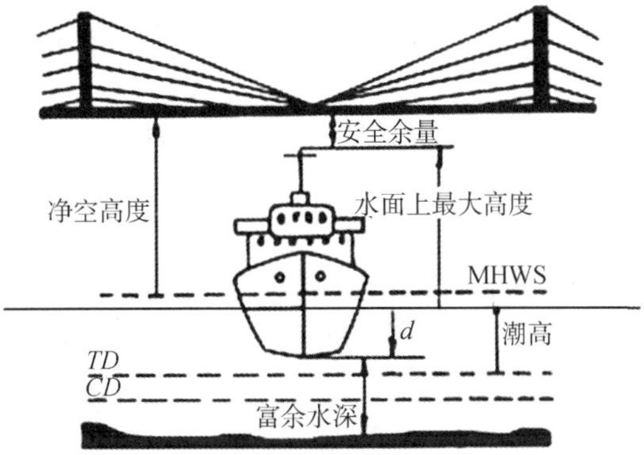

图 3-15　最小安全潮高与最大安全潮高

当潮高基准面与水深基准面不一致时:

$$\begin{cases} 过浅水区的最小安全水深=最大吃水+船底富余水深=海图水深+潮高+(CD-TD) \\ 过浅水区时的最小安全潮高=最大吃水+船底富余水深-海图水深-(CD-TD) \end{cases} \tag{3-8}$$

例 3-3: 某船满载吃水 4.8 m,于某日上午 10 时抵达海门台州湾候潮,台州湾浅滩海图水深为 2.5 m,问该日最早在何时可过浅滩?(要求船底富余水深 0.7 m)。已知当日海门的潮汐情况如下:

高潮	潮时	潮高	低潮	潮时	潮高
	1256	515		0757	067

解:(1)首先计算过该浅滩时所需潮高。

潮高=最大吃水+富余水深-海图水深=4.8+0.7-2.5=3.0 m

(2)利用潮汐梯形图卡或求任意潮高的时刻的公式,根据海门当日潮汐情况,可求得潮高为 3.0 m 的时刻为 1030。因此当日该轮可开始过浅滩的时刻为 1030。

5.过空中障碍物的潮汐计算

在某些水道的上空有桥梁或架空电缆过碍航物,为了能安全通过,必须要算出安全通过的最大潮高。如图3-15所示,可知

最大安全潮高=大潮升+净空高度-水面到船舶的最高点高度-安全余量   (3-9)

求得潮高后,即可求出通过桥梁或架空电缆的时间。

例3-4:某船满载某日中午到达某水道,吃水为9.5 m,龙骨上最大高度为29 m。该水道海图水深8 m,潮高基准面在海图基准面下200 cm,海图深度基准面在平均海面下220 cm;大潮升4.5 m;水面上空有桥梁,其净空高度为20 m;该日午后潮汐为:1 157 401 cm,1 902 130 cm。如果要求富余水深为0.7 m,大桅顶端至桥底部的安全余量为1.5 m,求该船该日午后安全通过该水道的最早和最迟时间。

解:(1)通过水道所需安全潮高

最小安全潮高=吃水+富余水深-海图水深-($CD-TD$)

$\qquad\qquad$ = 9.5+ 0.7-8-(2.2-2.0)= 2.0 m

最大安全潮高=净空高度+大潮升-水面至大桅顶端的高度-安全余量

$\qquad\qquad$ =20+4.5-(29-9.5)-1.5=3.5 m

(2)通过水道的最早、最迟时间

因为午后是落潮过程,所以最早通过时间是落潮至最大安全潮高的时间,最迟通过时间是落潮至最小安全潮高的时间。

最早通过时间 t_1 =高潮潮时+T/180°×arccos(1-2×$\Delta h/A$)

$\qquad\qquad$ = 1157+(1902-1157)/180°×arccos[1-2×(403-350)/(401-130)]

$\qquad\qquad$ = 1359

最迟通过时间 t_2 =高潮潮时+ T/180°×arccos(1-2×$\Delta h/A$)

$\qquad\qquad$ = 1157+(1902-1157)/180°×arccos[1-2×(401-200)/(401-130)]

$\qquad\qquad$ =1638

6.计算海图水深

船舶在航行过程中,如用测深仪测出船底到海底的深度,通过公式换算即可求出测深处的海图水深。

海图水深=实测水深+吃水-潮高-($CD-TD$)

例3-5:2002 年 1 月 5 日 1000,在佘山附近用测探仪测得水深为 19.8 m,当时船舶吃水 9.3 m,求当时海图水深为多少?

解:由潮汐表查得 2002 年 1 月 5 日 1000 左右佘山潮汐   0905   92   1458   367

1000 时此地潮高=92+275/2(1-cos55/353×180°)= 108 cm

海图水深=19.8+9.3-潮高=28 m

7.概略潮汐推算表(潮信资料法计算潮汐)

当缺乏潮汐表时,可利用海图的潮信表或"差比数和潮信表"中有关资料,概略估算潮时潮高。

(1)求潮时

①求农历上半月潮时:

高(低)潮潮时=月中天时刻+平均高(低)潮间隙

$$= [（农历日期-1）\times 0.8+1200]+平均高（低）潮间隙 \qquad (3-10)$$

②求农历下半月潮时：

$$高（低）潮潮时 = [（农历日期-16）\times 0.8+0000]+平均高（低）潮间隙 \qquad (3-11)$$

上述求潮时的公式是根据月中天时刻每日推迟 0.8 h，农历初一月中天是 1200，而农历十六月中天是 0000，因此初二、十七月中天推迟时间为 0.8 h，初三、十八月中天推迟时间为 2×0.8 h，依此类推，即得上述概略求潮时的公式。至于另一次高、低潮潮时，可将计算的高、低潮潮时加（减）12 h 25 min 求得。

（2）求潮高

$$高潮高 = 大潮升-（大潮升-小潮升）/7\times大潮日与当日农历日期的天数差 \qquad (3-12)$$
$$低潮高 = 2\times平均海面-高潮高 \qquad (3-13)$$

式中，大潮日 = 朔（望）日+潮龄。

$$小潮日 = 大潮日+7 天 \qquad (3-14)$$

由于大潮日与小潮日相差约 7 天，因此求农历某日的高潮潮高方法如式 3-14 所示。但在计算大潮日与当日农历日期的天数差时，应注意不得超过 7 天。例如计算农历二十七日的高潮高时，应计算与下月上半月的大潮日（初三）的天数间隔，视当月农历为月大或月小，定为 5 天或 6 天。

在上列求潮时和潮高的公式中，平均高潮间隙、平均低潮间隙、大潮升、小潮升及平均海面等均可自潮信表中查得，即可概略计算得任意农历日期当地的潮汐。概略潮汐计算又称简易潮汐计算或潮信资料法潮汐计算。

例 3-6： 由潮信表查得铜沙的潮信资料，平均高潮间隙 1021，平均低潮间隙 0445，大潮升 4.5 m，小潮升 3.3 m，平均海面 2.60 m，试 2002 年 1 月 16 日（农历初四）铜沙的大概潮汐。

解： 农历初四月中天时刻 =（4-1）×0.8+1200 = 1424

高潮潮时 = 1424+1021 = 2445 即 0045（第二天即 1 月 17 日的高潮潮时）

另一次高潮潮时 = 2445-1225 = 1220

低潮潮时 = 1424+0445 = 1909

另一次低潮潮时 = 1909-1225 = 0644

而高潮高 = 4.5-（4.5-3.3）/7×（4-1）≈4.3 m

低潮高 = 2×2.60-4.3 = 0.9 m

当日铜沙的潮汐是：　0644　　　1220　　　1909

　　　　　　　　　　0.9 m　　4.3 m　　0.9 m

三、利用英版《潮汐表》推算潮汐

（一）英版《潮汐表》介绍

1.概述

英版《潮汐表》（Admiralty Tide Tables，ATT）共有 4 卷，编号为 NP201、NP202、NP203、NP204，包括世界各主要港口的潮汐预报。该资料每年出版，本年度《潮汐表》均在上年年底提前编好出版。有关各卷《潮汐表》自付印之后的补遗和勘误等改正资料，均发布于《航海通告年度摘要》第 1 号通知中。该通告为"英版潮汐表的补遗和勘误"（Admiralty Tide Tables—Addenda and Corrigenda），亦应注意附在潮汐表中的勘误表。

2.各卷范围

第一卷:英国和爱尔兰（包括欧洲水道各港）［UNITED KINGDOM AND IRELAND（Including European Channel Ports）］;

第二卷:欧洲（不包括英国和爱尔兰）、地中海和大西洋［EUROPE（Excluding United Kingdom and Ireland），MEDITERRANEAN SEA AND ATLANTIC OCEAN］;

第三卷:印度洋和南海（包括潮流表）［INDIAN OCEAN AND SOUTH CHINA SEA（Including Tidal Stream Tables）］;

第四卷:太平洋（包括潮流表）［PACIFIC OCEAN（Including Tidal Stream Tables）］。

各卷《潮汐表》所包括的海区界限,可查看《潮汐表》内英版潮汐表界限图。

3.各卷主要内容

各卷主要由 3 部分组成:

(1)第一部分:主港潮汐预报（Part Ⅰ Tidal Predictions for Standard Ports）。预报主港每日高、低潮时和潮高,潮高单位均为 m。各港潮时均采用当地标准时,并在每页的左上角用"TIME ZONE ××××"注明。第一卷还有一些主要港口的逐时潮高预报（Part Ⅰ a Hourly Height Predictions）;第三、四卷还有潮流表（Part Ⅰ a Tidal Stream Tables）,载有潮流日变化很大的重要海峡和水道的潮流资料,对于具有半日潮性质的潮流的地方,其潮流的推算可以参考适当主港印在海图上的潮流资料进行。

(2)第二部分:用以预报附港潮汐的潮时差和潮高差（Part Ⅱ Time and Height Differences for Predicting the Tide at Secondary Ports）。表中列出主港（用黑体字印刷）和附港编号（No.）、潮时差（Time Differences）、潮高差（Height Differences）,每两页的右下页还印有平均海面季节改正（Seasonal Changes in Mean Level）,表后有注意事项（Notes）,以便用这些资料求取附港的潮时和潮高。

(3)第三部分:调和常数（Part Ⅲ Harmonic Constants）。这部分提供了编号、地点、平均海面 4 个主要分潮（M_2, S_2, K_1, O_1）的调和常数:振幅（H）和迟角（g）,浅水改正（S.W.Corrections）数据;每两页的右下角还提供了平均海面和调和常数的季节改正（Seasonal Changes in Mean Level and Harmonic Constants）,以便利用简化的调和常数法预报潮汐。

第二至四卷其后还印有"关于潮流的调和常数"（Part Ⅲ a Harmonic Constants for Tidal Streams）,以便利用简化的调和常数法预报潮流。利用调和常数推算潮汐的精度要高于一般方法的精度。但是,由于其计算复杂,对于缺乏较先进计算手段的船舶,这种方法只适用于不能用一般方法求算潮汐的地点求潮汐。

4.其他内容

(1)主港索引（Index to Standard Ports）:印在各卷最前页,按港名字母顺序排列,给出主港预报资料所在页数。港名前注有"＊"者,是指该港预报资料亦刊载于另一卷《潮汐表》之中。

(2)地理索引（Geographical Index）:印在各卷书末,按主、附港名字母顺序排列,其中主港名字用黑体字印刷,给出其每日潮汐预报资料所在页数及该港编号;如系附港,则给出编号,以便用此编号在第二部分中查取该附港的有关资料。

(3)求任意时潮高曲线图(For Finding the Height of Tide at Time Between High and Low Water):这是根据潮汐涨落的运动曲线为余弦曲线的原理制成的曲线图,其原理和计算结果均与我国《潮汐表》中的等腰梯形图卡基本相同,可以互用。这种曲线图在第三、四卷中每卷各印一张,供求该卷所有港口的任意潮时和潮高用。在第一卷和第二卷的欧洲水域除威尼斯外,每个主港印有一张与该主港潮汐性质相符的曲线图,供求该主港和其附港任意潮时和潮高使用,对于一些比较特殊的附港也提供专用的曲线图。第二卷也给出与第三、四卷相同的曲线图,供不能用专用曲线图的港口使用。

此外,还有辅助用表(Supplementary Table)等。

(二)利用英版《潮汐表》计算潮汐的方法

1.求主港潮汐

主港一年中每天的高、低潮潮时潮高,均在当年潮汐表第一部分主港潮汐与报表中刊出,各卷潮汐表中的主港名称列在该卷封里,并按英语字母顺序的先后排列,据此可直接从表中查求各主港当日的潮时潮高。表中的潮时系指该地的地方标准时,潮高则是相应港口海图基准面以上的高度(以米为单位)。如船时与表列区时不一致,则应进行改正。

2.求附港潮汐

附港潮汐是利用该附港与其相应主港的潮时差和潮高差求得的,其计算公式如下:

$$附港高(低)潮时=主港高(低)潮时+高(低)潮时差 \tag{3-15}$$

$$附港高(低)潮高=主港高(低)潮高-主港平均海面季节改正+$$
$$潮高差+附港平均海面季节改正 \tag{3-16}$$

主港当日潮高可在主港潮汐预报表中查取,主港和附港的平均海面季节改正在第二部分单数页的下端印出可予查求,潮高差则需根据第二部分所列的主、附港的平均大潮高潮潮高(MHWS)、平均小潮高潮潮高(MHWN)、平均小潮低潮潮高(MLWN)、平均大潮低潮潮高(MLWS)经内插(或外插)求得高、低潮潮高差,或根据第二部分所列主附港的平均高高潮潮高(MHHW)、平均低高潮潮高(MLHW)、平均高低潮潮高(MHLW)、平均低低潮潮高(MLLW)经内插(或外推)求得。有关高、低潮潮高差内插(外推)的方法,可通过以下举例说明。

例3-7:求上海港(Shanghai)(半日潮港)2000年1月16日潮时潮高,有关资料如下:

Extract Form Part Ⅱ

Place	Position		Time Differences		Height Difference (in Metres)			
	Lat N	Long E	MHW	MLW	MHWS	MHWN	MLWN	MLWS
Standard Port	WUSONG (see page 129)				2.5	1.8	1.2	0.4
Secondary Port (Shanghai)	31°15′	121°29′	+0040	+0045	−0.8	−0.4	−0.4	−0.6

Seasonal Changes in Mean Level

	No.	Jan.1	Feb.1	Mar.1	Apr.1	May1	June1	July1	Aug.1	Sep.1	Oct.1	Nov.1	Dec.1
Standard Port		−0.2	−0.3	−0.2	−0.1	0.0	+0.1	+0.2	+0.2	+0.2	+0.1	0.0	−0.1

Secondary Port −0.4　−0.5　−0.4　　−0.1　　0.1　　+0.2　　+0.3　　+0.3　　+0.3　　+0.2　　+0.1　　−0.1

Extract　form　part　Ⅰ　　Standard port（WUSONG）

TIME ZONE−0800　　　　　　　　January

	Time	Ht.（m）
	0221	0.9
16	0740	2.5
su	1459	1.1
	1954	2.5

解：（1）求取高潮潮高差和低潮潮高差。

在"用于预报附港潮汐的潮时差和潮高差"表中进行线性内插，即可求得对应的高（低）潮高差。

（2）根据已知资料，可列表计算如下：

Standard Port：WUSONG　　　Time/Height required：H&LW

Secondary Port：Shanghai　　　Date：16 Jan 2000　　　Time zone：　−0800

	Time		Height		
	HW	LW	HW	LW	Range
Standard Port	1 0740 1954	2 0221 1459	3 2.5 2.5	4 0.9 1.1	5 ／
Seasonal Change	Standard Port		6＊ +0.2	6＊ +0.2	
Difference	7 +0040	8 +0045	9 −0.8 −0.8	10 −0.5 −0.4	
Seasonal Change	Secondary Port		11 −0.4	11 −0.4	
Secondary Port	12 0820 2034	13 0306 1544	14 1.5 1.5	15 0.2 0.5	
Duration	16				

注：（＊）主港季节改正值从资料中查得为−0.2，因计算公式中为附港潮高＝主港潮高−主港平均海面季节改正+潮高差+附港平均海面季节改正。在表中填为+0.2后，只需将上述各项直接相加即可。

例3-8：求 Wenwei Zhou　2000年2月18日潮时潮高，有关资料如下：

Extract　Form　Part Ⅱ

Place	Position		Time differences		Height Difference（in Metres）			
	Lat	Long	HHW	LLW	MHHW	MLHW	MHLW	MLLW
	N	E						
Standard Port	see page120（HONG KONG）				2.1	1.6	1.1	0.6
Secondary Port	21°49′	113°56′	+0013	+0025	−0.4	−0.5	−0.1	−0.1

Seasonal Changes in Mean Level

No.	Jan.1	Feb.1	Mar.1	Apr.1	May1	June1	July1	Aug.1	Sep.1	Oct.1	Nov.1	Dec.1
Standard Port	0.0	0.0	0.0	0.0	0.0	−0.1	−0.1	−0.1	0.0	+0.1	+0.1	+0.1
Secondary Port	0.0	0.0	0.0	0.0	0.0	−0.1	−0.1	−0.1	0.0	+0.1	+0.1	+0.1

Extract form part Ⅰ　　　Standard Port（HONG KONG）

TIME ZONE−0800　　　　　　February

		Time	Ht.（m）
		0242	0.3
18		0945	1.4
F		1333	1.1
		2030	2.4

解:(1)先求附港潮高与主港潮高的潮高差。

在表中进行线性内插即可。

(2)根据已知资料,列表计算如下:

Standard Port：HONG KONG　　　Time/Height required：H&LW

Secondary Port：Wenwei Zhou　　　Date：18 Feb. 2000　　Time Zone：−0800

	Time		Height		
	HW	LW	HW	LW	Range
Standard Port	1 0945 2030	2 0242 1333	3 1.4 2.4	4 0.3 1.1	5
Seasonal Change	Standard Port		6 0.0	6 0.0	
Difference	7 +0013	8 +0025	9 −0.5 −0.3	10 −0.1 −0.1	
Seasonal Change	Secondary Port		11 0.0	11 0.0	
Secondary Port	12 0958 2043	13 0307 1358	14 0.9 2.1	15 0.2 1.0	
Duration	16				

3.求任意时的潮高及任意潮高的潮时的方法

在中版《潮汐表》中已介绍过公式法和等腰梯形图卡法,在英版《潮汐表》中提到的求任意时潮高曲线图也是一种方便的方法,特别是第一卷的曲线图针对不同主港和特别的附港给出,其精度也是较高的,使用方法可见英版《潮汐表》的说明。

四、推算潮流

由于引潮力的作用,海水产生周期性运动。伴随潮汐形成,海水水平方向的流动形成了潮流。潮流和潮汐的性质类似,有正规半日潮流、正规日潮流和混合潮流三种形式。按运动形式,潮流可分为往复流和回转流两种。往复流是由于地形的影响而产生的涨、落潮流向相反或接近相反的潮流,大多发生在海峡、江河、港湾和沿岸一带。回转流一般表现在一个潮汐周期内流向随时间沿顺时针(或逆时针)方向变化360°,流速也随时间变化,而且无平流或憩流(流速为0)现象。回转流主要发生在开阔海域,主要是地转偏向力作用于潮流所致,旋转方向视潮流的前进方向和海区的地形特点等因素确定,一般在北半球顺时针方向旋转,南半球逆时针方向旋转,流速在一个周期内出现两次最强、两次最弱。

(一)影响潮流大小的因素

潮流的大小除受引潮力大小影响外,还受地形和海水的深浅影响。潮流在大洋中一般很小,但在近岸的浅海,则非常显著,尤其在海峡、湾口、狭水道中常有强大的潮流,其原因在于每半个周期内,必须有大量的海水流经这些通道。例如,英吉利海峡和多佛尔海峡潮流流速有时可超过6 kn。在温哥华岛和大陆之间的西摩尔海峡北端潮流最强时,其流速达10 kn。在挪威北部,斯克焦斯塔德峡湾和萨勒特湾之间的狭窄处,潮流流速可达8 kn。另外,海水深度变浅也会使潮流速度增大。我国著名的钱塘江潮,大潮时的潮流流速可达8~10 kn。

(二)潮流资料的查取方法

1.《潮汐表》中潮流表所提供的资料

中版和英版的《潮汐表》给出了一些重要水道、港湾等的潮流资料,对于往复流性质的地点,表中给出逐日的转流时间、最大流速时刻和流速;对于旋转流性质的地点,给出潮流回转1周(大约1个潮汐周期)过程中的2个极大和2个极小以及与其对应的时刻。预报资料的每一页均在上方给出:预报位置、经度、纬度及具体流速资料中"+""−"所代表的流向的具体度数、预报年度和该地的标准时;英版《潮汐表》和中版第四册以后各册《潮汐表》中潮流表的每页的下方说明了预报值中是否包含海流。

2.海图上的潮流资料

(1)往复流(Alternating Current)

航用海图上用箭矢和数字标出潮流的资料。往复流用 $\overset{3 \text{ kn}}{\longrightarrow}$ 表示涨潮流,用 $\underset{3~1.5 \text{ kn}}{\longrightarrow}$ 表示落潮流。其中箭矢所指方向即流向,其上标有一个数字的表示大潮日最大流速;标示两个数字的,其中较小的数字表示小潮日最大流速,较大的数字表示大潮日最大流速。对于只给出大潮日最大流速的情况,小潮日最大流速为大潮日最大流速的一半。根据所给数据可用以下方法近似确定每日的最大流速:大潮日及其前后一两天为大潮日流速;小潮日及其前后一两天为小潮日流速;其余数天为平均潮流速。平均潮流速为:

$$平均潮流速=\frac{1}{2}(大潮流速+小潮流速)=\frac{3}{4}大潮流速=\frac{3}{2}小潮流速$$

(2)回转流

在航用海图上,回转流的资料用两种方式给出:回转潮流图和回转潮流表。图3-16是长江口某处的回转流图,中心地名表示主港港名,最外圈数字表示不同时间;0表示主港高潮时,1、2、3等表示主港高潮前第1、2、3小时;Ⅰ、Ⅱ、Ⅲ等表示主港高潮后第1 h、

2 h、3 h 等的潮流情况。其中箭矢所指方向即流向,其顶部的数字表示流速,较大数字是大潮日流速,较小数字是小潮日流速。其他日期的流速可根据利用往复流流速求其他日期的流速的方法求取。

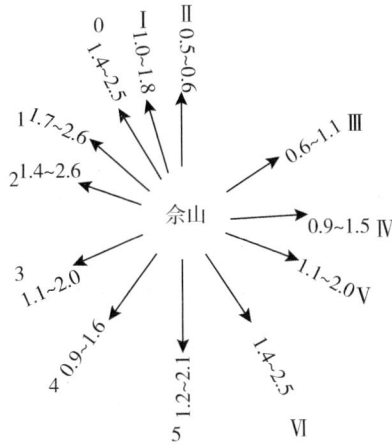

图 3-16　回转潮流图

表 3-1 是回转潮流表的例子。使用潮流表是为了保持海图的清晰,它一般印在不影响船舶航行的位置,仅在潮流发生处用符号"◇"表示表列潮流的位置。

表 3-1　多佛尔回转潮流表

Hours		Geographical Position		◇　49°34′.0N 6°40′.0W			◇　48°21′.0N 6°38′.0W		
	6			−6	078	0.7	0.4	094	0.8	0.4
	5			−5	113	0.6	0.3	141	0.8	0.4
	4	Directions	Rates at	−4	160	0.8	0.4	183	1.0	0.4
Before High Water 3			Spring	−3	203	0.7	0.4	203	1.3	0.6
	2	of	Tides	−2	218	0.0	0.5	217	1.4	0.7
	1		(Knots)	−1	237	1.2	0.6	235	1.3	0.6
High Water		Streams		0	251	0.8	0.4	264	1.0	0.5
	1		Rates at	+1	288	0.4	0.2	316	0.9	0.4
	2	(Degrees)	Neap	+2	343	0.5	0.3	358	1.1	0.5
After High Water 3			Tides	+3	019	0.9	0.6	022	1.4	0.7
	4		(Knots)	+4	033	1.0	0.5	037	1.5	0.7
	5			+5	044	0.9	0.5	054	1.2	0.6
	6			+6	065	0.7	0.4	084	0.9	0.4

（三）任何时刻流速的求取方法

根据潮流表或海图可以得出最大流速、转流时刻。《航路指南》中也可查到有关转流时间的资料,基于这些资料可用以下方法求取任意时刻的流速。

1.一般公式

往复流流速随时间变化的规律是:在转流时流向不定,流速很小,可视 0 kn,转流以后流速逐渐由小到大,到相邻两次转流时间的中间时刻,流速达到最大;以后又逐渐变小,至下次转流时。往复流流速随时间变化的规律如图 3-17 所示,纵坐标为流速 v_{E},横

坐标为时间 t。

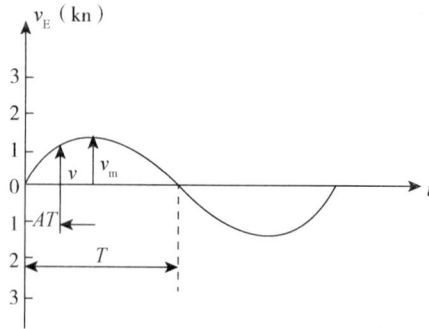

图 3-17　往复流流速随时间变化曲线

设当天最大流速为 v_m,涨(落)潮流持续时间为 T,所求某时刻与前面的转流时间间隔为 t,所求时的流速为 v,则:

$$v = v_m \sin t/T \times 180° \tag{3-17}$$

例 3-9:求成山角 1999 年 7 月 16 日 1000 的流向和流速。

解:从 1999 年中国《潮汐表》的潮流预报表中查得成山角 7 月 16 日的潮流资料为

7 月 16 日转流　　　　　最大流

时分	时分	流速	
0145	0456	-1.9	
0807	1113	2.0	
SA	1423	1733	-1.8
	2046	2344	1.7

资料中的"+"表示流向 343°,"－"表示流向 163°。流速单位为节(kn)。

由于 1000 在 0807 和 1423 两次转流之间,1000 的流向为"+",即 343°;因为该方向最大流速为 2.0 kn(发生在 1113),所以 1000 的流速为:

$$v = \frac{2.0 \times \sin(1000-0807)}{(1423-0807) \times 180°} \approx 1.6 \text{ kn}$$

即 1000 的流速向为 343°,流速为 1.6 kn。

2.半日潮潮流的近似算法

对半日潮港一天中流速的变化,可认为涨(落)潮流和时间均为 6 h,这样可运用 1,2,3,2,1 的简谐运动规律,概略估算任意时潮流的流速,方法为:

转流后 1 h 内的平均流速是当日最大流速的 1/3;

转流后 1~2 h 的平均流速是当日最大流速的 2/3;

转流后 2~3 h 的平均流速是当日最大流速的 3/3;

转流后 3~4 h 的平均流速是当日最大流速的 3/3;

转流后 4~5 h 的平均流速是当日最大流速的 2/3;

转流后 5~6 h 的平均流速是当日最大流速的 1/3。

例 3-10:某半日潮港往复流落潮流箭矢上标注 6 kn,求该处小潮落潮流第二小时的平均流速。

解：小潮流最大流速 $=\dfrac{1}{2}\times 6=3$ kn

第二小时的流速 $=3\times\dfrac{2}{3}=2$ kn

五、世界大洋和中国近海的潮汐

（一）世界大洋潮汐概况

大西洋沿岸主要是半日潮,欧洲海岸这种性质特别明显,芬地湾潮差是世界上最大的,朔望大潮差最大可达 18 m,英国沿岸潮差也很大,布里斯托尔湾潮差最大可达 11.5 m,利物浦潮差最大可达 8 m,泰晤士河口潮差 8.3 m。大西洋中岛屿附近的潮差一般较小,为 1~2 m,开阔水域潮差不超过 1 m。波罗的海、芬兰湾潮差只有几厘米。

太平洋沿岸正规半日潮比全日潮和混合潮少,西岸和北美沿岸大多属混合潮。太平洋沿岸许多地方潮差为 7~9 m,东岸阿拉斯加的库克湾为 8.7 m,巴拿马湾和加利福尼亚湾在 9 m 以上。西岸鄂霍次克海品仁纳河口潮差可达 11 m,日本海的俄罗斯沿岸潮差为 2.5 m。

印度洋沿岸主要是半日潮。澳大利亚西岸主要为全日潮,潮差最大的几个地方是:坎贝湾北部(10.8 m)、仰光(7.6 m)、达尔文港(6.8 m)、桑给巴尔(4.4 m)。

（二）中国近海的潮汐

前面所述潮汐成因及潮汐变化规律是建立在牛顿的潮汐静力学理论基础上的,即必须假设整个地球表面为等深的水深所覆盖,且海水之间没有摩擦力和惯性力等,因此当海水受到外力作用时,能立即和外力达到平衡状态。但在实际上,世界大洋被大陆隔离成几个独立的海和洋,海洋的深度各地不一,海水受外力作用运动时,本身具有摩擦力和内聚力,陆地的形状也不规则,海底的地貌各不相同等原因,使沿岸实际潮汐现象相当复杂。而中国近海的潮汐主要是由太平洋潮波传入引起的。海区直接受引潮力而产生的潮汐是很小的,主要受太平洋潮波影响。太平洋潮波进入东海后,其中小部分进入台湾海峡,绝大部分向西北方向传播,从而形成了渤海、黄海和东海的潮波。太平洋潮波经巴士海峡后,部分进入台湾海峡,其主支南下构成南海的潮波系统。

潮波在运动过程中受到地转偏向力和复杂的海底以及曲折海岸的影响,使中国近海的潮汐类型复杂,潮差变化显著。潮汐类型既有正规半日潮和全日潮,也有混合潮。潮差小的只有几十厘米,大的将近 10 m。潮流小的仅零点几节,大的可达 10 kn 左右,还有闻名中外的钱塘江暴涨潮和深入内陆 600 多千米的长江潮,以及典型的北部湾全日潮。

渤海多为不正规半日潮,而秦皇岛及其附近由于地形特点的影响为日潮,黄河口外也为不正规日潮。渤海中部的最大可能潮差在 2 m 以下,近岸潮差约 3 m,其中辽东湾及渤海湾顶部潮差最大超过 5 m。

黄海除成山角附近局部海区是正规全日潮外,黄海大部分为正规半日潮。山东半岛北岸最大可能潮差 2~3 m,辽东半岛东岸潮差达 3~8 m,连云港附近及江苏沿岸潮差在 4 m 以上。黄海东岸朝鲜一侧的潮差普遍比我国一侧大,仁川最大潮差可达 12 m。

东海属半日潮,东侧为不正规半日潮,西侧为正规半日潮。浙江、福建沿岸是我国潮差最大的地方,大部分地区最大可能潮差在 7 m 以上。杭州湾可达 8~9 m。

南海的潮汐比较复杂,以不正规日潮为多。广州湾、海南岛附近为不正规日潮,只有北部湾和琼州湾地区为全日潮。从厦门西南的浮头湾,一直到雷州半岛东岸和琼州海峡东口为不正规半日潮。海南岛西部和北部湾为全日潮。南海的潮差一般比东海小,其东部海域为 3~3 m,西部较大,北部湾最大可达 5~6 m。

台湾西侧为不正规半日潮,东侧为半日潮。

中国近海的潮流比较复杂。渤海、黄海、东海除个别地方外,都是半日潮流和不正规半日潮流。渤海海峡有一全日潮的无潮点。黄海多为旋转式流,东海近岸多为往复式流,外海多为旋转式流,长江口附佘山流为旋转式流,台湾海峡潮流为南北向,南海潮流性质复杂,总的来说以日潮为主。潮流的大小与潮差成正比,潮差大的地方潮流也大,反之则小。流速通常近岸较大,外海较小,海峡、河口和水道等处的潮流更为明显。

渤海潮流的流速一般为 1~2 kn,秦皇岛附近为 2.5~3 kn,渤海海峡老铁山一侧的流速最大可达 6.3 kn。黄海潮流流速海区中央小,约为 1 kn,东岸大于西岸,在我国沿海为 2 kn 左右,在成山角附近可达 3~4 kn,在朝鲜半岛沿岸平均为 2.5~3 kn,最大可达 4 kn 以上。东海潮流最大且复杂,佘山附近流速为 2~4.5 kn,在杭州湾北岸东部地区可达 5~6 kn,大潮时曾出现过流速为 13 kn 的潮流;在台湾海峡北出口不超过 2 kn,在澎湖列岛以南可大于 3 kn。南海潮流较弱,海区中央的流速不超过 0.3 kn,沿岸流速多数为 1~2 kn,最大流速出现在琼州海峡,可达 5 kn 左右。

✐ 项目实施

任务一 测算附港潮时潮高(差比数)

一、任务描述

求 2002 年 7 月 28 日横沙的高、低潮潮时、潮高。

二、实施步骤

步骤一:查取差比数和潮信表

由差比数和潮信表可查得横沙(编号 5013)的主港为吴淞(编号 5006),吴淞的平均海面为 202 cm,7 月份吴淞平均海面季节改正数为 +15 cm。横沙潮差比为 1.11,平均海面为 200 cm,7 月份横沙平均海面季节改正数为 +15 cm,高潮时差为 −0052,低潮时差为 −0103。

步骤二:计算求取附港潮汐

由潮汐表可查得吴淞该日高潮时为 0230、1458,低潮时为 1041、2221,高潮高为 387 cm、322 cm,低潮高为 105 cm、109 cm,按潮差比法求附港潮时、潮高的公式可列表计算如下:

	高潮时		低潮时	
主港吴淞 2002 年 7 月 28 日潮时	0230	1458	1041	2221
高、低潮时差	−0052	−0052	−0103	−0103
附港横沙 2002 年 7 月 28 日潮时	0138	1406	0938	2118
	高潮潮高		低潮潮高	
主港吴淞 2002 年 7 月 28 日潮高	387	322	105	109
主港季节改正后的平均海面	−)217	217	217	217
主港半潮差	170	105	−112	−108
潮差比	×)1.11	1.11	1.11	1.11
附港半潮差	188.7	116.6	−124.32	−119.9
附港季节改正后的平均海面	+)215	215	215	215
2002 年 7 月 28 日横沙潮高	404	332	91	95

因此求得的横沙该日两次高潮高分别为 404 cm、332 cm。两次低潮高分别为 91 cm、95 cm。

步骤三:计算结果分析

以上计算中,附港半潮差有"+"和"−"。附港半潮差为"+"时,表明在平均海面以上;附港半潮差为"−"时,则表明在平均海面以下。

任务二 测算附港潮高(公式法)

一、任务描述

利用公式法,求 2000 年 5 月 18 日海宁的潮高。

二、实施步骤

步骤一:查取主港潮高

由潮汐表可查得该日主港乍浦的潮高。海宁(编号 6013)的主港是乍浦(编号 6011),潮差比 1.0,改正值−31。

步骤二:求取附港潮高

利用改正值法求附港潮高时,可列式计算如下:

	高 潮 高		低 潮 高	
2000 年 5 月 18 日主港乍浦	624	485	128	123
潮 差 比	×)1.0	1.0	1.0	1.0
	624	485	128	123
改 正 值	+)-31	-31	-31	-31
2000 年 5 月 18 日海宁潮高	593	454	97	92

因此,求得该日附港海宁两次高潮潮高分别为 593 cm、454 cm,两次低潮潮高分别为 97 cm、92 cm。

任务三 测算任意潮高潮时和任意潮时潮高

一、任务描述

求铜沙 2022 年 9 月 8 日 1400 潮高和中午后潮高为 3 m 的时刻。

二、实施步骤

步骤一:求 1400 潮高

已知铜沙 2022 年 9 月 8 日中午及午后的潮汐为:1157、4.01 m,1902、1.30 m。

$\because t = 1400 - 1157 = 0203 = 123$ min,$T = 1902 - 1157 = 0705 = 425$ min

$\therefore \theta = t/T \times 180° = 123/425 \times 180° \approx 52°.1$

又$\because$ 潮差 $A = 4.01 - 1.30 = 2.71$ m

$\therefore \Delta h = A/2(1 - \cos 52°.1) = 1/2 \times 2.71(1 - \cos 52°.1) \approx 0.52$ m

$\therefore$ 1400 潮高 $= 4.01 - 0.52 = 3.49$ m

步骤二:求潮高为 3 m 的时刻

$\because \Delta h = 4.01 - 3.00 = 1.01$ m,$T = 1902 - 1157 = 0705 = 425$ min

$\cos\theta = 1 - 2 \times \Delta h/A = 1 - 2 \times 1.01/2.71 = 0.2546$

$\therefore \theta \approx 75°$

$\because \theta = t/T \times 180°$

$\therefore t = \theta/180° \times T = 75°/180° \times 425 = 177$ m

$\therefore$ 潮高为 3 m 的时刻是 $1157 + 0257 = 14^h54^m$

项目考核

项目考核单

	考核内容	分值	考核标准	得分
1				
2				
3				
4				
5				

项目四

航标识别

项目描述

为引导船舶在正确的航道上航行,航道部门或海上安全监督部门在海上、海岸或江河设置了各种不同类型和不同作用的航行标志或助航标志,以特定的标志、灯光、音响或无线电信号来指示或辅助航行,这些助航标志(Aids to Navigation)简称航标,其位置在海图上加以标绘,并在《航标表》中加以记载和说明。航标的主要作用有:指示航道、船舶定位、标示危险区和标示特殊水域(如锚地、测量作业区、禁区、渔区)等。

本项目介绍航标的分类、国际海区水上助航标志制度和中国水上助航标志。

学习目标

1.知识目标

(1)了解航标的分类;

(2)了解国际海区水上助航标志制度;

(3)了解中国海区水上助航标志制度;

(4)掌握航标的特点与作用;

(5)掌握国际海区水上助航标志制度 A 区域浮标的特征及航法。

2.技能目标

(1)能够辨识不同类别的航标;

(2)能够利用水上助航标志进行导航;

(3)能够识别国际海区水上助航标志;

(4)能够利用国际海区水上助航标志进行船舶导航;

(5)能够识别中国海区水上助航标志;

(6)能够利用中国海区水上助航标志进行船舶导航。

3.职业素养目标

(1)培养学生无私奉献精神;

(2)培养学生良好遵纪守法意识和履约意识;

(3)培养学生自觉履行国际公约和国际法规的意识;

(4)培养学生严谨认真态度和团队协作精神。

知识链接

知识链接一　航标的分类

一、按设置地点的航标分类

（一）沿海航标（Coastal Aids）

1.固定航标

固定航标是设置在岛屿、礁石、海岸等上面的航标,包括灯塔、灯桩和立标等。

（1）灯塔（Light House）:一般设置在显著的海岸、岬角、重要航道附近的陆地或岛屿上,以及港湾入口处。它是由基础、塔身和发光器三部分组成的塔状物,一般比较高大而坚固且会发光(如图4-1所示)。

图4-1　灯塔

灯塔塔身具有显著的形状和颜色特征,其上部装有能发出强烈光线的发光装置,以便航船能在较远的距离上及时发现它。灯塔通常有专人看守,工作可靠,海图上位置准确,是陆标定位的良好标志,是一种主要的航标。有的灯塔还附设音响信号、雾号和无线电信号等。

（2）灯桩（Light Beacon）:一般设置在航道附近的岛岸边,以及孤立的礁石上或港口附近的防波堤上。灯桩是一种柱状或铁架结构的建筑物,其顶部也装有发光器,作用与灯塔相同,但结构较为简单,灯光强度也较弱,一般无人看管,如图4-2所示。

（3）立标（Beacon）:一般设置在浅水区及水中礁石上,是一种顶部带有球形或三角形等形状的杆状标,其上无发光设备,用以标示沙嘴尽头、浅滩及险礁的两端、水中礁石及航道中较小的障碍物;有的设在岸上作为叠标或导标,用以引导船舶进出港口或测定船舶运动性能和罗经差,如图4-3所示。

图 4-2　灯桩

图 4-3　立标

2.水上航标

水上航标是用锚或沉锤加锚链系留在预定海床上的浮标。水上航标除灯船及大型浮标外,其外部涂色、顶标、灯质等均按用处统一规定。水上航标包括:

(1)灯船(Light Vessel):一般设置在周围无显著陆标又不便建造灯塔的重要航道附近,以引导船舶进出港口、避险等。灯船是一种在甲板高处设有发光设备的特殊船舶。灯船具有能经受风浪袭击和顶住强流的牢固结构和锚设备,灯光射程较远,可靠性较好,有的还有人看管。灯船的船身一般涂红色,船体两侧有醒目的船名或编号,桅上悬挂黑球,供白天识别用,如图4-4所示。

图 4-4　灯船

（2）浮标（Buoy）：一般设置在海港和沿海航道以及水下危险物附近，用以标示航道，指示沉船、暗礁、浅滩等危险物的位置。浮标是具有规定的形状、尺寸、颜色等的浮动标志，锚泊在指定位置，它可能装有发光器、音响设备、雷达反射器和规定的顶标等。其水线以上部分的基本形状主要有罐形、锥形、球形、柱形和杆形。浮标受海流和潮汐的影响，其实际位置以锚碇为中心在一定范围内移动，遇大风浪时可能会移位或漂失。因此，一般不能用浮标来定位。装有发光器的浮标称为灯浮（Light-buoy），如图4-5所示。

图 4-5　灯浮

（二）内河航标（Inland River Aids）

内河航标是一种用于标示内河航道的助航标志。它们被设置在江河、湖泊、水库等内河航道上，以指示船舶航行的方向、界限和碍航物等信息，确保船舶能够安全通行。

内河航标通常包括三大类标志：航行标志、信号标志和专用标志。

（1）航行标志：用于指示船舶航行的方向和航道的界限。常见的航行标志有导航灯塔、浮标和标示牌等。这些标志通常具有醒目的颜色和形状，以供船舶远远地辨认和识别。

（2）信号标志：用于向船舶发送特定的导航或警告信息。例如，可以使用旗语、闪光灯等方式发送信号，告知船舶停航、前进、转向或警示可能存在的危险情况。

（3）专用标志：用于标示特定的航道信息或提供其他特定的导航服务。例如，可以设置表示浅滩、岩石或其他障碍物的标志，以警示船舶注意避开；还可以设立指示船舶进入港口、码头或停泊区域的标志。

内河航标的设置和规范由相关的航海管理部门负责，以确保船舶在内河航道上能够安全航行。对于内河船舶来说，正确识别和遵守内河航标是非常重要的，可以确保船舶不会偏离航道或避免遇到危险情况。

二、按技术装置的航标分类

（一）发光航标

灯塔、灯船、灯浮、灯桩等可统称为灯标，以显示的特定的光色、节奏和周期作为标志识别的特征，并将其缩写标注在海图上该灯标符号的旁边。目前我国灯标使用的光色主要有：白、红、绿、黄。常见灯质图式、图解及说明见表4-1。

表 4-1 常见灯质图式、图解及说明

灯质	中版图式	英版图式	图解	说明
定光	定	F		颜色亮度不变,长明不灭
明暗光	明暗	O_2		1 周期内明长于暗
联明暗光	明暗(2)	O_2(2)		1 周期内连续熄 2 次及以上,明长于暗
混合联明暗光	明暗(2+3)	O_2(2+3)		1 周期内有几个不同熄灭次数的联明暗
等明暗光	等明暗	ISO		明暗交替,且时间相等
单闪光	闪	Fl		1 周期内单次闪光,明比暗短
联闪光	闪(3)	Fl(3)		1 周期内闪 2 次及以上
混合联闪光	闪(2+1)	Fl(2+1)		1 周期内有几个不同闪光次数的联闪
长闪光	长闪	LFl		闪光持续时间不少于 2 s,我国规定时间为 2 s
连续快闪光	快	Q		每分钟闪 50~80 次,我国为 60 次
联快闪光	快(3)	Q(3)		1 周期内快闪 2 次及以上
间断快闪光	断快	IQ		有间断的快闪光
连续甚快闪光	甚快	VQ		每分钟闪 80~160 次,我国规定为 120 次
联甚快闪光	甚快(3)	VQ(3)		1 周期内甚快闪 2 次及以上
间断甚快闪光	断甚快	IVQ		有间断的甚快闪光
连续超快闪光	超快	UQ		每分钟闪 160 次以上,一般 240~300 次
间断超快闪光	断超快	IUQ		有间断的超快闪光
莫尔斯灯光	莫(A)	Mo(A)		按莫尔斯码显示
定闪光	定闪	FFl		隔一定时间加发 1 次亮闪的定光灯
互光	互白红	AL、WR		交替显示不同颜色

（二）不发光航标

不发光航标是航标的重要组成部分,用于标示航道的方向、界限和碍航物等信息。不发光航标包括立标和浮标等。

不发光航标通常在白天和良好的能见度条件下使用,船员可以凭借肉眼观察来辨认和遵循这些标志。它们在航道中起着指示船舶航行安全的重要作用。

（三）音响航标

音响航标指附设有雾警设备的航标,其功能是在雾、雪及其他能见度不良天气时发出特定的音响供航海人员导航用。

(1)雾钟(Bell):是一种最古老、简单的音响装置,借助波浪起伏摇摆,自动打钟发声。雾钟的声音强弱取决于钟和波浪的大小,一般有效作用距离为1~2 n mile。

(2)雾锣(Gong):安装在有人看守的灯塔及灯船上,凡遇下雾或天气朦胧,从听到船舶鸣放雾号时起,每隔一定时间鸣锣,有效作用距离为1~2 n mile。

(3)雾哨(Whistle):一般装在浮标上,利用波浪的起伏,吸进和压出空气,经雾哨发声,有效作用距离为1~4 n mile。

(4)雾角(Horn)或低音雾角(Diaphone):一般安装在靠近港口的岸边或有发电设备的灯塔上,发音原理和普通电喇叭相似。能清晰地发送信号编码,以便船舶收听和识别,有效作用距离为3~5 n mile。

(5)雾笛(Siren):多装在灯塔和灯船上,利用压缩空气经发声器而发声。雾笛的声音清晰、洪亮,有效距离可达3~10 n mile。

此外,还有爆响雾号(Eexplosive Fog Signal,Explos)、莫尔斯码雾号(Morse Code Fog Signals,Mo.)和雾炮(Gun)等。

（四）无线电航标

无线电航标是无线电助航设施的总称。它包括无线电测向台、全向无线电信标、定向无线电信标、旋转式无线电信标、雷达反射器、雷达指向标、雷达应答标、DGPS 信标、AIS 航标等,供船舶定位导航用。

知识链接二 国际海区水上助航标志

一、国际海区水上助航标志制度

（一）国际海区水上助航标志制度概述

1.适用范围

国际海区水上助航标志制度适用于所有固定和漂浮的标志(不包括灯塔、光弧灯标、导灯和导标、大型助航浮标、某些大型灯浮和灯船),用以指明:

(1)可航水道的中央线和边侧界限;

(2)固定桥下的可航水道;

（3）天然危险物和其他障碍物,如沉船;

（4）可能有待规定的航行区域;

（5）与航海者有重要关系的其他特征。

2.标志的类型

本浮标制度有 5 种类型的标志:侧面标志、方位标志、孤立危险物标志、安全水域标志和专用标志,可以结合使用。

（二）国际海区水上助航标志制度区域划分

有两种国际性的浮标制度区域——A 区域和 B 区域,它们的侧面标志的颜色和灯光颜色相反。

二、国际海区水上助航标志制度 A 区域浮标的特征及航法

（一）侧面标志

（1）侧面标志的使用

侧面标志结合"浮标习惯走向"使用,通常用于界限明确的航道。这些标志指明应遵循航路的左侧或右侧。

（2）浮标的走向

浮标习惯走向是按以下两种方法之一规定的。

①浮标的局部走向:航海者从海上驶近港口、河流、河口或其他水道时所采取的走向。

②浮标的总走向:由浮标管理当局所确定的方向,且只要可能,原则上应是环绕大片陆地的顺时针方向。浮标的总走向通常在《航路指南》中说明,并根据需要在海图上用适当的符号标出。

在英版海图上浮标的习惯走向可能用洋红色箭矢符号标明。

（3）侧面标志说明

左侧标	右侧标
形状:罐形、柱形、杆形	圆锥形、柱形、杆形
颜色:红色	绿色
顶标:单个红色圆罐	单个绿色圆罐、锥尖向上
光色:红色（R）	绿色（G）
光质:除 Fl（2+1）外任选	Fl（2+1）

在水道的分岔处,按浮标习惯走向航行时,可用下列经修正的侧面标来指示推荐航道。

推荐航道左侧标	推荐航道右侧标
形状:罐形、柱形、杆形	圆锥形、柱形、杆形
颜色:红色,中间有一条宽阔的绿色横纹	绿色,中间有一条宽阔的红色横纹
顶标:单个红色圆罐	单个绿色圆罐,锥尖向上
光色:红色（R）	绿色（G）
光质:除 Fl（2+1）外任选	Fl（2+1）

（二）方位标志

（1）方位象限和标志定义

方位标志结合罗经使用，它们分别设立在以被标志点为基准点的 4 个隅点方位所分割成的四个象限（北、东、南和西）中。方位标志以其所在象限的名称命名，其同名侧为可航水域，危险物位于异名侧。

（2）用途

①指明某区域内最深的水域在该标名称的同名一侧。

②指明通过某危险物的安全一侧。

③引起对航道中的特征的注意，如弯道、河流汇合处、分支点或浅滩两端等。

（3）方位标志的说明

北方位标	南方位标
形状：柱形或杆形	柱形或杆形
颜色：上黑下黄	上黄下黑
顶标：两尖向上黑色圆锥	两尖向下黑色圆锥
光色：白色	白色
光质：Q 或 VQ	Q(6)+LFl.15 s 或 VQ(6)+LFl.10 s
东方位标	西方位标
形状：柱形或杆形	柱形或杆形
颜色：黑黄黑横纹	黄黑黄横纹
顶标：两锥底相对黑色圆锥	两锥尖相对黑色圆锥
光色：白色	白色
光质：Q(3)，10 s 或 VQ(3)，5 s	Q(9)，15 s 或 VQ(9)，10 s

（三）孤立危险标志

（1）用途

孤立危险标志是指竖立或系泊在周围有可航水域、范围有限的孤立危险物之上的标志。

（2）孤立危险标志说明

形状：任选，如果是浮标则使用柱形或杆形；

颜色：黑色，中间有一条或多条宽阔的红色横纹；

顶标：上下两个黑球；

光色：白色；

光质：Fl(2)。

（四）安全水域标志

（1）用途

安全水域标志用于指明在该标周围均有可航水域，这种标志可用作中线标志、航道中央标志或航道入口标志或指明固定桥下最好的通过点。

（2）安全水域标志说明

形状：球形浮标或带球形顶标的柱形或杆形浮标；

颜色:红白相间竖纹;

顶标:单个红球;

光色:白色;

光质:ISO,Oc,或 LFl.10 s 或莫尔斯信号"A"。

（五）专用标志

专用标志主要不是为助航目的而设置的,它用来指明航海文件中所提到的分道通航制、军事演习区域和娱乐区域等特殊区域,其形状、颜色和顶标等特征如下:

形状:任选,但不得与侧面标志和安全水域标志相抵触;

颜色:黄色;

顶标:单个黄色"×"形;

光色:黄色;

光质:除方位标志、孤立危险物标志和安全水域标志使用的白色光质外任选。

（六）新危险物

（1）定义

新危险物是新发现的,没有在海图上和航路指南中表明,也没有利用航海通告发布的障碍物。新危险物包括自然出现的障碍物,如沙滩、礁石,或人为的危险物（如沉船）。

（2）新危险物标志法

①新危险物用一个或几个本制度规定的方位标志或侧面标志来标示。如果这个危险物特别严重,则其标志中至少有一个必须尽快地设置重复标志,直至该危险物的消息已经充分播报为止。

②任何用于这个目的的装灯标志的灯光节奏应是甚快闪或快闪。如果用的是方位标志,则显示白光;如果是侧面标志,则显示红光或绿光。

③新危险物可以装设雷达应答器来标示,发莫尔斯信号"D",在雷达显示器上显示出 1 n mile 长度的信号。

知识链接三 中国海区水上助航标志

一、中国海区水上助航标志制度

（一）中国海区水上助航标志制度概述

中国海区水上助航标志包括侧面标志、方位标志、孤立危险物标志、安全水域标志和专用标志五类,它们可以结合使用。表示标志特征的方法为:白天以标志的颜色和形状或顶标来表示;夜间以标志的灯质（即光色）、灯光节奏和周期来表示。该标准规定的基本浮标形状有罐形、锥形、球形、柱形和杆形五种。而顶标形状只有罐形、锥形、球形和"×"形四种。

（二）中国海区水上助航标志的特征及航法

1.侧面标志

侧面标志根据航道走向配布,用以标示航道两侧界限或标示推荐航道、特定航道。确定航道走向的原则是:船舶由海向里,即从海上驶近或进入港口、河口、港湾或其他水道的方向;在外海、海峡或岛屿之间的水道,原则上按环绕大陆顺时针航行的方向;在复杂的环境里,航道走向由航标主管部门确定,并在海图上用洋红色的"➡"表示;当船舶顺航道走向航行时,其左舷一侧为航道的左侧,右舷一侧为航道的右侧。

侧面标志包括左侧标、右侧标、推荐航道左侧标和推荐航道右侧标。左(右)侧标设在航道的左(右)侧,标示航道左、右侧界限,顺航道走向行驶的船舶应将该标志置于本船同名舷通过。推荐航道左(右)侧标设在航道分叉处,标示推荐航道在该标志的异名侧。用于特定航道时,标示该航道的左(右)侧界限,顺推荐(或特定)航道走向行驶的船舶应将该标志置于本船同名舷通过。

2.方位标志

方位标志的定义和各项特征与国际航标协会浮标制度有关规定相同。

3.孤立危险标志

除闪光周期方面的规定外,其余各项特征均与国际航标协会浮标制度有关规定相同。

中国海区水上助航标志制度规定,孤立危险的标志的光质为:闪(2)5 s。

4.安全水域标志

除明暗光不能用作光质外,安全水域标志的其余各项特征均与国际航标协会浮标制度有关规定相同。

5.专用标志

专用标志主要不是为助航目的而设置的,它用于指示某一特定水域或特征。

为了便于识别和使用,中国海区水上助航标志制度对各种专用标志规定了一些特殊的标记,并对其灯质做出了下列具体规定:

标志用途	光色	灯质 (莫尔斯信号)	周期(s)
锚地	黄色	Q	12
禁航区	黄色	P	12
海上作业区	黄色	O	12
分道通航区	黄色	K	12
水中构筑物	黄色	C	12
娱乐区	黄色	Y	12
水产作业区	黄色	F	12

6.新危险物的标示方法

(1)新危险物指新发现而尚未在航海资料中予以说明的障碍物,例如浅滩、礁石、沉船等。

(2)航标管理部门如认为该新危险物严重威胁航行安全,则应尽快设置标示该新危险物的标志,它们可以是侧面标或方位标,所有的灯光节奏要用甚快闪或快闪。同时在这些标志中必须至少有一个重复标志,其全部特征要和与它配对的标志相同。

(3)新危险物可以用雷达应答器来标示,要求在雷达荧光屏上显示出一个相当于1 n mile 长度的图像,其编码为莫尔斯信号"D"。

(4)航标管理部门在确信该新危险物的消息已被充分通告后,其重复标志方可撤除。

二、中国内河助航标志制度

(一)中国内河助航标志制度概述

内河航标是船舶在内河航道安全航行的重要助航设施。内河航标的主要作用是标示内河航道的方向、界限与障碍物,揭示有关航道信息,为船舶航行指出安全、经济的航道。2022 年制定的国家标准《内河助航标志》(GB 5863—2022)于 2023 年 7 月 1 日开始实施,规定了内河助航标志的总体要求、视觉航标及主要外形尺寸、无线电航标与虚拟航标、航标配布等内容,适用于中华人民共和国境内的江、河、湖泊、水库、运河等内陆水域所配布的助航标志。

1.总体要求

(1)内河助航标志(以下简称"内河航标")应具有标示航道方向、界限与碍航物,揭示有关航道信息,为船舶航行指示安全、经济航道的功能。内河航标包括视觉航标、无线电航标和虚拟航标。

(2)河流的岸别应按面向河流下游,左手一侧为左岸、右手一侧为右岸的原则确定。河流的上、下游应按径流水流方向确定;对于水流流向不明显的河流或水系连通后存在流向不同的河段,应按下列顺序确定上、下游。

①通往入海口的一端为下游;

②通往主要干流的一端为下游;

③河流偏南或偏东的一端为下游;

④以航线两端主要港埠间的主要水流方向确定上、下游。

(3)视觉航标按功能分为航行标志、信号标志、专用标志、警示标志等 4 类,其技术要求应符合下列规定:视觉航标通过形状、颜色、灯质、图案、文字等特征,直观表示助航信息,视觉航标表面颜色限于红、白、黄、黑、蓝、绿等颜色单独或组合组成,视觉航标的灯质包括灯光光色、节奏、周期,光色应限于红、绿、白、黄、蓝 5 种颜色单独或组合组成。

无线电航标、虚拟航标应根据船舶航行需要和航道实际条件设置,可与视觉航标组合使用。其助航信息表达方式应符合无线电航标、虚拟航标有关技术标准的规定。

(二)中国内河助航标志的特征和航法

1.航行标志

航行标志的种类包括过河标、沿岸标、导标、过渡导标、首尾导标、间接导标、侧面标、左右通航标、示位标、桥涵标、泛滥标等 11 种。

（1）过河标的功能、形状应符合下列规定：

①功能：标示过河航道的起点或终点。

②形状：标杆上端装正方形顶标两块，分别面向上、下方航道，必要时在标杆前加装梯形牌，梯形牌面向所标示的航道方向；或者正方形顶标安装在三角形锥体顶端；或者安装在塔形体上端。

（2）沿岸标的的功能、形状应符合下列规定：

①功能：标示沿岸航道及所在岸别；

②形状：标杆上端装球形顶标一块，必要时顶标安装在塔形体上，以增加视距。

（3）导标的功能、形状应符合下列规定：

①功能：由前、后两座标志所构成的导线标示航道的方向，指示船舶沿该导线标示的航道航行。

②形状：前、后两座标志的标杆上端各装正方形顶标一块；导线标示的航道过长，标志不够明显时，在标杆前加装梯形牌，梯形牌面向所标示的航道方向；前、后两座标志的高差及间距与导线标示的航道长度相适应，以保持导标的灵敏度。

（4）过渡导标的功能、形状应符合下列规定：

功能：由前、后两座标志组成，标示一方为导线标示的导线航道，另一方为沿岸航道或过河航道。

形状：前标与过河标相同，后标与导标相同，前标的一块顶标与后标的顶标组成导线，前标的另一块顶标面向另一条航道方向。

（5）首尾导标的功能、形状、颜色和灯质应符合下列规定：

①功能：由前后鼎立的三座标志组成两条导线分别标示上、下方导线标示的航道方向，指示沿导线标示的航道驶来的船舶在接近标志时转向另一条导线标示的航道。

②形状：三座标志中，一座为共用标，与过河标相同，另两座与导标相同；共用标的两块顶标与另两座标志的顶标分别组成两条导线，面向上、下方导线所标示的航道方向。

（6）间接导标的功能、形状、颜色和灯质应符合下列规定：

①功能：由前、后两座标志组成，所标示的航线与相邻标志标示的航线不是相连续的，而是间接连续的，设置在较为复杂河段的浅滩航道。

②形状：前、后两座标志的标杆上端各装长方形顶标一块，顶标均面向航道方向。

（7）侧面标的功能、形状、颜色和灯质应符合下列规定：

①功能：设在浅滩、礁石、沉船或其他碍航物靠近航道一侧，标示航道的侧面界限；设在优良航道两岸时，标示岸形、突嘴或不通航的汊港，指示船舶在航道内航行。

②形状：浮标采用柱形、锥形、罐形、杆形或灯架顶部装有球形顶标的灯船等形式，锥形、罐形一般设置在具有浮力的底座上，左侧浮标为锥形或在柱形体上加装锥形顶标，右侧浮标为罐形或在柱形体上加装罐形顶标。

（8）左右通航标的功能、形状、颜色和灯质应符合下列规定：

①功能：设在航道中的孤立河心碍航物或航道分汊处，标示该标两侧都是通航道；或者连续布置在相邻的两条航道分隔线上，标示标志连线两侧分别为不同航路的

航道。

②形状:浮标采用柱形、锥形、罐形或灯船;岸标、水中灯桩采用塔形。

(9)示位标的功能、形状、颜色和灯质应符合下列规定:

①功能:设在湖泊、水库、水网地区或其他宽阔水域以及水工构筑物上,标示岛屿、浅滩、礁石、凸嘴、通航河口、水工构筑物以及航道转向点等位置,供船舶定位或确定航向。

②形状:塔形。

(10)桥涵标的功能、形状、颜色和灯质应符合下列规定:

①功能:由桥涵标牌、桥柱灯和通航净空标牌组成,指引船舶通过桥梁;桥涵标牌设在单向通航桥孔迎船面的桥墩的适当位置,或设在双向通航桥孔的上、下行航路迎船面上方桥墩的适当位置,标示桥梁的通航孔位置。

②形状:桥涵标牌分为正方形标牌和圆形标牌,不区分大小轮通航孔时正方形标牌表示桥梁通航孔,区分时它表示大轮通航孔。

(11)泛滥标的功能、形状、颜色和灯质应符合下列规定:

①功能:设在被洪水淹没的河岸或岛屿靠近航道一侧,标示岸线或岛屿的轮廓。

②形状:标杆上端装锥体顶标一块,或者安装在具有浮力的底座上作为浮标设置。

2.专用标志

专用标志的种类包括管线标、专用标2种。

(1)管线标的功能、形状、颜色和灯质应符合下列规定:

①功能:设置在需要标示管道、电缆等跨河管线的两端或一端岸上,或设在跨河管线的上、下游适当距离的两岸或一岸,警告船舶驶至标识区域时注意采取必要的措施。

②形状:两根立柱上端装等边三角形空心标牌一块,设在跨河管线两端岸上的标牌与河岸平行,设在跨河管线上、下游的标牌与河岸垂直;标示水底管线的三角形标牌尖端朝上。

(2)专用标的功能、形状、颜色和灯质应符合下列规定:

①功能:标示锚地、水上服务区、渔场、娱乐区、游泳场、水文测量、水上水下施工作业等特定水域,标示取水口、排水口、码头、泵房以及其他航道界限外的水工构筑物。

②形状:浮标采用锥形、罐形或柱形,岸标采用塔形、灯桩、锥形、罐形等。

✎ **项目实施**

任务一 辨识航标

子任务1 辨识内河航标

一、任务描述

内河航标具有特定的形状、颜色和灯光,用以传达特定的信息和指示。依据所学知识,辨识以下种类的内河航标:

(1)航行标志;

(2)信号标志;

(3)专用标志。

二、实施步骤

(一)辨识内河航行标志

内河航行标志用于指示船舶航行的方向和航道的界限,可以分为以下几种类型:

①导航灯塔:导航灯塔是高大的建筑物,通常设有灯光和标志,用于在夜间或低能见度条件下向船舶提供导航信息。

②浮标:浮标是浮在水面上的航标,通常由塑料或橡胶制成,用于标示航道的方向、边界和警示危险区域。

③标示牌:标示牌通常安装在立杆上,用于标示航道信息,如航道的方向、距离和特殊情况的警示等。

(二)辨识内河信号标志

内河信号标志用于向船舶发送特定的导航或警告信息,可以分为以下几种类型:

①旗语信号:通过特定的旗子组合发送导航或警告信息。

②闪光灯:闪光灯安装在航标上,通过闪烁的光信号向船舶传递导航或警告信息。

(三)辨识内河专用标志

内河专用标志用于标示特定的航道信息或提供其他特定的导航服务,可以分为以下几种类型:

①障碍物标志:用于标示浅滩、岩石或其他障碍物的位置,以警示船舶避开危险区域。

②港口标志:用于标示船舶进入港口、码头或停泊区域的位置。

③危险标志:用于标示可能存在的危险情况,如船只限速区域、船只禁止通行区

域等。

通过辨识航行标志、信号标志和专用标志的类型,我们可以更好地理解和遵守航标,确保船舶航行安全。

子任务 2　描述航标的主要用途

一、任务描述

航标是用于辅助船舶导航的设备,通常被放置在航道、港口等水域中。航标在航道中起着重要的作用。依据所学知识,描述航标的以下主要用途:

(1) 导航引导;
(2) 警示和警告;
(3) 标示航道特征和标准;
(4) 辅助导航设施。

二、实施步骤

(一) 导航引导船舶

航标用于指示船舶航行的方向和航道的界限,为船舶提供导航引导。它们标示了船舶安全航行的通道,帮助船舶避开浅滩、岩石和其他障碍物,确保航行路径的安全性。

(二) 警示和警告船舶

航标用于向船舶发送特定的导航或警示信息,以帮助船舶避免危险情况或采取适当的行动。例如,通过闪光灯或信号旗语等方式,航标可以警示船舶停航、前进、转向或警示可能存在的危险情况。

(三) 标示航道特征和标准

航标用于标示航道的特征和标准,包括航道的宽度、深度、弯曲程度等。它们帮助船舶识别航道上的标准和规范,并遵循相应的航行规则。

(四) 辅助导航设施

航标可以作为辅助导航设施,与其他导航设备如雷达、GPS 等结合使用,提供更精确的船舶位置和导航信息。这有助于船舶精确计算航线、避开障碍物,并进行准确的航行计划。

总而言之,航标的用途主要包括导航引导船舶、警示和警告船舶、标示航道特征和标准,以及辅助导航设施。通过正确识别和遵循航标的用途,船舶可以安全航行在内河航道上。

任务二　辨识国际海区水上助航标志

子任务1　辨识国际海区水上助航标志(以 A 区域侧面标志为例)

一、任务描述

使用侧面标志(简称侧标),结合侧标习惯走向,指明应遵循航路的左侧或右侧,用于界限明确的航道。本任务使用航海模拟器完成。本任务设置以下子任务:

(1)明确侧标的习惯走向;

(2)使用侧标导航。

二、实施步骤

(一)从海上驶近港口时的侧标导航

①依据侧标的颜色、形状,识别左侧标与右侧标:侧标通常有红色和绿色,A 区域从海上驶近港口时,红色侧标设置在左侧,绿色侧标设置在右侧。通过识别颜色和形状,可以确定左、右侧标。

②确定航行水域侧标的习惯走向:根据所在地区的惯例,确定习惯走向。在 A 区域,从海上驶近港口时,航道的右侧是习惯走向,因此绿色侧标会设置在航道的右侧。

③依据侧标进行船舶模拟航行:根据侧标的位置和习惯走向,确定正确的航向和船舶位置。将左、右侧标保持在船舶的对应侧,确保船舶保持在正确的航道上。

(二)从港口驶离时的侧标导航

①依据侧标的颜色、形状,识别左侧标与右侧标:同样地,识别侧标的颜色和形状,确定左、右侧标。

②确定航行水域侧标的习惯走向:根据所在地区的惯例,确定习惯走向。在 A 区域,从港口驶离时,航道的左侧是习惯走向,因此绿色侧标会设置在航道的左侧。

③依据侧标进行船舶模拟航行:根据侧标的位置和习惯走向,确定正确的航向和船舶位置。将左、右侧标保持在船舶的对应侧,确保船舶保持在正确的航道上。

在执行上述步骤时,应确保仔细观察侧标,并严格遵循相关的海上或港口导航规则和程序。此外,还建议根据所在地区的法规和当地海事局提供的信息,进行导航操作。

子任务 2　辨识国际海区水上助航标志(以方位标志为例)

一、任务描述

在国际海区,使用方位标志进行船舶导航可以帮助确定船舶的位置和航向。本任务模拟船舶航行于国际海区,借助方位标志,进行船舶导航。本任务使用航海模拟器完成。

二、实施步骤

(一)了解方位标志的意义

方位标志用来指示特定水域或航道的方位,标识北、东、南、西等方向。口述四种方位标志的意义。

(二)观察方位标志的位置和形状

仔细观察方位标志的位置和形状,以确定船舶的方位和航向。通过比较不同方位标志之间的位置关系,判断船舶在航行中的位置。

(三)确定船舶的航向和方位

根据方位标志的颜色和形状,确定方位标志的相对位置,进而确定船舶的航向和方位。方位标志位于航道或标志线的关键位置,根据方位标志的位置和船舶相对标志的位置关系,模拟调整航向,以确保船舶航行在正确的航道上。

(四)使用方位标志进行修正

模拟船舶偏离预期的航道,根据方位标志的位置和船舶与标志的相对位置,进行必要的航向修正,使船舶回到正确的航道上。

(五)随时注意其他导航标志

模拟使用方位标志导航的同时,还要注意其他导航标志,比如浮标或灯塔等,适时进行船舶定位,以确保船舶航行在预定航道上。

使用国际海区方位标志进行船舶导航时,值班驾驶员应该根据标志的方向信息和其他导航标志的位置来确定船舶的位置和朝向,并相应地调整航向和航行路径。在实际航行中,应遵循国际海事组织的规定,根据当地的导航图和海图以及相关导航设备进行船舶导航。在航行前务必熟悉航行区域的导航标志和规则,并使用适当的导航设备进行航行。

子任务3　辨识中国水上助航标志(以内河航标为例)

一、任务描述

中国内河航标具有特定的形状、颜色和灯光,用以传达特定的信息和指示。依据所学知识,辨识以下种类的内河航标:

(1)航行标志;

(2)信号标志;

(3)专用标志。

二、实施步骤

(一)辨识内河航行标志

内河航行标志用于指示船舶航行的方向和航道的界限,可以分为以下几种类型:

①导航灯塔:导航灯塔是高大的建筑物,通常设有灯光和标志,用于在夜间或低能见度条件下向船舶提供导航信息。

②浮标:浮标是浮在水面上的航标,通常由塑料或橡胶制成,用于标示航道的方向、边界和警示危险区域。

③标示牌:标示牌通常安装在立杆上,用于标示航道信息,如航道的方向、距离和特殊情况的警示等。

(二)辨识内河信号标志

内河信号标志用于向船舶发送特定的导航或警告信息,可以分为以下几种类型:

①旗语信号:通过特定的旗语组合发送导航或警告信息。

②闪光灯:闪光灯安装在航标上,通过闪烁的光信号向船舶传递导航或警告信息。

(三)辨识内河专用标志

内河专用标志用于标示特定的航道信息或提供其他特定的导航服务,可以分为以下几种类型:

①障碍物标志:用于标示浅滩、岩石或其他障碍物的位置,以警示船舶避开危险区域。

②港口标志:用于标示船舶进入港口、码头或停泊区域的位置。

③危险标志:用于标示可能存在的危险情况,如船只限速区域、船只禁止通行区域等。

项目考核

项目考核单

	考核内容	分值	考核标准	得分
1				
2				
3				
4				
5				

项目五

罗经差测定

项目描述

　　罗经是船舶主要的导航仪器之一,其工作是否稳定、驾驶员能否准确掌握其指示方向的误差大小,直接关系到船舶的航行安全。因此,船舶在航行中,要求航海人员利用一切机会来测定罗经差,以此来检查罗经工作是否稳定,并对航向和方位做必要的修正。根据 SOLAS 公约的规定,船舶上使用的罗经必须符合国际海事组织(IMO)的标准,并通过合适的校准和维护以确保其准确性。船舶在航行中遭到猛烈撞击或由爆炸引起的剧烈振动,都会使罗经产生较大的自差,特别是磁罗经,因此船舶在遭到剧烈冲击后,如果可能,要迅速测定船舶的罗经差,从而使船舶保持在正确的航向上。船舶近岸航行时,可以利用专设的叠标或灵敏度较高的自然叠标来测定罗经差。船舶航行在开阔的海面上,或夜间航行时,可利用天体来测定罗经差。

　　测罗经差的内容主要包括利用陆标求取罗经差、利用天体测罗经差、通过与陀螺罗经比对求磁罗经自差和利用 GPS 导航仪求取罗经差等。

学习目标

　　1.知识目标

　　(1)掌握罗经差定义以及罗经差测定的原理;

　　(2)掌握观测陆标测定罗经差的方法;

　　(3)掌握观测天体测定罗经差的方法;

　　(4)掌握 GPS 求取罗经差的原理及注意事项。

　　2.技能目标

　　(1)能够选择合适的导航陆标;

　　(2)能够观测陆标测定罗经差;

　　(3)能够观测天体测定罗经差。

　　3.职业素养目标

　　(1)培养学生履行国际公约要求的能力;

　　(2)帮助学生养成严谨认真的航海习惯。

知识链接一 测罗经差的原理

一、比较方位求罗经差

罗北线与物标方位线之间的夹角,称为罗方位(CB),用圆周法表示;

真北线与物标方位线之间的夹角,称为真方位(TB),用圆周法表示;

磁北线与物标方位线之间的夹角,称为磁方位(MB),用圆周法表示(如图 5-1 所示)。

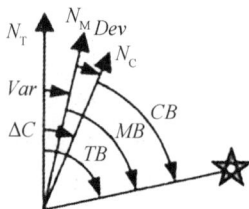

图 5-1　各种方位之间的关系

真方位、罗方位、磁方位之间的关系如下:

$$TB = MB + Var$$

$$TB = CB + \Delta C$$

$$MB = CB + Dev$$

同时获得某个物标的罗方位与真方位,就可求出当时的罗经差:

$$\Delta C = TB - CB$$

二、比较航向求罗经差

罗北线与航向线之间的夹角,称为罗航向(CC),用圆周法表示。

真北线与航向线之间的夹角,称为真航向(TC),用圆周法表示。

磁北线与航向线之间的夹角,称为磁航向(MC),用圆周法表示(如图 5-2 所示)。

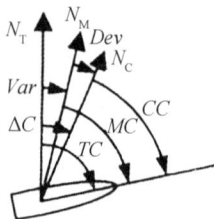

图 5-2　各种航向之间的关系

真航向、罗航向、磁航向之间的关系如下:

$$TC = MC + Var$$
$$TC = CC + \Delta C$$
$$MC = CC + Dev$$

同时获得船舶的真航向与罗航向，就可求出当时的罗经差：

$$\Delta C = TC - CC$$

同样，对于陀螺罗经有：

$$\Delta G = TB - GB = TC - GC \, (\, GB \text{ 为陀螺方位}, GC \text{ 为陀螺航向})$$

三、观测天体求罗经差

船舶沿岸航行，罗经差 ΔC 可以根据陆地上叠标的真方位 TB 与测者观测该叠标的罗方位 CB 之差求得，即

$$\Delta C = TB - CB \begin{cases} \Delta C \text{ 为"+"表示罗北偏东} \\ \Delta C \text{ 为"-"表示罗北偏西} \end{cases}$$

叠标的真方位 TB 可以从海图上量取，当叠标"串视"时利用罗经可测得叠标的罗方位 CB。代入上式可求得罗经差 ΔC，因此罗航向 $CC = $ 真航向 TC - 罗经差 ΔC。

船舶远离海岸或夜间航行，看不到陆标，此时只能利用天体求罗经差。观测天体求罗经差与上述利用陆标测定罗经差的原理基本相同，不同之处是观测的物标是天体。因此，CB 是天体的罗方位，TB 是天体的真方位，由于观测时的真实船位未知，所以无法求出天体的真方位，在海上是以推算船位 (φ, λ) 为基准求得的天体的计算方位 A_c 来代替天体的真方位 TB。这样，观测天体求罗经差的计算公式为：

$$\Delta C = A_c - CB$$

观测天体求罗经差，有以下注意事项：

（1）应观测低高度天体的罗方位，其高度应低于 30°，最好低于 15°。

（2）观测时应尽量保持罗经面的水平。

（3）一般应连续观测三次，取平均值作为对应于平均时间的罗方位。罗经读数读至 0°.5，观测时间精确到 1 min。

（4）观测时应测天体的中心方位。

知识链接 二 观测陆标测定罗经差的基本方法

一、叠标法求罗经差

利用观测叠标的罗方位求罗经差是航海上常用的测定罗经差的方法之一。因为叠标都经过精确测绘，从海图上量取的叠标真方位精度高，用罗经观测叠标的罗方位精度

也较高,所以求得的罗经差和自差的精度最高。但此方法只能在有叠标的海区使用,所观测的叠标必须标示在海图上,否则不能用来观测罗经差。为了方便船舶观测罗经差和校正磁罗经自差,港口、修造船厂附近和一些特殊沿海海区设有叠标场。

二、观测单一陆标方位求罗经差

观测叠标罗方位求罗经差虽然精度高,但当船舶周围没有可以使用的叠标时,就无法观测叠标方位求罗经差,而沿岸航行或近海航行时,如果船舶能观测单一陆标方位,也可求罗经差。

知识链接三 观测天体测定罗经差的基本方法

一、观测北极星方位求罗经差

在天北极附近有一颗较亮的 2 等星:小熊座 α(勾陈一),其赤纬$Dec89°15'.1N$,接近 90°,因为它靠近天北极,故称北极星。北极星的极距$p<1°$,所以在一天中,它的方位和高度的变化量均很小。在北纬 0°~60°的地区,所见北极星的方位变化最大不超过 2°,因此,对于北半球中、低纬海区的测者来讲,北极星是夜间测定罗经差的良好物标。

已知罗经差等于:

$$\Delta C = A_C - CB$$
$$\cot A_C = \tan Dec \cos\varphi \csc LHA - \sin\varphi \cot LHA$$

上述两式是航海人员求罗经差使用的基本公式,方位要准确到 0°.1。但是,对非航海人员来讲,经度准确到 1°即可。由于每天北极星方位变化范围不超过±1°,设北极星的真方位$A_C \approx 0°$,这样观测北极星方位求罗经差的计算方法可以简化为:

$$\Delta C = A_C - CB = 0° - CB$$

用上述方法求得的罗经差的误差在±2°之内,该方法是非航海人员在应急时可以采用的非常简单、快捷的方法。只要用罗经观测北极星的罗方位CB,代入上式即可求出罗经差,根据罗经差可以求出船舶的罗航向为:

$$罗航向 CC = 真航向 TC - 罗经差 \Delta C$$

如何测得北极星罗方位CB,将在实验课中介绍。观测北极星方位求罗经差的步骤如下:

(1)目视识别北极星;

(2)利用罗经观测北极星罗方位;

(3)使用公式$\Delta C = 0° - CB$计算罗经差。

二、观测低高度太阳方位求罗经差

观测低高度太阳方位求罗经差是目前船舶在海上求罗经差普遍采用的方法,也是白昼观测天体求罗经差的主要方法。

1.观测低高度太阳方位求罗经差的步骤

(1)观测低高度太阳($h^{\circ}<30°$)罗方位 CB,同时记下观测时间。

(2)利用《太阳方位表》求观测时太阳的计算方位 A_C。

(3)使用公式 $\Delta C = A_C - CB$ 求罗经差。

观测低高度太阳方位求罗经差主要涉及的问题是如何求取太阳计算方位 A_C。

三、利用《太阳方位表》求太阳计算方位

(一)《太阳方位表》的结构

《太阳方位表》共分两册,第一册包括纬度 $0°\sim30°$;第二册包括纬度 $30°\sim64°$。每册又分主表和附表。

主表:分前、后两个半册,前半册是赤纬与纬度同名,后半册是赤纬与纬度异名。

查表引数为:

①表列纬度 φ,表间距为 $1°$,列在每页右上角;

②表列赤纬 Dec,表间距为 $1°$,共计 $0°\sim24°$,列在每页第一行;

③表列视时 LAT,表间距为 4 m。每页左列引数为上午视时,右列引数为下午视时。

以 φ、Dec、LAT 为引数,从表中查得太阳半圆方位,其中第一名称与测者纬度同名,第二名称上午观测为"E",下午观测为"W"。

附表:附表主要是"太阳赤纬表""时差表",它们均按 4 年中有 1 闰年的规律排列,所以每个附表中又分 4 个小表。查表引数是观测时的年、月、日,可查得世界时 12 h 的太阳赤纬 Dec 和时差 ET。使用附表一般不用内插。

(二)利用《太阳方位表》求罗经差的步骤

①观测太阳罗方位 CB,同时记下观测时间。

②根据观测日期从"太阳赤纬表"和"时差表"中查得太阳赤纬 Dec 和时差 ET。

③求观测时的视时 LAT,即

$$LAT = LHA + ET = ZT + ET$$

台湾海峡的平均经度为 $120°$,所以上述求视时的公式可以简化为:

$$LAT = ZT + ET$$

编表采用的视时是 $1\sim12$ h,所以求得的视时应写成:

$$\begin{cases} LAT & LAT < 12^h \\ LAT - 12^h & LAT > 12^h \end{cases}$$

④求计算方位 A_C。A_C 为半圆方位,第一名称与测者纬度同名,第二名称上午为"E",下午为"W"。

⑤求罗经差。将 A_C 换算成圆周方位之后可求得罗经差 $\Delta C = A_C - CB$。

✎ **项目实施**

任务一 观测陆标测定罗经差

子任务1 利用叠标求取罗经差

一、任务描述

2009 年 2 月 20 日,某轮航行在吴淞口罗经校正场,该海区海图上罗经花所给磁差资料为"西 5°14′(1996) +1′.7",当前标和后标串视时测量罗方位 CB 并求取罗经差 ΔC 和磁罗经自差 Dev。

二、实施步骤

步骤一:选取叠标

选取叠标的要求:

(1)应选择海图上精确测绘的比较显著的叠标,标志本身细长为宜,如旗杆、灯塔、烟囱或精测过的山峰。

(2)所选叠标的近标与船的距离应是前后标距离的 3~5 倍。

(3)所选叠标应观测方便,船与叠标间无遮挡物,标志的本身和背景的亮度应易于辨别。

步骤二:读取或量取海图上叠标的真方位

(1)在海图上确认所测的叠标(注意前后标的顺序)。

(2)读取或量取并记下叠标的真方位 $TB173°.5$(从海上看叠标)。

人工设置的叠标一般在海图上标注有叠标线的方位。中国海区罗经校验场的资料可以从《航标表》中查取。

步骤三:观测叠标的罗方位 CB

(1)在磁罗经或陀螺罗经分罗经的罗盆上安放方位圈(仪),调整好照准架。

(2)调整罗盆水平,使方位圈(仪)上的水准气泡位于中间位置。

(3)慢慢转动方位圈,使目视照准架中央的细缝、物标照准架中央的细线以及后标三者保持在一条直线上。

当前后标串视瞬间,读取方位圈(仪)读数窗中的数值即为物标的罗方位 $CB176°.0$(精确到小数点后一位)。

注意事项:

(1)取放方位圈(仪)时应拿其固定部分,小心轻放。

(2)安放方位圈(仪)时应先松开固定螺帽或使其弹簧片张开,以使方位圈(仪)安放到位。

（3）转动方位圈（仪）时应使其专门的手柄受力，不可扳动照准架等活动部件。

步骤四：罗经差的计算

$$\Delta C = TB - CB = 173°.5 - 176°.0 = -2°.5 = 2°.5W$$

步骤五：自差的计算

$$磁差\ Var = 5°14'W + (2009 - 1996) \times 1'.7 = 5°36'.1W \approx 5°.6W$$

$$自差\ Dev = \Delta C - Var = 2°.5W - 5°.6W = +3°.1 = 3°.1E$$

子任务 2　已知准确船位求罗经差

一、任务描述

2009 年 3 月 22 日，某船所经海区的磁差资料为"$Var 3°28'.0E$ $1996(2'.6E)$"。1010，航向正南，DGPS 船位 $36°05'.0N$，$120°23'.0E$，观测前方一物标罗方位 CB，求取罗经差和自差。

二、实施步骤

步骤一：选择合适的观测物标

（1）选择海图上精确测绘的比较显著的物标。物标易于观测，船与物标间无遮挡物，标志的本身和背景的亮度应易于辨别。

（2）标志本身细长为宜，如旗杆、灯塔、烟囱或精测过的山峰。

（3）船与物标的距离不宜太远或太近。

步骤二：用磁罗经或陀螺罗经观测物标的罗方位 CB 或陀罗方位 GB

（1）在磁罗经或陀螺罗经分罗经的罗盆上安放方位圈（仪），调整好照准架。

（2）调整罗盆水平，使方位圈（仪）上的水准气泡位于中间位置。

（3）慢慢转动方位圈（仪），使目视照准架中央的细缝、物标照准架中央的细线以及物标在同一条直线上。

（4）读取方位圈（仪）读数窗中的数值即为物标的罗方位 $CB 178°.2$（精确到小数点后一位）。

步骤三：在海图上根据观测时的船位量取观测陆标的真方位 TB

（1）根据船位选择合适比例尺的海图，在图上标绘出测者 DGPS 船位。

（2）在海图上确定物标的位置。

（3）画出物标的方位线（过测者的 DGPS 位置和物标作直线）。

（4）量取物标的真方位 $TB 180°.5$。

步骤四：计算罗经差

$$\Delta C = TB - CB = 180°.5 - 178°.2 = +2°.3 = 2°.3E$$

步骤五：计算磁差

$$Var = 3°28'.0E + 2'.6E \times (2009 - 1996) \approx 4°.0E$$

步骤六:计算磁罗经自差

$$Dev = \Delta C - Var = 2°.3E - 4.°0E = -1°.7 = 1°.7W$$

子任务3 未知船位时求磁罗经差和自差

一、任务描述

在观测单一陆标的方位求罗经差时,如果不能获得观测时的准确船位,可采用船舶旋回一周的过程中测量各主要航向(4个基点航向、4个隅点航向)上罗方位,以此求得罗经差。

二、实施步骤

步骤一:选择合适的观测物标

船舶的旋回中心附近水深要足够,水域要宽广,且旋回中心距陆标在200倍旋回半径以上,以满足船舶对所测自差的精度要求。

步骤二:船舶在距观测物标适当的海区旋回

在 N、NE、E、SE、S、SW、W、NW 等8个航向上观测同一个物标的罗方位并做好记录(如表5-1所示)。

表 5-1 磁罗经自差计算表

CC	CB		Dev	
N	CB_N	162°.8	Dev_N	$-2°.1$
NE	CB_{NE}	161°.2	Dev_{NE}	$-0°.5$
E	CB_E	158°.5	Dev_E	$+2°.2$
SE	CB_{SE}	157°.8	Dev_{SE}	$+2°.9$
S	CB_S	159°.5	Dev_S	$+1°.2$
SW	CB_{SW}	161°.8	Dev_{SW}	$-1°.1$
W	CB_W	161°.9	Dev_W	$-1°.2$
NW	CB_{NW}	162°.0	Dev_{NW}	$-1°.3$
$MB = \dfrac{Dev_N + Dev_{NE} + Dev_E + Dev_{SE} + Dev_S + Dev_{SW} + Dev_W + Dev_{NW}}{8} = 160°.7$				

步骤三:计算8个航向上的平均罗方位作为该区域的近似磁方位

$MB = 160°.7$,如表5-1所示。

用8个航向上观测物标的罗方位的平均值代替物标的磁方位,当罗经存在恒定自差时,应在平均罗方位中加上恒定自差求得磁方位,以提高所求自差的精度。

步骤四:计算 Dev

根据公式 $Dev = MB - CB$ 计算得8个不同航向上的自差,如表5-1所示。

任务二　观测天体测定罗经差

子任务1　观测低高度太阳罗方位,利用中版《太阳方位表》求罗经差

一、任务描述

《太阳方位表》共分两册,第一册适用纬度为0°~29°(对应的英版表册称 Davis's Tables,戴氏表),第二册适用纬度为30°~64°(对应的英版表册称 Burdwood's Tables,柏氏表)。每册又分主表和附表。

主表分前、后两部分,前半部分适用于纬度与赤纬同名时,后半部分适用于纬度与赤纬异名时。查表引数为纬度 φ (表间距为1°,列在每页左上角或右上角)、赤纬 δ (表间距为1°,列在每页第一行)和视时 T° (上午视时列在表的左侧,下午视时列在表的右侧。每隔2~4 min列出一个太阳方位)。从表中可查得太阳真方位,方位采用半圆周法表示:其第一名称与纬度同名(如果测者在赤道上,第一名称与太阳赤纬同名),第二名称与观测时间有关,上午观测时为"东(E)",下午观测时为"西(W)"。

附表主要有"太阳赤纬表""时差表"各4个,查表引数为观测时的年、月、日,可查得当日世界时 12^h 的太阳赤纬和时差。使用附表时一般不需要内插。

二、实施步骤

步骤一:观测低高度太阳罗方位 CB ,同时记下观测时间 ZT' 与推算船位或卫星导航仪所显示的船位

(1)在磁罗经的罗盆上安放方位圈(仪),调整好照准架。

(2)调整罗盆,使方位圈(仪)上的水准气泡位于中间位置,罗盆水平。

(3)慢慢地转动方位圈并适当调整反射镜的倾斜角度,使反射镜将太阳光线正好反射到对面棱镜的隙缝上,太阳光线经棱镜折射到罗盆上,此时可以看到罗盘上有一条太阳光带。

(4)读取光带中心线所指示的罗盘度数就是太阳的罗方位(例如:$CB237°.3$),同时记下观测时间与船位(例如:2009 年 1 月 14 日,$ZT16^h15^m10^s$,GPS 船位 $\varphi36°19'.0N$,$\lambda120°25'.0E$)。

步骤二:利用《太阳方位表》求太阳真方位 TB

(1)根据 GPS 船位的纬度 $\varphi36°19'.0N$ 选用《太阳方位表》第二册。

(2)根据观测时间查表求太阳赤纬(δ)和时差(η)。

①以日期(2009 年 1 月 14 日)为引数在《太阳方位表》第 283 页附表 1"太阳赤纬

119

表"查得：

$$\delta = 21°15'S$$

②以日期(2009年1月14日)为引数在《太阳方位表》第287页附表2"时差表"查得：

$$\eta = -9^m08^s$$

③求观测时的视时 $T^{\odot}$，计算视时的公式如下：

$$T^{\odot} = ZT \pm D\lambda_W^E + \eta$$

其中：$D\lambda$=测者经度－测者所在时区中线经度，并按 $1° = 4$ min 换算为时间。

④求得视时需要换算成上午视时或下午视时才可查表，即：

$$T^{\odot}(\text{a.m.}) = T^{\odot}(T^{\odot} < 12^h)$$

$$\text{或 } T^{\odot}(\text{p.m.}) = T^{\odot} - 12^h(T^{\odot} > 12^h)$$

计算视时的过程如下：+01^{m}40^s

$$D\lambda = 120°25'.0E - 120°00'.0E = 25'.0E = +01^m40^s(\text{精确到秒})$$

那么：

船时	ZT'	$16^h15^m10^s$	（14/1）
时差	η	-9^m08^s	
经差	$D\lambda$	$+01^m40^s$	
视时	$T^{\odot}$	$16^h07^m42^s$	
		$4^h07^m42^s$	p.m.（14/1）

⑤计算太阳真方位 $A_C(TB)$，如下：

$$\text{内插值} = \frac{\text{实际值－查表引数}}{\text{相邻查表引数－查表引数}} \times (\text{相邻方位－查表方位})$$

查表引数(纬度、视时、太阳赤纬)与表列数据不相同时应进行内插，以求得较精确的太阳计算方位。

（3）数值求取

①就近原则，以 $T^{\odot} = 4^h8^m(\text{p.m.})$、$\varphi = 36°N$、$\delta = 21°S$，查《太阳方位表》第169页(赤纬与纬度异名)，可得表列方位 $AT123°.6NW$。

②求赤纬差数的方位改正值（$\Delta A\delta$）。

$$\Delta A_\delta = 21°15' - 21'/22° - 21° \times (124°.3 - 123°.6) \approx +0°.2$$

当视时为下午 4^h8^m，纬度为 36°N，δ 为 22°S 时，太阳的方位为124°.3。

③求纬度差数的方位改正值（ΔA_φ）。

$$\Delta A_\varphi = 36°19'.0 - 36°/37° - 36° \times (123°.7 - 123°.6) \approx +0°.2$$

当视时为下午 4^h8^m，赤纬为 21°S，φ 为 37°N 时，太阳的方位为123°.7。

④视时差数的方位改正值（$\Delta A_{T\odot}$）。

$$\Delta A_{T\odot} = \frac{7^m42^s - 8^m}{4^m - 8^m} \times (124°.3 - 123°.6) \approx +0°.1$$

当纬度为 36°N，赤纬为 21°S，$T^{\odot}$ 为 4^h4^m 时太阳的方位为124°.3。

⑤计算太阳真方位。

A_T	123°.6NW
$+\Delta A_\delta$	$+0°.2$
$+\Delta A_\varphi$	$+0°.0$
$+\Delta A_{T\odot}$	$+0°.1$
A_C	123°.9NW
	236°.1

步骤三：求罗经差 ΔC

$$\Delta C = A_C - CB = 236°.1 - 237°.3 = -1°.2 = 1°.2W$$

子任务 2　利用 Davis's Tables 或 Burdwood's Tables 求罗经差

一、任务描述

观测低高度太阳方位，利用 Davis's Tables 或 Burdwood's Tables，求罗经差(ΔC)。此次观测太阳的罗方位 $CB098.6°$，时间 2009 年 9 月 8 日 $ZT'07^h02^m38^s$，GPS 船位在 $\varphi36°42'.0N$，$\lambda122°50'.7E$ 处。

二、实施步骤

步骤一：观测低高度太阳罗方位 CB，**同时记下观测时间** ZT' **与推算船位或卫星导航仪所显示的船位**

具体步骤与"利用中版《太阳方位表》求罗经差"中的评估例题的步骤一相同。

步骤二：利用 Davis's Tables 或 Burdwood's Tables 求太阳真方位 TB

(1)跟据观测日期查表求太阳赤纬(δ)和时差(η)

①在 Burdwood's Tables 第 142 页"SUN'S DEC."，根据日期 2009 年 9 月 8 日查得：$\delta = 5°38'N$。表列数据中，正值表示北纬，负值表示南纬。

②在 Burdwood's Tables 第 144 页"EQUATION OF TIME"，根据日期 2009 年 9 月 8 日查得：$\eta = +2^m20^s$。

③求观测时的视时 $T^\odot$。

$$D\lambda = 120°50'.7E - 120°00'.0E = 2°50'.7E \approx +11^m23^s(精确到秒)$$

船时	ZT'	$07^h02^m38^s$	(8/9)
时差	η	$+2^m20^s$	
经差	$+D\lambda$	$+11^m23^s$	
视时	$T^\odot$	$07^h16^m21^s$ a.m.	(8/9)

④计算太阳真方位 $A_C(TB)$。

查表引数(纬度、视时、太阳赤纬)与表列数据不相同时应进行内插，以求得较精确的太阳计算方位。

（2）数值求取

①按就近原则，以 $T=7^h16^m(\text{a.m.})$，$\varphi=37°N$，$\delta=6°N$，查 Burdwood's Tables 第 28 页表"DECLINATION SAME NAME"，可得表列方位 96°.8NE。

②求赤纬差数的方位改正值（ΔA_δ）。

$$\Delta A_\delta = \frac{5°38'-6°}{5°-6°} \times (97°.6-96°.8) \approx +0°.3$$

当视时为上午 7^h16^m，φ 为 $37°N$，δ 为 $5°S$ 时的方位为 97°.6。

③求纬度差数的方位改正值（ΔA_φ）。

$$\Delta A_\varphi = \frac{36°42'-37°}{36°-37°} \times (96°.4-96°.8) = -0°.1$$

当视时为下午 7^h16^m，δ 为 $6°$，纬度为 $36°N$ 的方位为 96°.4。

④求视时差数的方位改正值（$\Delta A_{T\odot}$）。

$$\Delta A_{T\odot} = \frac{16^m21^s-16^m}{20^m-16^m} \times (97°.4-96°.8) \approx +0°.1$$

当视时为下午 7^h20^m，φ 为 $37°N$，δ 为 $6°S$ 时的方位为 97°.4。

⑤计算太阳真方位

A_T	96°.8NE
$+\Delta A_\delta$	$+0°.3$
$+\Delta A_\varphi$	$-0°.1$
$+\Delta A_T$	$+0°.1$
A_C	97°.1NE
	097°.1

步骤三：求罗差 AC

$$\Delta C = A_C - CB = 097°.1 - 098°.6 = -1°.5 = 1°.5W$$

子任务 3　观测太阳真出没方位求罗经差

一、任务描述

太阳中心通过测者地心真地平的瞬间叫太阳的真出（True Sunrises）或真没（True Sunsets），此时太阳的真高度为零。观测太阳真出没方位求罗经差时，既不需要记录观测时间，也不必求太阳的地方时角，只需要根据推算纬度和当时的太阳赤纬就可以求得太阳真出没时的计算方位，从而可以比较快速、简便地求得罗经差。

当太阳真高度为零时，根据天文三角形计算公式可得：

$$\cos A_C = \frac{\sin\delta}{\cos\varphi_c}$$

式中：φ_c 为观测时刻推算船位的纬度；δ 为观测时刻太阳赤纬。

可以根据观测时间从《航海天文历》或《太阳方位表》中查取太阳赤纬。世界时 12^h 的太阳赤纬，可以近似作为当天任意时刻的太阳赤纬。

解算上述公式时应注意：

φ_c 恒为"+"；

δ 与 φ_c 同名为"+"；δ 与 φ_c 异名为"-"。

解得 A_C 为半圆方位，第一名称和 φ_c 同名，第二名称真出为"E"，真没为"W"。

二、实施步骤

方法一：测太阳真没罗方位，并利用 Davis's Tables 或 Burdwood's Tables 求罗经差

步骤一：计算当天太阳真没时的真方位，并预求太阳真没的区时

(1)计算当天(例如：2007 年 9 月 8 日)太阳真没时的真方位，并预求太阳真没的区时。

(2)从海图上量取太阳真没时船舶的推算船位(例如：$\varphi_c 36°10'.0N$，$\lambda_c 123°15'.0E$)。

(3)选择 Davis's Tables 或 Burdwood's Tables。

(4)根据测者推算船位纬度 36°10'.0N，选择 Burdwood's Tables。

(5)根据年、月、日查取当日太阳的赤纬和时差。

(6)从 Burdwood's Tables 第 142 页，根据日期由"SUN'S DEC."查得：$\delta = 5°38N$。从第 144 页，根据日期由"EQUATION OF TIME"查得：$\eta = +02^m10^s$。

(7)根据纬度和赤纬查取太阳真没方位。

①按 $\varphi_T = 36°N$，$\delta_T = 6°N$ 查 Burdwood's Tables 第 28 页得太阳真没的视时和真方位：

$$T^{\odot} = 0.6^h18^m \text{ p.m.} = 18^h18^m$$
$$A_{CT} = 82°.6NW$$

A_{CT} 为半圆方位，第一名称与纬度同名，第二名称真出时为"E"，真没时为"W"。

②求赤纬差数的方位改正值。

$$\Delta A_\delta = \frac{5°49'-6°}{5°-6°} \times (83°.8-82°.6) \approx +0°.2$$

在纬度为 36°N 的条件下，δ 为 5°N 时的太阳真没方位为 83°.8。

③求纬度差数的方位改正值。

$$\Delta A_\varphi = \frac{36°10'-36°}{37°-36°} \times (82°.5-82°.6) \approx -0°.0$$

在纬度为 37°N 的条件下，δ 为 6°N 时的太阳真没方位为 82°.5。

④太阳真没的计算方位(真方位)A_C。

A_{CT}	82°.6NW
$+\Delta A_\delta$	+0°.2
$+\Delta A_\varphi$	-0°.0
$+\Delta A_C$	82°.8NW
	277°.2

⑤预求测太阳真没的区时。

时区中线与测者的经差：

$$D\lambda = \lambda_c - \lambda_m = 120°E - 123°15'.0E = 3°15'.0W = -13^m$$

太阳真没时的区时：

$$ZT = T^{\odot} - \eta + D\lambda = 18^h18^m - 02^m10^s + (-13^m) = 18^h02^m50^s$$

注意：《太阳方位表》列出的是太阳每天真出没的视时。通过预求太阳真没的区时确定观测太阳罗方位的时间。

步骤二：观测太阳真没时的罗方位

（1）在磁罗经或陀螺罗经分罗经的罗盆上安放方位圈（仪），调整好照准架。

（2）调整罗盆水平，使方位圈（仪）上的水准气泡位于中间位置。

（3）慢慢转动方位圈（仪），使目视照准架中央的细缝、物标照准架中央的细线、太阳中心重合。

（4）待太阳下边离开水天线约为2/3太阳直径时（如图5-3所示），读出太阳罗方位读数（例如：CB274°.5）。

（5）太阳真出和真没时，太阳的真地平高度为零。由于测者通常都具有一定的眼高，再加上蒙气差等的影响，太阳真出没的下边缘高于水天线之上。当眼高16 m看到太阳下边缘高度约为2/3太阳视直径时（如图5-3所示），观测到的就是太阳真出没的方位。

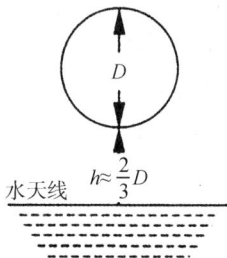

图 5-3 太阳真出没

步骤三：计算罗经差

$$\Delta C = TB - CB = 277°.2 - 274°.5 = +2°.7 = 2°.7E$$

方法二：观测太阳真没罗方位并利用函数计算器求罗经差

步骤一：计算当天（例如：2007 年 11 月 7 日）太阳真没时的真方位 A_c

（1）推算太阳真出没时的船位（例如：$\varphi_c 36°05'.5N, \lambda_c 120°23'.0E$）。

（2）从 2007 年航海天文历（第216页）查得 11 月 7 日世界时 12^h 的太阳赤纬 $\delta^{\odot} = 16°14'.8S$。

（3）根据公式计算太阳真没时的方位。

$$\cos A_C = \frac{\sin\delta}{\cos\varphi_c} = \frac{\sin(-16°14'.8)}{\cos36°05'.5} \approx -0.346\ 221\ 5$$

$$A_C = 110°.3NW = 249°.7$$

步骤二：观测太阳真没时的罗方位

具体步骤与"测太阳真没罗方位，并利用 Davis's Tables 或 Burdwood's Tables 求罗经差"的步骤二相同（例如：此次观测的太阳罗方位 CB 为 248°.2）。

步骤三：计算罗经差

$$\Delta C = A_C - CB = 249°.7 - 248°.2 = +1°.5 = 1°.5E$$

子任务4 观测北极星方位求罗经差

一、任务描述

北极星位于北天极附近,其赤纬接近90°(极距小于1°),在一个周日视运动中,其方位基本上为正北方向,在一昼夜之内方位变化不超过2°。由天测罗经差原理可知,当被测天体的方位 A 趋近0°,赤纬 δ 趋近90°,由推算船位的误差而引起的天体计算方位的误差 ΔA 趋近零,故用北极星方位求罗经差的精度较高。又因为天体高度太高时,由于罗经的倾斜会导致较大的罗方位误差,北极星又相对容易识别,所以北极星是位于北半球中低纬度(低于35°N)的测者夜间测定罗经差的优选物标。

二、实施步骤

步骤一:观测北极星罗方位 CH,并记录观测时间与推算船位或 GPS 船位

(1)在磁罗经的罗盆上安放方位圈(仪),调整好物标照准架。

(2)调整罗盆水平,使方位圈(仪)上的水准气泡位于中间位置。

(3)慢慢转动方位圈(仪),使目视照准架中央的细缝、物标照准架中央的细线、北极星在同一直线上。

(4)读取方位圈(仪)读数窗中的数值,即为物标的罗方位(例如:CB358°.5),并记下观测时间与船位(例如:船时2007年11月7日ZT0223,推算船位为 $\varphi_c15°45'.0$,$\lambda_c124°44'.0E$)。

(5)观测北极星罗经方位时,若观测者纬度较低,北极星高度低,此时可直接用方位圈或方位仪的照准架观测。若观测者纬度较高,北极星高度较高,应借助于物标照准架前方的反射镜将北极星反射影像调整到水天线附近,测量其反射影像的方位,以保证所测罗方位的精度。

步骤二:计算北极星真方位

(1)观测北极星时的推算船位($\varphi_c15°45'.0N$,$\lambda_c124°44'.0E$)。

(2)计算观测世界时。

ZT'	02^h23^m (7/11)
ZD	-08
T_G'	18^h23^m (6/10)

(3)根据观测世界时,利用《航海天文历》查算春分点地方时角 t^r。

$t^{r'}G$	$315°34'.4$
$m.s$	$5°45'.9$
t^rG	$321°20'.3$
λ_c^E	$+) 124°44'.0$
t^r	$446°04'.3$
	$086°04'.3$

（4）根据推算船位纬度 φ_c 和春分点地方时角 t^r，利用《航海天文历》中的"北极星方位角"查算北极星计算方位（真方位）A_C。

以 $t^r = 086°04'.3$ 和 $\varphi_c = 15°45'.0N$ 为引数查"北极星方位角"表得：

$$A_C = 0°.5NW = 359°.5$$

用左侧春分点地方时角查得的北极星方位角命名为 NW，用右侧春分点地方时角查得的北极星方位角命名为 NE。

步骤三：计算罗经差

$$AC-A-CB-359°.5-358°.5 = +1°.0 = 1°.0E$$

项目考核

项目考核单

	考核内容	分值	考核标准	得分
1				
2				
3				
4				
5				

项目六

航迹绘算

项目描述

　　船舶在海上航行过程中,驾驶人员为了保证船舶的航行安全,应使船舶按预订计划航线航行,并且在任何时候,都应确定本船的船位所在。通过航迹绘算,我们能够有效了解船的真实动态和位置,实时掌握风、流因素对船舶的航行安全的影响。航迹绘算是船舶驾驶技术人员的重要航海基础技能。

学习目标

　　1.知识目标

　　(1)掌握航迹绘算的分类与绘算方法;

　　(2)了解海图作业及海图使用方法;

　　(3)掌握求取真风的绘算方法;

　　(4)熟悉各类航海计算的适用范围及计算方法。

　　2.技能目标

　　(1)能够熟练运用航迹绘算、航迹计算等方法求取船舶的位置;

　　(2)能够有效选择航迹绘算、航迹计算等方法获取船舶历史航向或预计行驶航向;

　　(3)能够快速确定船舶航行水域真风大小及方向。

　　3.职业素养目标

　　(1)培养学生严谨细致的学习工作态度;

　　(2)帮助学生树立海权意识。

知识链接一 航迹绘算

航迹绘算又称海图作业,是指在航行海图上,为了选择船舶航线和记录航迹而利用航行和风流要素直接进行量测、绘算和标注的工作。海图作业按作业顺序可分为选择与标绘计划航线的预先海图作业、航渡中准确执行航海计划的航行海图作业及必要时进行事后分析的总结海图作业等。航行中进行正规的海图作业,是保证船舶按计划安全航行的重要手段。航海人员须认真细致地进行海图作业,船长须经常督促检查。本航次的海图作业,必须保留到下一航次开始时方可擦去。发生海事时,须将当时作业的海图封存,供海事调查用。

一、航迹绘算基础

(一)航迹绘算基本概念

计划航(迹)线:在海上航行时将预先设计并绘画在海图上的船舶计划航行的理想轨迹称为计划航(迹)线(Intended Track)。

计划航(迹)向:计划航(迹)线的前进方向,叫作计划航(迹)向(Course of Advance),用 CA 表示,它是真北线顺时针量至计划航线的夹角。船舶在计划航线上的航行里程叫计划航程。

推算航线:船舶航行过程中,通过海图作业所确定的船舶航行轨迹称为推算航线(Estimated Track)。

推算航(迹)向:推算航(迹)线的前进方向叫推算航(迹)向(Course Made Good),用 CG 表示。它是真北线顺时针量至推算航线的夹角。

实际航迹线:船舶在推算航线上的航行里程叫推算航程。船舶实际航行的轨迹叫作实际航迹线,简称航迹线(Track)。

积算船位:不计风流情况,仅以计程仪航程在真航向线(或者计划航线)上截取的船位叫积算船位(Dead Reckoning Position),用 DR 表示。

推算船位:通过海图作业确定的船位称为推算船位(Estimated Position),用 EP 表示。

(二)航迹绘算的作用

通过海图作业法,可以解决两个问题:

(1)根据船舶航行时的真航向(TC)、计程仪航程(s_L)和风、流要素,在海图上绘画出推算航迹和推算船位(EP);

(2)根据计划航向(CA)、计程仪航程(s_L)和风、流要素,预配风流压差,作图求出应

驶的 *TC* 和 *EP*。

二、风、流要素对船舶航行的影响

（一）风对船舶航行的影响

1.风舷角

风舷角是指风向与船首向之间的夹角,用 Q_W 表示。

风舷角小于 10°,称为顶风;风舷角大于 170°,称为顺风;风舷角在 80°~100°,称为横风;风舷角在 10°~80°,称为偏顶风;风舷角在 100°~170°,称为偏顺风。

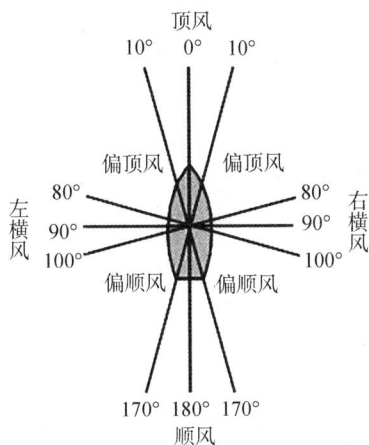

图 6-1　风舷角示意图

2.风压差

风会影响船舶的航行轨迹,其影响程度与风舷角、风力及船速等多种因素有关。风对船舶的影响无法用风的矢量表示。由于水的阻力,船舶向下风漂移的速度远小于风速,漂移的方向也不一定与风向平行。在风的作用下,船舶的航迹向 *CG* 偏开真航向 *TC* 一个角度称为风压差角,简称风压差,代号为 α。风中航迹向用 CG_α 表示

$$CA/CG_\alpha = TC + \alpha$$

左舷受风,α 为"+";右舷受风,α 为"–"。

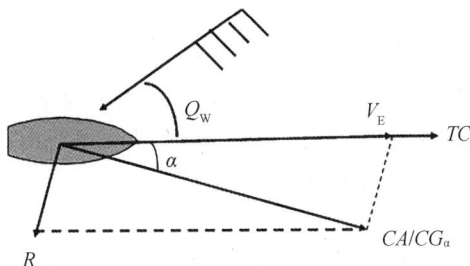

图 6-2　风压差示意图

3.影响风压差的因素

（1）风舷角

在其他条件一定的情况下,当风从正横附近吹来时,风压差值最大;首尾方向来风

时,风压差值最小。

（2）风速

当风舷角一定时,风速越大,风压差值越大。

（3）航速

在其他条件一定时,航速越大,风压差值越小。

（4）船舶的有效受风面积

同等条件下,船舶的有效受风面积越大,风压差值越大。

（5）吃水

吃水越大,风压差值就越小。

（6）水下船型阻力

平底船的风压差值要大于尖底船的风压差值。

4.风压差的求取方法

（1）尾迹流法

尾迹流指航行船舶推进器的排出流。

利用尾迹流求取风压差:船舶尾迹流的反方向可被视为船舶对水移动的方向,即在有风无流情况下的实际航迹向。

（2）经验公式法

求取风压差的经验公式:

$$\alpha = K(V_W/V_L)^2 \sin Q_W \tag{6-1}$$

$$\alpha = K(V_W/V_L)^{1.4}[\sin Q_W + 0.15\sin(2Q_W)] \tag{6-2}$$

式中:α——风压差（°）;

V_W 和 V_L——分别表示风速和航速（m/s）;

Q_W——风舷角（°）;

K——风压差系数（°）。

注:式(6-1)仅适用于风压差为 $10 \sim 15$ 的情况。

运用式(6-1)、式(6-2),计算得到的风压差系数 K,仅适用于某一具体船舶。其值应该是在各种吃水和风力条件下,实测 $25 \sim 30$ 次风压差,然后根据公式反推出风压差系数 K 的平均值,利用上述公式便可求出风压差。根据风压差公式求出的风压差的误差为 $\pm 0.5 \sim \pm 1.0$。

（二）流对船舶航行的影响

水流会影响船舶的航行轨迹,航海上经常遇到的水流有海流、潮流和风海流等,其对航迹的影响程度与水流矢量和船速等有关。水流流向系指流的去向,仅在水流影响下的漂浮物的运动矢量等于水流矢量。

1.流压差

船舶受流影响后的航迹向与真航向的夹角称为流压差角,简称流压差,用 β 表示（见图6-3）。流中航迹向用 CG_β 表示,即

$$CA/CG_\beta = TC + \beta$$

船左受流,为（+）;船右受流,β 为（-）。

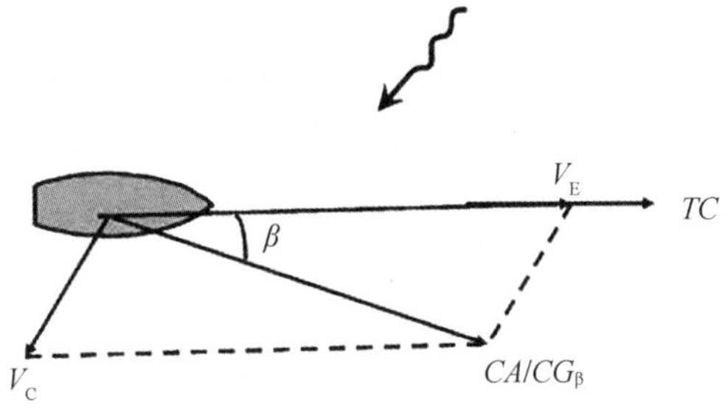

图 6-3　流压差示意图

（三）风和流对船舶航行的综合影响

1.风流压差

船舶受风、流共同影响后的航迹向与真航向的夹角称为风流合压差角,简称风流压差,用 γ 表示。此时的 $CC_\gamma(CA)$ 和 TC 的关系为:

$$CG_\gamma(CA) = TC + \gamma \begin{cases} \text{合压差影响船舶左舷,船首向偏 } TC \text{ 右侧,} \gamma \text{ 为}(+) \\ \text{合压差影响船舶右舷,船首向偏 } TC \text{ 左侧,} \gamma \text{ 为}(-) \end{cases}$$

2.风流压差的测定

（1）连续实测船位法

连续测得三个或三个以上船位,则用平差方法用直线(各船位到该直线的距离平方和为最小值)连接所有实测船位,该直线就是船舶在测定船位时间内的实际航迹,它与真航向之间的夹角就是测定船位时的风流压差 γ,则 $\gamma = CG - TC$,如图 6-4 所示。

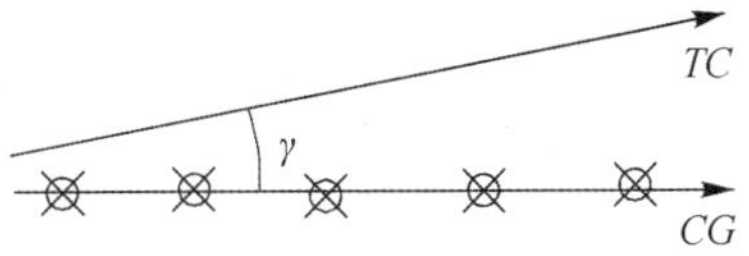

图 6-4　连续实测船位法

（2）雷达观测法

置雷达于船首向上相对运动显示方式,利用它观测某一孤立的固定点状物标的影像 a,在航行中它与船舶的相对运动方向,即物标影像 a 在荧光屏上的移动方向 a_1、a_2、a_3 等,与船的航迹向相差 $180°$,于是用电子方位线平行于物标的回波 a_1、a_2、a_3 等,则电子方位线与真航向之差便是风流压差 γ,如图 6-5 所示。

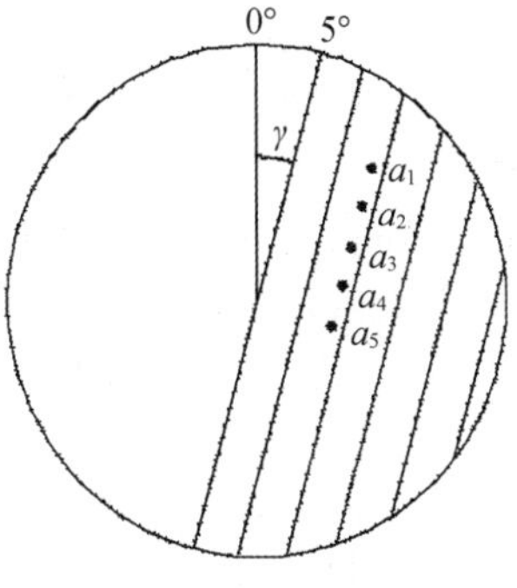

图 6-5　雷达观测法

（3）叠标导航法

如果船舶在航行时保持在某导航叠标线上,叠标所指示的导航线就是船舶航行的航迹,当时船舶的航向线与叠标导航线之间的角就是风流压差 γ。

（4）正横方位和最近距离方位法

如图 6-6 所示,正横方位 $TB_\perp$ 由下式求得:

$$TB_\perp = TC \pm 90° \begin{cases} 右正横为(+) \\ \hline 左正横为(-) \end{cases}$$

而最近距离的方位 TB_{CPA} 为:

$$TB_{CPA} = CA \pm 90° \begin{cases} 右舷物标为(+) \\ \hline 左舷物标为(-) \end{cases}$$

所以,风流压差 γ 为:

$$\gamma = CA - TC = (CA \pm 90°) - (TC \pm 90°) = TB_{CPA} - TB_\perp$$

由于 $TB = CB + \Delta C = GB + \Delta G$,所以 γ 也可根据下式求得:

$$\gamma = CB_{CPA} - CB_\perp = GB_{CPA} - GB_\perp$$

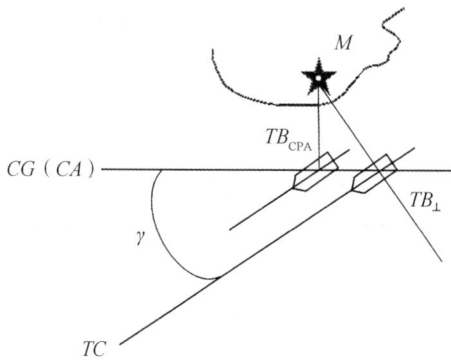

图 6-6　正横方位和最近距离方位法

（5）单物标三方位航向法

①单物标三方位求航迹向的原理

如图 6-7 所示,一船以某一固定的航向保速航行,其相对于地面的实际运动轨迹为图中的 CG 线,而在经过物标 M 的航行过程当中,分别在三个时刻测得该物标的三条方位线为:P_1、P_2 和 P_3,其观测的时间间隔分别为 t_1 和 t_2,若 CG 线为航船的实际航迹线,则三条方位线与该实际航迹线的三个交点 A、B 和 C 点为三个时刻的船位,则必然有:

$$\frac{AB}{BC} = \frac{Vt_1}{Vt_2} = \frac{t_1}{t_2} \tag{6-3}$$

式中:V——船舶的实际航速。

任做一条平行于航行轨迹 ABC 的直线,分别与三条方位线相交于 a、b 和 c 点,可得:

$$\frac{ab}{AB} = \frac{Mb}{MB}, \quad \frac{bc}{BC} = \frac{Mb}{MB}$$

所以:

$$\frac{ab}{AB} = \frac{bc}{BC} \quad 即$$

$$\frac{ab}{bc} = \frac{AB}{BC} = \frac{t_1}{t_2}$$

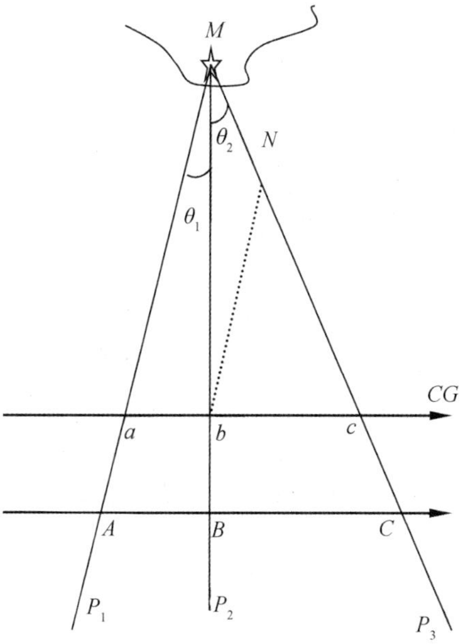

图 6-7 单物标三方位航向法

反之,只要作任意直线 abc 满足 $\dfrac{ab}{bc}=\dfrac{t_1}{t_2}$,则该直线 abc 就一定与船舶航行轨迹 ABC 相平行。量取直线 abc 的前进方向,即可得实测航迹向 CG,它与船舶真航向 TC 之差,即为当时的风流压差 γ。

②常用的单物标三方位求航迹向

作图方法:

a.在第三条方位线 P_3 上任取一点 N,使 $\dfrac{MN}{N_c}=\dfrac{t_1}{t_2}$;

b.过 N 点作第一条方位线 P_1 的平行线交 P_2 于 b;

c.用直线连接 b、c 两点;

d.量取直线 bc 的方向(从 b 向 c),即为实测航迹向 CG。

当相邻两次观测的时间间隔相等时,可在第二条方位线上任取一点,再自该点分别作第三条和第一条方位线的平行线,假设分别与第一和第三条方位线相交于 a、c 两点,连接 ac 交第二条方位线于 b 点,直线 abc 的方向就是所求的实测航迹向。

当相邻两方位线间的交角相等时,可在第一条方位线上任取一点 a,再在第三条方位线上取一点 c,使 $\dfrac{Ma}{Mc}=\dfrac{t_1}{t_2}$,再连接 ac,交第二条方位线于 b 点,直线 abc 的方向即为实测航迹向。

(6)尾迹流法

航海实践中采用人工自制的物标(如抛置在船尾迹上的小浮筒),通过连续观测其位置的经纬度或者方位、距离来求得船尾迹流轨迹(尾迹流是船舶航行留下的水花轨迹)。由于水流对船及其尾迹流上的浮动物标的影响是等效的,因而,测出的尾迹流只能视为船在风流中的航迹,而不是对地航迹。所以,该方法可以测定尾迹流与船首尾线的夹角,方便地求得风流压差。

知识链接二 真风绘算

真风绘算是船在海上求取环境中实际存在的风的基本手段,船舶在海上航行,要时刻掌握风云的变幻,以保证航行的安全。海面上空气在流动,船舶在前进,海面上实际存在的风——真风和因航行造成的风——船风(航行风)叠加在一起,使船上的测风仪只能测两者的合成风——视风,当时的真风风向、风速,还要进行一番计算方可得到。在船舶航行过程中,及时掌握真风风向和风速可有效估计风压差,提高船舶航线修正精度和效率,对保障船舶航行安全具有十分重要的意义。

一、真风、船风和视风

空气在水平方向上的运动称为风。风既有大小又有方向,风的大小通常用风速来表示。风速是指单位时间内空气在水平方向上的位移,单位有 m/s、km/h、n mile/h、kn(节)等,kn 是航海上的常用风速度量单位。风向是指风的来向,常用 16 个方位(E、W、S、N、NE、SE、NW、SW、NNE、ENE、ESE、SSE、SSW、WSW、WNW、NNW)或度数(0° ~ 360°)来表示。

真风是空气相对于地面的水平运动。由船舶自身运动产生的风叫船风。船风的风向与船舶的真航向一致,而风速等于船速。在航行中船上驾驶员所观测到的风,不是真风,而是真风与船风的合成风,称为视风。由于视风是真风与船风的合成,因此真风、船风和视风之间的关系可以用风的矢量三角形来表示(见图 6-8)。三种风之间的关系可用以下公式表示:

$$\vec{v}_T = \vec{v}_A - \vec{v}_S$$

式中:$\vec{v}_T$ 表示真风,$\vec{v}_S$ 表示船风,$\vec{v}_A$ 表示视风。

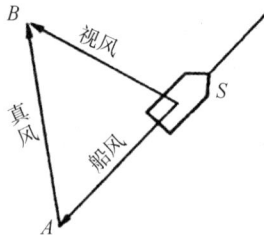

图 6-8 视风、船风和真风三者关系

二、图解法绘算真风

船舶在海上航行时，我们可以根据矢量的合成和分解的原理，利用风的矢量三角关系求取真风，如图6-9所示。取点 O 为船位点，由 O 作船风矢量 $\overrightarrow{OA}$，$\overrightarrow{OA}$ 方向与船舶运动方向相反，$\overrightarrow{OA}$ 长度与船速一致，再从 O 作视风矢量 $\overrightarrow{OB}$，其长度表示视风速，连接 AB 为真风矢量，箭头由 A 指向 B，表示真风向，$\overrightarrow{AB}$ 的长度即为真风速。

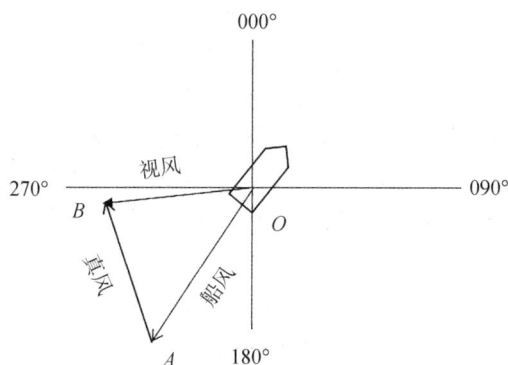

图6-9　风的矢量三角形

知识链接三　航迹计算

航迹计算是根据起始点经纬度、航向和航程，利用数学计算公式，求取到达点经纬度或根据起始点与到达点的经纬度；或已知起始点和到达点的经纬度，利用数学计算公式，求取两点间的航向和航程的方法。在不方便进行航迹绘算的时候，可用公式进行理论计算获得船位及航向；现代自动化航海仪器设备也是利用数学计算公式进行自动化航迹计算，大大降低了航海人员的劳动强度。

一、航迹计算的主要用途

（1）使用小比例尺海图时，航迹绘算作图误差较大，辅以航迹计算，可提高航迹推算的精度。

（2）在渔区或雾中等需频繁变向、变速的条件下航行，海图作业困难，采用多航向航迹计算法，可求取较为准确的推算船位。

（3）当起航点与到达点不在同一张海图上时，可用航迹计算法来帮助进行海图作业。

（4）发展船舶驾驶自动化，设计综合导航仪时，需采用航迹计算模型进行航迹推算。

航迹计算法并不能完全替代海图作业，只能作为海图作业的补充，其计算结果需标绘到海图上后，方可指导船舶航行。

二、计算方法

设起始点地理坐标为(φ_1,λ_1)，如果能求得起始点和到达点之间的纬差$D\varphi$和经差$D\lambda$，就可由下式求取到达点的地理坐标(φ_2,λ_2)，即

$$\varphi_2=\varphi_1+D\varphi$$
$$\lambda_2=\lambda_1+D\lambda$$

如图6-10所示，船舶由起航点$A(\varphi_1,\lambda_1)$，沿恒向线航行至到达点$B(\varphi_2,\lambda_2)$，恒向线航向为C，航程等于s。将恒向线航程s等分成n个部分，可得n个球面直角三角形，如果n值足够大，这n个很小的球面直角三角形可以认为是全等的平面直角三角形。用$\mathrm{d}\varphi$表示恒向线航程的$\mathrm{d}s$之南北分量，用$\mathrm{d}W$表示$\mathrm{d}s$的东西分量。

可以得到：

$$\mathrm{d}\varphi=\mathrm{d}s\cdot\cos C$$
$$\mathrm{d}W=\mathrm{d}s\cdot\sin C$$

所以

$$\int_{\varphi_1}^{\varphi_2}\mathrm{d}\varphi=\int_0^s\mathrm{d}s\cdot\cos C=s\cdot\cos C$$
$$\int_0^\omega\mathrm{d}W=\int_0^s\mathrm{d}s\cdot\sin C=s\cdot\sin C$$

即：

$$D\varphi=s\cdot\cos C$$
$$W=Dep=s\cdot\sin C$$

式中：W——恒向线航程s的东西分量，叫作东西距，一般用Dep表示。

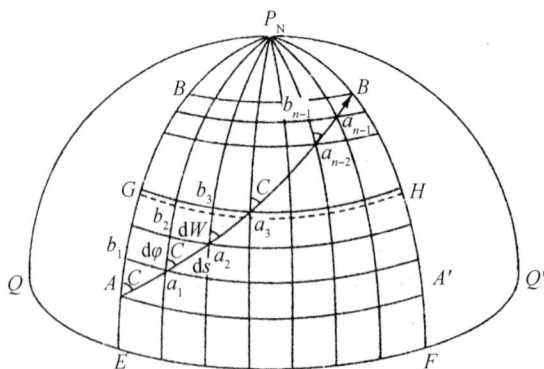

图6-10　恒向线分解示意图

由此可见，两点间纬差等于航程乘以航向的余弦。但航程与航向正弦之积等于东西距，并不是所求的经差。按求取经差的方法分，航迹计算法可分为中分纬度算法和墨卡托算法两种。

1.中分纬度算法

(1)中分纬度

当起航点和到达点位于同一半球时,AB 的东西距 Dep 必然比 A、B 两点子午线之间的纬度圈弧长 AA' 小,而比纬度圈弧长 BB' 大。因此,一定存在某纬度圈,它在过 A 点和 B 点的子午线之间的等纬圈弧长 GH 正好等于恒向线 AB 的东西距 Dep。该纬度圈所在的纬度,叫作中分纬度,用 φ_n 表示。

(2)原理与计算

如图 6-11 所示,将地球视为半径为 R 的圆球体,则:$GH = R \cdot \cos\varphi_n \cdot D\lambda \cdot \mathrm{arc}1'$,将 $R = 3\,437'.746\,8$,$\mathrm{arc}1' = 1/3\,437'.746\,83$ 代入可得:

$$GH = D\lambda' \cdot \cos\varphi_n$$

所以 $GH = Dep = D\lambda' \cdot \cos\varphi_n$。

即 $D\lambda = Dep \cdot \sec\varphi_n = s \cdot \sin C \cdot \sec\varphi_n$。

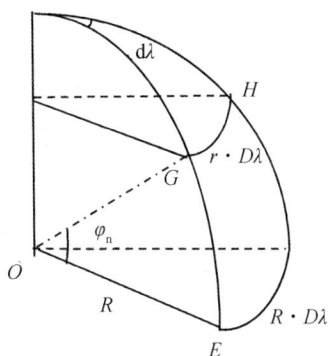

图 6-11　中分纬度原理示意图

在中、低纬海区航行,且航程不太长(一般小于 600 n mile)时,可用两点间的平均纬度 φ_m 来代替中分纬度 φ_n,即

$$D\lambda = Dep \cdot \sec\varphi_n$$
$$= Dep \cdot \sec\varphi_m$$
$$= s \cdot \sin C \cdot \sec\frac{\varphi_1 + \varphi_2}{2}$$

仅当船舶航行在赤道同一侧的中、低纬海区,航程不太长,且计算精度要求不太高时,这个公式才适用。

2.墨卡托算法

(1)原理

在地球椭圆体基础上建立起来的精确的航迹计算法,它是利用墨卡托投影具有的等角及图上恒向线是直线的特点而得出的经差计算法。

(2)优点

墨卡托算法适用船舶跨越赤道时航迹的计算。

(3)计算方法

如图 6-12 所示,线段 AB 是以赤道里为单位的图上航程 s;DMP 是起航点 A 与到达点 B 之间的纬度渐长率差;线段 DB 是 A、B 两点间的经差。在这个直角三角形中有:

$$\tan C = \frac{D\lambda}{DMP}$$

所以：

$$D\lambda = DMP \cdot \tan C \qquad (6\text{-}4)$$

纬差的计算方法与中分纬度法相同，即

$$D\varphi = s \cdot \cos C$$

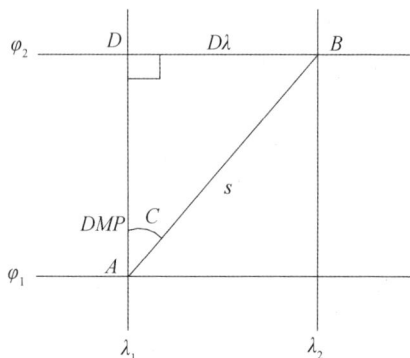

图 6-12　墨卡托算法示意图

（4）运用墨卡托算法的限制条件

一是不能用于航向接近 90°或 270°的计算，因为一旦航向接近 090°或 270°，$\tan C$ 就可能非常大，导致计算结果误差很大。而当航向等于 090°或 270°时，式（6-4）不成立。

二是不能用于高纬地方的计算，因为纬度越高，纬度间纬度渐长率差越大，就越容易导致计算结果出现较大的误差。

✎ **项目实施**

任务一　绘算航迹（海图作业）

假设我船航行在黄海水域，须及时完成航迹绘算核实我船真实位置。

子任务 1　无风流情况下海图作业

一、任务描述

若我船航行在黄海水域，风流对船舶影响较小忽略不计，若船舶 0800 时计程仪读数 0.0，计划航向 045°，陀罗航向 $GC047°$，陀罗差 −2°，1000 时计程仪读数 27.0，求 1000 时船位。

二、实施步骤

（一）确定海图作业要素
由于无风流影响，可将真航向(TC)换算成罗航向(CC)或陀罗航向(GC)。

（二）求取积算船位 DR
如图 6-13 所示，推算船位可按计程仪航程 s 在计划航线上截取求得，在计划航线从推算起始点截取计程仪航程 s_L（或 $v_L t$）求取积算船位 DR。

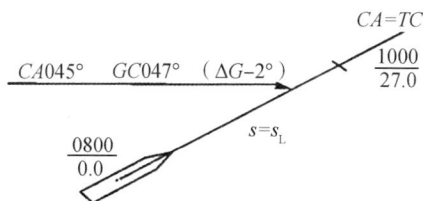

图 6-13　无风流情况下海图作业

（三）进行图上标注
图上的标注方法是：

①在推算船位附近，用分数形式标明船位的时间和当时的计程仪读数。分子用四位数字表示船位的时间（小时和分钟）精确到分钟；分母是计程仪读数而不是航程，精确到 0.1 n mile。

②对船舶航行数据进行标注。在海图合适位置引出一条水平中间横线，该线应大致与纬线平行。在横线上标注计划航迹向、罗航向和罗经差（或陀罗航向和陀罗差）。

子任务 2　有风无流情况下的海图作业

一、任务描述

若我船航行在黄海水域，流对船舶影响较小可忽略不计，若船舶 0800 时计程仪读数 24′.0，陀罗航向 $GC001°$，陀罗差 −2°，风压差角 +3°，1000 时计程仪读数 48.0，求 1000 时船位（见图 6-14）。

二、实施步骤

（一）确定海图作业要素
①确定风压差

根据此时的风角、风速和船装载情况查风压差表，确定风压差 α。

②确定船舶的航向

船舶真航向 $TC = CA - \alpha$。再将真航向换算成罗航向或陀罗航向，以此驾驶船即可使船舶航行在计划航线上。

③确定推算航程

因为风压差$|\alpha| \leqslant 15$ 而 $1 \leqslant \sec\alpha \leqslant 1.04$,所以,风中推算航程 $s_\alpha = s_L \sec\alpha \approx s_L$。因此,在实际推算中,用 s_L 代替风中推算航程 s_G。而航行时的计程仪读数差经计程仪改正率改正后得到的计程仪航程 s_L 可似等同船在计划航线上航行时的推算航程 s_G。

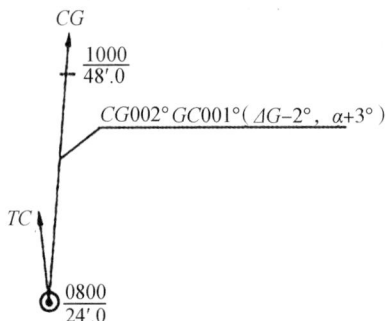

图 6-14　有风无流情况下海图作业

（二）进行图上标注

风中航迹推算的海图作业和图上标注方法:

①在 0800 船位点处画出真航向 TC,根据风角查风压差表求出风压差,则推算航迹 $CG = TC + \alpha$。

②风中推算船位可以按风中推算航程 s_α 直接在推算航迹线上截取求得。

③在开始 0800 船位点处画 $2 \sim 4$ cm 的航向线 TC,用它表示船首尾线与计划航线之间的关系。

④进行数据标注。在海图合适位置引出一条水平中间横线,该线应大致与纬线平行。将推算航迹向、罗航向(或陀罗航向)、罗经差(或陀罗差)和风压差标注在横线上。

子任务3　有流无风情况下的海图作业

一、任务描述

当船舶在有流无风情况下航行时,航迹推算工作能够解决以下两类问题:

(1)已知真航向 TC 和船速 v_E,推算航向 CG 和推算航速 v_G;

(2)已知计划航向 CA 和船速 v_E,预配流差 β 以及船舶应行驶的真航向 TC 和推算航速 v_G。

二、实施步骤

(1)我船在黄海水域行驶,0800 时推算位置在 A 点,若已知我船陀罗航向 211°,陀罗差 $-1°$,船速 12 kn,水流流向 075°,流速 3 kn,作图推算我船航迹向和推算航速。

①如图 6-15(a)所示,从推算起始点按 $TC = CG - DG = 211° + (-1°) = 210°$ 画出航向线,在航向线上截取 v_E 得积算点 B。

②从积算点按流向和流程画出水流矢量流向075°,流速3 kn,得水流矢量终点C,C即1 h后的推算船位点。

③连接A、C两点的直线即推算航迹线,其长度即推算航速v_G,最后读取推算航迹向CG。

④将相应要素进行正确标注。在推算船位附近标出推算船位的时间和相应的计程仪读数。在计划航线上标注计划航迹向、罗航向(或陀罗航向)、罗经差(或陀罗差)和流压差。

(2)我船在黄海水域行驶,0800时计划航向1550,船速12 kn,请预配流差β以及船舶应行驶的真航向TC和推算航速v_G。

①如图6-15(b)所示从推算起始点A画计划航线CA。

②从推算起始点A画水流矢量流向075°,流速3 kn。

③以水流矢量终点D为圆心,以计程仪航速为半径画圆弧,与计划航线相交于点C,该点即1 h后的推算船位。从推算起始点到推算船位的矢量即为推算航速矢量。

④从推算起始点A作DC的平行线,该线即航向线TC,读取真航向TC数值。

⑤将相应要素进行正确标注。在推算船位附近标出推算船位的时间和相应的计程仪读数。在计划航线上标注计划航迹向、罗航向(或陀罗航向)、罗经差(或陀罗差)和流压差。

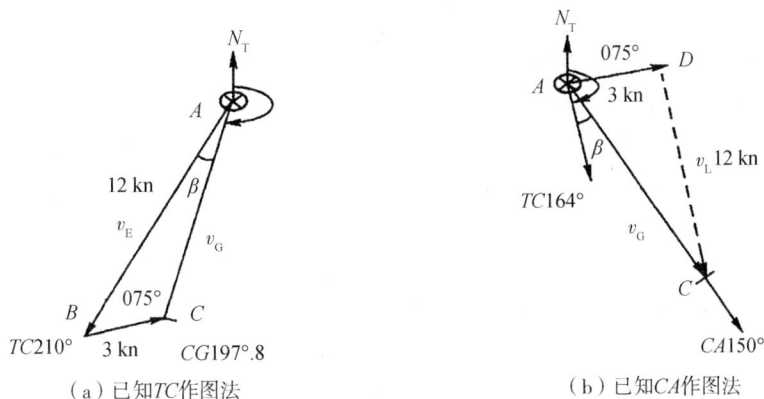

(a)已知TC作图法　　　　　　(b)已知CA作图法

图6-15　有流无风情况下海图作业

子任务4　有风有流情况下的海图作业

一、任务描述

有风有流情况的航迹推算,可以完成在已知真航向求推算航迹向,或已知计划航迹向求真航向两类问题,采用不同的方法进行推算。

二、实施步骤

（一）已知真航向求推算航迹向

某船 1000 时位于 A 点，计程仪读数 12′.0，陀螺航向 060°，陀螺差 +1°，测得北风 4 级，风压差 5°，水流流向 000°，流速 3 kn，1100 时计程仪读数为 24′.0，计程仪改正率 $DL+2\%$，作图求 1100 船位及推算航迹向。

作图方法：

已知真航向求推算航迹向，可以采用"先风后流"方法求取。

（1）定出 1000 时船位 A，根据 $TC=GC+\Delta G=060°+1°=061°$，过 A 点作航向线 CL。

（2）自 A 点，以航向线为基准，根据风压差向下风方向作风中航迹线 CG，$\angle CG = TC+\alpha=061°+5°=066°$。

（3）在风中航迹线上截取计程仪航程 $s_L=(L_2-L_1)(1+DL)=(24′.0-12′.0)(1+2\%)\approx12′.2$，得截点 B。

（4）过 B 点作流向 000°，流程 $s_C=3\times1=3′.0$，得 C 点，C 点即为 1100 时推算船位 EP。

（5）连接推算起点 A 和推算船位 C，此连线即为推算航迹线，可量取航迹向 CG_γ。

（6）按规定标注航线。

（二）已知计划航迹向求真航向

我船在东海水域航行，船舶 1100 时位于 A 点，计划航向 CA070°，$\Delta G-1°$，计程仪读数 112′.0，测得北风 4 级，风压差取 5°，水流流向 000°，流速 2 kn，1200 时计程仪读数为 124′.0，计程仪改正率 $\Delta L+2\%$，作图求 1100 船位及应驶的真航向。

作图方法：

已知真航向求推算航迹向，可采用"先流后风"的作图方法求取。

（1）定出 1100 时船位 A，根据计划航向 CA070° 作计划航线。

（2）根据"先流后风"原则，过 A 点作流向 000°，流程（$s_c=2\times1=2′$）得 B 点。

（3）以 B 点为圆心，以 $s_L=(L_2-L_1)(1+\Delta L)=(124′.0-112′.0)(1+2\%)\approx12′.2$ 为半径作圆弧，交计划航线于点 C，C 点即为 1200 时推算船位 EP。

（4）过 A 点作 BC 平行线，截 $AD=BC$，得风中航迹线 CG_α。

（5）以风中航迹线为基准，向上风方向预配风压差得航向线，可在图上量取 TC。

（6）按海图作业标注要求进行标注（见图 6-16）。

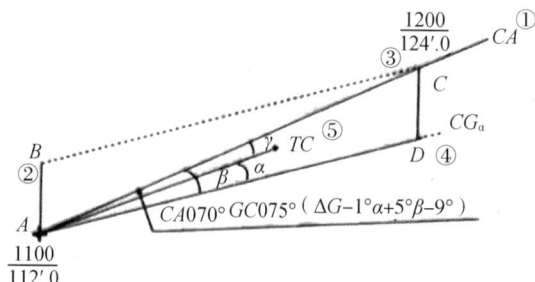

图 6-16　有风有流情况下海图作业

任务二　绘算真风

一、任务描述

在航海实践中,常常利用舰操图完成真风的图解绘算(见图6-17)。

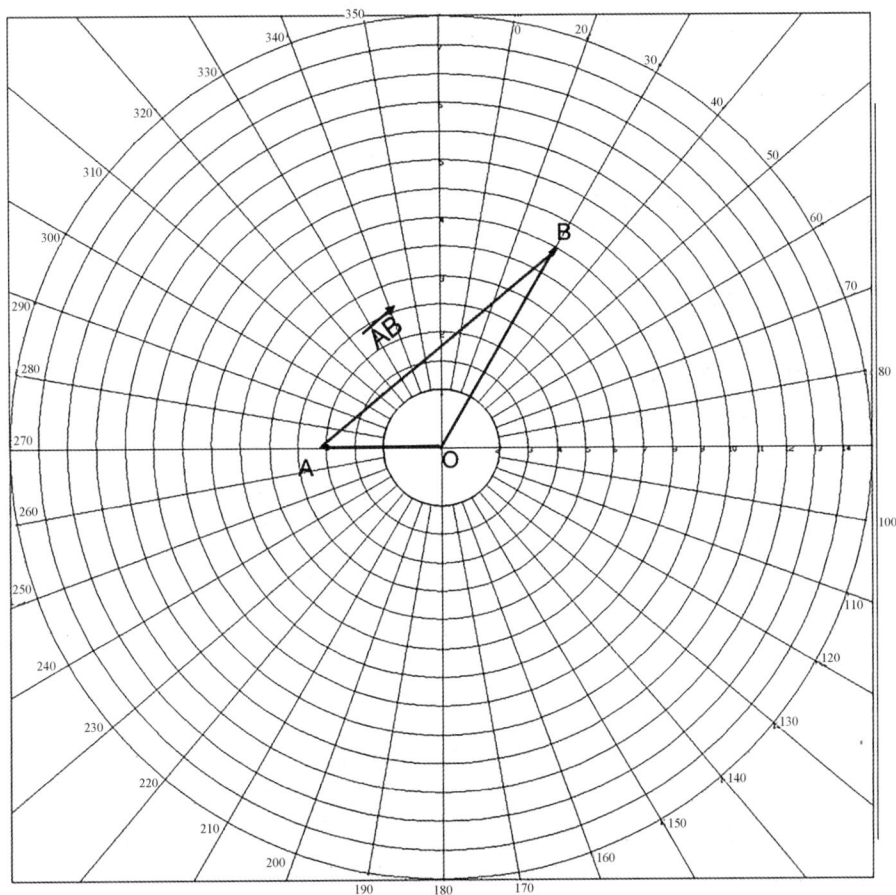

图 6-17　舰操图真风绘算示意图

某船航向 090°,船速 10 kn,测得视风向 030°,视风速 20 kn,试用真风绘算法求真风。

二、实施步骤

步骤一:根据实际情况合理选择比例尺,根据题目实际选择比例尺 1∶5。

步骤二:将船位点设在舰操图中心 O,由 O 作船风矢量 OA,OA 方向与船运动方向相反,OA 长度 10 kn,占两个单位长度。

步骤三:再从 O 作视风矢量 OB,方向指向视风方的去向,其长度 20 kn,占四个单位长度。

步骤四:连接 AB 为真风矢量,箭头由 A 指向 B,表示真风向,AB 的长度即为真风速。利用航海平行尺或航海三角尺将 AB 平移至坐标原点 O,得 $\overrightarrow{A'B'}$,快速读取真风向 000,查看 $A'B'$ 所占单位长度,对比比例尺读取真风速为 1.4 kn。

任务二 计算航迹

一、任务描述

当船舶在利用小比例尺海图进行航行、机动航行或跨海图进行航行时可通过航迹计算法推算我船较为准确的船位。

二、实施步骤

步骤一:我船 1200 船位 $\varphi_1 44°5'N$,$\lambda_1 68°50'W$,航向 210°,航速 15 kn,若无风、流影响,求次日中午将到达何位置?

解:

(1)求到达点纬度

$s = 15 \times 24 = 360(\text{n mile})$

$D_\varphi = s\cos C = 360 \cdot \cos210° = -311'8 = -5°11'.8 = 5°11'.8S$

$\varphi_2 = \varphi_1 + D\varphi = 44°45'N + 5°11'8S = 39°33'.2N$

(2)求经差

①平均纬度算法求经差

$$\varphi_m = \frac{\varphi_1 + \varphi_2}{2} = 42°09'.1N$$

$D\lambda = Dep \cdot \sec\varphi_m$

$\quad\quad = s \cdot \sin C \cdot \sec\varphi_m$

$\quad\quad = 360 \cdot \sin210° \cdot \sec42°09'.1N$

∴ 到达点经度 $\lambda_2 = \lambda_1 + D\lambda = 16850'W + 402'.8W = 17252'.8W$

②墨卡托算法求经差

39°33'.2N	MP_2 2573.1527
44°45'.0N	$-MP_1$ 2992.5545
	DMP -419.4018

∴ $D\lambda = DMP \cdot \tan C$

$\quad\quad = -419.4018 \cdot \tan210°$

$$\approx -242'.1 = 4°02'W$$

$$\lambda_2 = \lambda_1 + D\lambda$$

$$= 168°50'W + 4°02'.1W = 172°52'.1W$$

步骤二： 某船拟由 $\varphi_1 40°N$，$\lambda_1 130°E$ 驶往 $\varphi_2 42°N$，$\lambda_2 150°E$，求两地间的恒向线航向和航程各为多少？

解：

（1）平均纬度算法

由 $D\varphi = s \cdot \cos C$

$$Dep = s \cdot \sin C$$

$$Dep = D\lambda \cdot \cos\varphi_n$$

得

$$\tan C = \frac{s \cdot \sin C}{s \cdot \cos C} = \frac{Dep}{D\varphi} = \frac{D\lambda \cdot \cos\varphi_n}{D\varphi}$$

其中：

$$D\varphi = 42°N - 40°N = 2°N = 120'N$$

$$D\lambda = 150°E - 130°E = 20°E = 1200'E$$

$$\varphi_n = 41°N$$

$$\therefore \tan C = 1200'\cos41°/120' \approx 7.547$$

$$C = 082°.5$$

$$s = D\varphi \cdot \sec C = 120'\sec082°.5 \approx 919.4 \text{ n mile}$$

（2）墨卡托算法

$$42°\ N \qquad MP_2 2766.299742N$$

$$40°\ N\ -) \qquad MP_1 2607.885840N$$

$$\overline{\qquad\qquad DMP\ 158.4139}$$

$$D\lambda = \lambda_2 - \lambda_1 = 150°E - 130°E = 20°E = 1200'E$$

$$\therefore \tan C = \frac{D\lambda}{DMP} = \frac{1200}{158.4139} \approx 7.575$$

$$C = 082°.5$$

$$S = D\varphi \cdot \sec C = 1200' \cdot \sec082°.5 \approx 919.4 \text{ n mile}$$

项目考核

项目考核单

	考核内容	分值	考核标准	得分
1				
2				
3				
4				
5				

项目七

天文定位与导航

项目描述

　　船舶在海上航行,航海人员的主要工作之一就是保持船舶的航向和确定船舶的位置(称为导航定位)。船舶沿岸航行时,可以借助陆标进行导航定位;当船舶远离海岸航行时,可利用现代化无线电导航系统,还可以利用天体导航定位。由于目前使用的无线电导航系统多数是受他人控制的,因此战时利用天体导航定位在军事上具有无可比拟的优越性。天文定位优点是所观测的是自然天体不受任何国家限制,观测时不发射任何光、电波,设备简单可靠。其缺点是受自然条件限制(如阴天、雾天不能观测)、导航定位计算烦琐、定位误差大等。利用天体辨别方向是航海人员必须掌握的基本技能。

　　本项目介绍建立天体坐标,探究天体视运动以及时间系统,并且进行天体出没时间的测定,用六分仪进行测角。

学习目标

　　1.知识目标

　　(1)掌握天文坐标系、天体视运动的基础理论;

　　(2)掌握时间系统的分类和使用;

　　(3)掌握测量天体出没时间的方法;

　　(4)掌握六分仪的基本结构和操作步骤。

　　2.技能目标

　　(1)能够根据船舶所处海域位置准确地搭建三种天球坐标系;

　　(2)能够根据给定的测算条件完成天体坐标值的换算;

　　(3)能够使用天文定位工具、软件进行天文定位;

　　(4)能够正确拨钟;

　　(5)能够用六分仪进行测角。

　　3.职业素养目标

　　(1)培养学生积极的职业心态;

　　(2)培养学生良好的职业基础价值观;

　　(3)培养学生迎难而上的精神,不达目的不罢休的坚强毅力;

　　(4)培养学生高尚的理想和追求,维护安全的责任心和职业道德。

知识链接一 天体简介

一、航用天体

天体是宇宙间各种星体的通称。而能用于海上天文定位的天体，只不过是日、月、金星、火星、木星和土星及 159 颗恒星，它们统称为航用天体，都属于自然天体。

（一）太阳系

太阳系是由太阳以及受其引力作用环绕它运行的天体所构成的庞大天体系统。

太阳是离地球最近的一颗恒星，直径达 139 万千米，与地球的平均距离为 1.5 亿千米，是太阳系中心天体。它给地球带来光和热，是人类及动植物的生命源泉。

行星沿椭圆轨道绕太阳（或恒星）运行。八大行星距离太阳由近及远依次为：水星、金星、地球、火星、木星、土星、天王星、海王星。行星本身不发光，表面可反射太阳光。水星总是在太阳左右，被强烈日光所淹没，很难见到。天王星、海王星离我们很远，肉眼看不到。能用于测天定位的行星只有金星、火星、木星和土星。

围绕行星运动的天体叫卫星。月球是地球的卫星，也是唯一一颗可用于天文定位的天然卫星。

（二）恒星

恒星是本身能发出光和热的天体。古人认为星与星之间的相互位置永恒不动，所以叫它们恒星。现代的观测已证实，点点繁星，都是遥远的"太阳"，有着各种各样的运动，只是距地球太远了，凭肉眼数百年也看不出它们的位置变动。

除太阳外，距离地球最近的恒星是半人马座比邻星，距离地球 4.28 光年。

星图、星球仪、索星卡所标的星，都是恒星。

测星定位时必须知道所测星体的名称，才能从《航海天文历》中求取其视位置，来解算天文观测船位。因此，认识航用恒星是利用星体定位和求罗经差的先决条件。

二、星座

（一）星座和星名

为了认星方便，人们很早就把星空分为若干区域，又把其中主要亮星联想成各类神话故事，称为星座。1922 年，国际天文学大会规定将全天分为 88 个星座，并采用 1875 年的春分点和天赤道为基准的赤经线和赤纬线作为星座界线，于 1930 年由英国剑桥大学出版公布。我国有独特的星象传统。

古时，仅有少数亮星有专名，其余大部分用星座的部位来称呼。目前每个星座内的恒星，基本上是根据星的亮度等级，按照希腊字母的顺序命名的，即从 α 开始，依次为 β、γ、δ、……；较亮的恒星另有专名，如天琴座 α 星，专名叫织女一。我国《航海天文历》中列有恒星的中文名称和英文名称。

（二）星等

星等是表示天体亮暗等级的单位。肉眼所能看到的星为 6 等星，亮度是它的 2.512 倍的星为 5 等星，亮度是 5 等星的 2.512 倍的星为 4 等星，依此类推。1 等星的亮度为 6 等星的 100 倍。亮度是 1 等星的 2.512 倍的星为 0 等星，亮度是 0 等星的 2.512 倍的星为 -1 等星。所以，星等的负值越大，天体越亮；星等的正值越大，天体越暗。航海上，对星等的划分并不是很严格，习惯上将星等小于 1.5 的星，称为 1 等星，而星等在 1.6~2.5 的星称为 2 等星。恒星和行星的星等都可以在《航海天文历》中查得。

三、航用恒星识别

识别恒星基本可以分成两种方法，一是目视认星，二是利用索星卡等专用工具来认星。本节主要介绍目视认星的基本方法。所谓目视认星就是根据亮星分布的几何形状来识别主要的航用恒星。天上繁星多得不可胜数，其实可供航海观测用的绝大部分为 1 等星和少量 2 等星，如表 7-1 所示（该表中的恒星在航海上统称为 1 等星）。

表 7-1　可供航海观测用的恒星

星名与专名		星等	星名与专名		星等
大犬座 α	天狼	-1.6	半人马座 β	马腹一	0.9
船底座 α	老人	-0.9	天鹰座 α	河鼓二	0.9
半人马座 α	南门二	0.1	金牛座 α	毕宿五	1.1
牧夫座 α	大角	0.2	南十字座 α	十字架二	1.1
天琴座 α	织女一	0.1	天蝎座 α	心宿二	1.2
猎户座 α	参宿四	0.1~-1.2	室女座 α	角宿一	1.2
猎户座 β	参宿七	0.3	双子座 β	北河三	1.2
御夫座 α	五车二	0.2	南鱼座 α	北落师门	1.3
小犬座 α	南河三	0.5	天鹅座 α	天津四	1.3
波江座 α	水委一	0.6	狮子座 α	轩辕十四	1.3

北极星(小熊座 α 星)在天文航海上一直起着极其重要的作用,观测北极星的高度,可以方便地求出测者的纬度,还可以观测它的方位求罗经差。寻找北极星的方法很多,经常利用大熊座、仙后座和飞马座来寻找北极星。大熊座(北斗七星或勺子星)α 星和 β 星之间的连线向北延长约 5 倍 α 星和 β 星的距离,可发现北极星。飞马座 α 星和 β 星的连线向北延伸也可找到北极星。

春季晚上,从大熊座 α 星和 β 星向南延伸可找到狮子座 α 星(轩辕十四)和 β 星(五帝一)。沿大熊座斗柄弯曲方向延伸,可见牧夫座 α 星(大角),继续延伸可见室女座 α 星(角宿一)。大角、角宿一和五帝一形成一个等边三角形。由船帆形的乌鸦座向南,可见十字形亮星,叫南十字座。

夏季晚上,在银河中有一巨大的十字形星座,北端一颗亮星叫天鹅座 α 星(天津四)。由此可看到银河东面的天鹰座 α 星(河鼓二,即牛郎星)及西面的天琴座 α 星(织女一)。牛郎星、织女一和天津四组成一个直角三角形,直角在织女一处。顺着天鹅 α 星的方向,在南部天空,横躺着的 S 形星座,即天蝎座,中间略带红色的亮星是天蝎座 α 星(心宿二),俗称"大火"。

秋季晚上,巨大的正方形是飞马座。飞马座的 α 星和 β 星连线向北指北极星,向南 3.5 倍 α 星和 β 星的距离可见一亮星南鱼座 α 星(北落师门)。沿仙女座 α 星和飞马座 γ 星连线向南可见鲸鱼座 β 星(土司空),继续向南为波江座 α 星(水委一)。

冬季晚上,灿烂的猎户座出现在天空中,四边形的左上方是猎户座 α 星(参宿四),右下方是猎户座 β 星(参宿七),沿猎户腰带三颗小星连线,向上指金牛座 α 星(毕宿五),它的旁边有一星群叫昴星团,俗称七姐妹星。向下指向全天最亮的恒星大犬座 α 星(天狼星),继续向南可达全天第二亮星船底座 α 星(老人星)。从天狼星向上画弧线相继可见小犬座 α 星(南河三)、双子座 β 星(北河三)、双子座 α 星(北河二)、御夫座 β 星(五车三)、御夫座 α 星(五车二)。

四、天球坐标系

确定天体在天球上位置的球面坐标系称为天球坐标系。每当我们仰望天空,总感觉天空像是一个倒扣过来的半球。太阳、月亮、行星和恒星,无论离我们远或近,都好像镶嵌在这个球面上,而地球恰好位于这个半球的球心。因此,为了研究问题方便,我们定义以地心为球心无限长为半径所作的球面为天球(见图 7-1)。所有天体(无论远近)都认为分布在天球面上,它们在球面上的位置称为天体位置。

要在天球上建立天球坐标系,必须要确定一些基本点、线和圈。由于可以把天球看作由地球圆球体表面无限扩展而形成,天球上的点、线、圈都可以看作地球上的点、线、圈在天球上的投影,两者有着一一对应的关系,只是名称不同而已,它们之间的对应关系如表 7-2 所示。

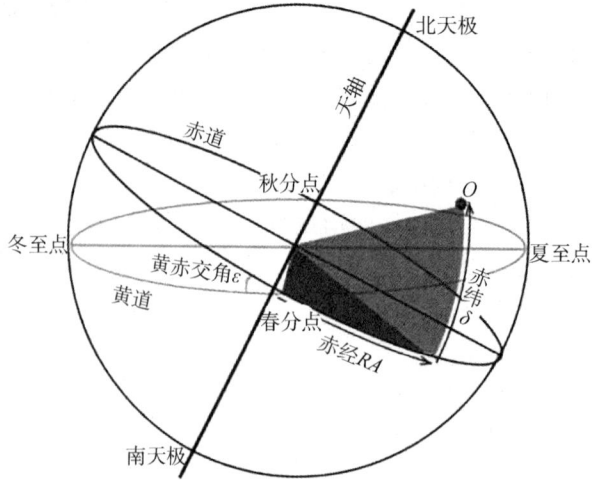

图 7-1 天球示意图

表 7-2 地球天地球上点、线、圈的对应关系

地球	地轴	北极	南极	赤道	纬圈	经圈	格林经线	测者所在经线
天球	天轴	天北极	天南极	天赤道	赤纬圈	时圈	格林午圈	测者午圈

五、天球第一赤道坐标系

在第一赤道坐标系中，采用天赤道 QQ' 为基准圆（见图 7-2），以格林（或测者）午圈和天赤道的交点 Q_G（或 Q）为原点，几何极为天北极。坐标是赤纬（或极距）和时角。

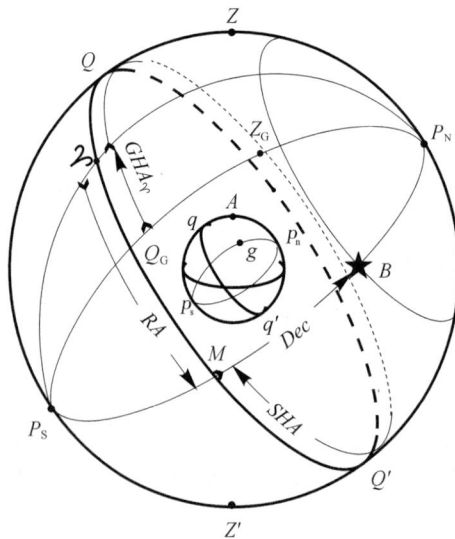

图 7-2 天体坐标系

（一）天体赤纬（Dec、δ）

定义：从天赤道起，沿天体时圈量至天体中心的弧距称赤纬。

度量方法：以天赤道为基准，范围为 $0° \sim 90°$，向北或向南计量。

极距(p):从仰极起,沿天体时圈量至天体中心的弧距,范围为 $0°\sim180°$。

极距与赤纬的关系:

$$p=90°+Dec(异名相加,同名相减)$$

(二)天体地方时角（LHA、t）

定义:测者午圈和天体时圈在天赤道上所夹的弧距。

度量方法:圆周法,即以测者午圈为基准,沿天赤道向西量至天体时圈,范围为 $0°\sim360°$(无须命名)。

半圆法,即以测者午圈为基准,沿天赤道向东或向西量至天体时圈,范围为 $0°\sim180°$。

凡是未命名的地方时角均应视为西向时角。

在实际计算时,由于球面三角形的边或角都小于 $180°$,往往把超过 $180°$ 的圆周法西向地方时角换算成小于 $180°$ 的半圆时角。

(三)天体格林时角（GHA）

定义:格林午圈和天体时圈在天赤道上所夹的弧距。

度量方法:以格林午圈为基准,沿天赤道向西量至天体时圈,范围为 $0°\sim360°$。

天体地方时角、天体格林时角、测者经度三者之关系:

$$地方时角 LHA=格林时角 GHA+测者经度 \lambda(东经"+",西经"-")$$

(四)天体地理位置（PG）

定义:天体中心和地心的连线与地球表面的交点。

度量方法:天体地理位置的纬度和经度可用天体的赤纬和格林时角来决定。

$$纬度 \varphi=天体赤纬 Dec$$

$$经度 \lambda_{W}^{E}=\begin{cases}GHA & (GHA<180°)\\ 360°-GHA & (GHA>180°)\end{cases}$$

天体天球位置:地心和天体中心的连线与天球面的交点,用赤纬和时角表示。

六、天球第二赤道坐标系

第二赤道坐标系的基准圈为天赤道、春分点时圈,坐标原点为黄道和天赤道的交点(赤纬由南到北)春分点,几何极为天北极,坐标值为赤纬(或极距)和赤经 RA(或共轭赤经 SHA)。

(一)赤纬（Dec）

定义:从天赤道起,沿天体时圈量至天体中心的弧距称为赤纬。

度量方法:以天赤道为基准,由 $0°\sim90°$ 向北或向南计量。

极距(p):从仰极起,沿天体时圈量至天体中心的弧距,以 $0°\sim180°$ 计量。极距与赤纬的关系:

$$p=90°+Dec(异名相加,同名相减)$$

(二)天体赤经（RA）

定义:从春分点起,沿天赤道向东量至天体时圈的弧距称为天体赤经,范围为 $0°\sim360°$ 计量。天体共轭赤经(SHA)是从春分点起,沿天赤道向西量至天体时圈的弧距,范围为 $0°\sim360°$。

天体赤经与天体共轭赤经之关系：

$$RA+SHA=360°$$

春分点格林时角（$GHA\gamma$）：从格林午圈起，沿天赤道向西量至春分点时圈的弧距，范围为 $0°\sim360°$。

天体格林时角、春分点格林时角、共轭赤经三者之关系：

$$GHA=GHA\gamma+SHA \tag{7-1}$$

天体地方时角、春分点格林时角、共轭赤经及测者经度之关系：

$$LHA=GHA\gamma+SHA+\lambda=GHA+\lambda=LHA\gamma+SHA \tag{7-2}$$

七、天球地平坐标系

取真地平圈为基准圈，北点 N（或南点 S）为原点，几何极为天顶的天球坐标系称为地平坐标系。

（一）天体高度 h

如图 7-3 所示，天体高度 h 从真地平圈起沿天体垂直圈量至天体中心，范围为 $0°\sim90°$。从真地平向上高度为正"$+$"，向下为负"$-$"。

仰极高度 h_{p_N} 等于测者纬度 φ，则有：

$$h_{p_N}=\varphi$$

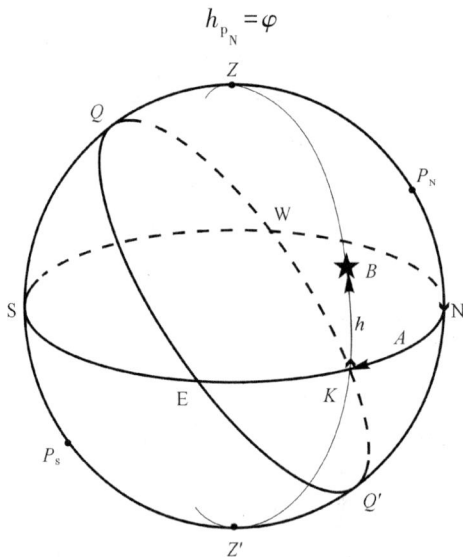

图 7-3　天体高度示意图

（二）天体方位 A

测者子午圈和天体垂直圈在真地平上所夹一段弧距 NK，如图 7-3 所示，称为天体方位，也等于该弧距所对的球面角 $\angle NZK$。天体方位（如图 7-4 所示）有两种算法：

圆周法：无论北纬或南纬测者，均从北点 N 起算，按顺时针方向沿真地平量至天体垂直圈，范围为 $0°\sim360°$。

半圆法：北纬测者，从北点 N 起算，沿真地平向东或向西量至天体垂直圈，范围为 $0°\sim180°$；南纬测者，从南点 S 起算，沿真地平向东或向西量至天体垂直圈，范围为

$0° \sim 180°$。

由上可见,半圆方位后面应附有两个名称,第一名称与测者纬度同名,第二名称表示方位度量的方向,即与半圆地方时角同名,例如:$A60°NW$。

圆周方位和半圆方位的换算因测者位置不同而有所不同。

对于北纬测者:

$$半圆方位 A^{NE} = 圆周方位 A$$
$$360° - 半圆方位 A^{NW} = 圆周方位 A$$

对于南纬测者:

$$180° - 半圆方位 A^{SE} = 圆周方位 A$$
$$180° + 半圆方位 A^{SW} = 圆周方位 A$$

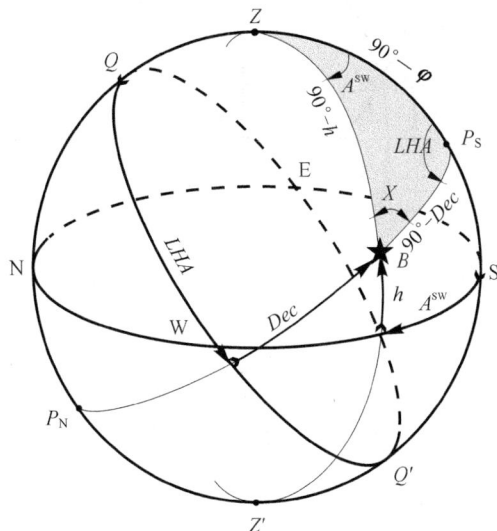

图 7-4　天体方位示意图

八、天球坐标系的换算(解算天文三角形)

一个天体在天球上的位置可以用任何一种天球坐标系的一对坐标表示,而不同坐标系里的几对坐标之间通过天文三角形可以相互变换。

(一)天文三角形

如图 7-5、图 7-6 所示,由测者午圈、天体时圈和天体垂直圈构成的球面三角形 ZBP_S 称为天文三角形。

天文三角形的三条边和三个角称为天文三角形的六要素,任意一要素的取值范围为 $0° \sim 180°$。已知天文三角形的三要素,便可解算出其余的要素。

(二)解算天文三角形

在天文航海中,通常已知测者纬度 φ、天体赤纬 Dec 和天体地方时角 LHA,即已知天文三角形的两边 $(90° - \varphi)$、$(90° - Dec)$ 及其夹角 LHA,由球面三角形边的余弦公式和四联公式,可得到求天体高度和方位的公式如下:

$$\sin h_C = \sin\varphi \sin Dec + \cos\varphi \cos Dec \cos LHA$$

$$\cot A_C = \tan Dec \cos\varphi \csc LHA - \sin\varphi \cot LHA$$

使用公式时应注意：

（1）纬度恒为正（无论测者是在北纬还是南纬）；

（2）赤纬 Dec 与纬度同名，赤纬取正值，异名取负值；

（3）时角 LHA 为半圆时角时，恒取正值（无论东时角还是西时角）；

（4）方位 A 为半圆方位。第一名称与纬度同名，第二名称与半圆时角同名。

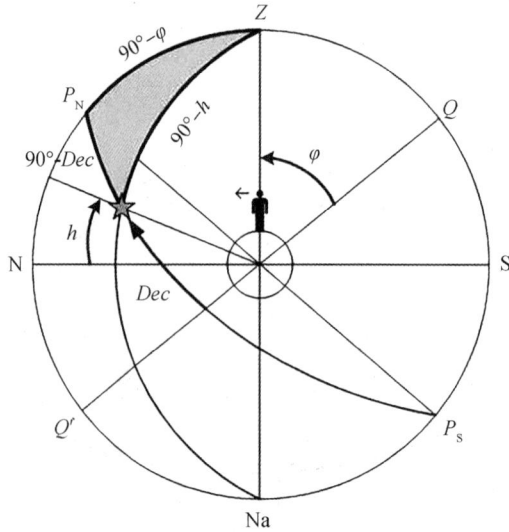

图 7-5　天文三角形示意图

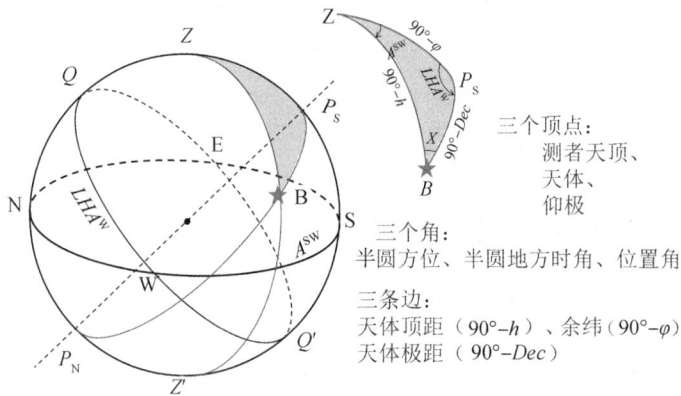

三个顶点：
测者天顶、
天体、
仰极

三个角：
半圆方位、半圆地方时角、位置角

三条边：
天体顶距（ $90°-h$ ）、余纬（ $90°-\varphi$ ）
天体极距（ $90°-Dec$ ）

图 7-6　天文三角形解释图

（三）解算天文三角形实例

（1）求天体高度

$$\sin h = \sin\varphi \sin Dec + \cos\varphi \cos Dec \cos LHA$$

（2）求方位

$$\cot(90°-Dec)\sin(90°-\varphi) = \cot A \sin LHA + \cos(90°-\varphi)\cos LHA$$

$$\tan Dec \cos\varphi = \cot A \sin LHA + \sin\varphi \cos LHA$$

$$\cot A \sin LHA = \tan Dec \cos\varphi - \sin\varphi \cos LHA$$

$$\cot A = \tan Dec \cos\varphi / \sin LHA - \sin\varphi \cot LHA$$

知识链接二　天体视运动概述

　　由于地球的自转和绕太阳的公转以及天体的自行,天体随时间在不停地运动着。人们在地球上看到天体这种相对运动的现象称为天体视运动(Celestial Body Apparent Motion)。在海上观测天体定位,必须知道被测天体的准确位置。由于天体的视运动,其坐标值不断地变化,因此要想得到观测时刻天体的准确位置,必须了解和研究天体的运动规律,即天体视运动。

一、天体视运动的原理

　　天体每日东升西没,以一昼夜为周期的运动现象称为天体周日视运动(Celestial Body Diurnal Apparent Motion)。它实质上是站在地球上的人们感觉不到地球的自转,而能看到天体相对运动的现象。

　　天体周日视运动的成因及运动规律:

　　地球每日绕地轴自西向东自转一周,引起天球带着所有天体每日相对于地球自东向西运动一周的现象称为天体周日视运动。分析天体周日视运动时,人们假定地球不转(即与测者有关的天球上的点、线、圈不动),而是天球带着所有天体(包括春分点、夏至点、秋分点和冬至点)按地球自转的反方向(自东向西)绕地球做周日视运动,其周期与地球自转的周期相同。

　　因为恒星的赤纬基本不变,所以恒星在天球上的周日视运动轨迹是平行于天赤道的小圆,即赤纬平行圈,又称周日平行圈;而太阳、月亮和行星的赤纬在不断地变化,但是在一天中变化不大,所以在一天中它们的周日视运动轨迹基本上也可以认为是其各自的赤纬平行圈,严格来说,应该是一条连续的球面螺旋线。

二、周年视运动

(一)太阳周年视运动

　　昼夜交替的现象表明了太阳的周日视运动,一年四季的循环则表明了太阳赤纬、赤经的周期变化。若于某地夜间某一固定时刻观察星空,就会发现四季星空在逐渐地变化,但在每年同一季节星空是相同的。四季星空的循环改变说明太阳在星座间的移动,即太阳赤经的周期变化。如果注意观察太阳,就会发现其中天高度以及出没方位均以一年为周期在循环变化(产生了一年四季),即太阳赤纬的周期变化。太阳这种以一年为周期的运动称为太阳的周年视运动(Solar Annual Apparent Motion)。

　　地球除自转外,每年(约365.242 2日)还绕太阳自西向东公转一周(见图7-7),由此而引起太阳每年相对地球自西向东运动一周的现象称为太阳周年视运动。如图7-8所示,当地球在位置1时,看到太阳在天球的春分点ϒ点上,然后地球继续向东公转到位置2、3、4,则相对看到太阳在天球上向东运行到点夏至点♋、秋分点♎及冬至点♑。当地球公转一周再回到位置1时,则看到太阳又回到春分点ϒ点。人们感觉不到地球的公转,但是在公转的过程中能相对看到太阳在天球上沿过春分点ϒ、夏至点♋、秋分点♎、冬至点♑四点的大圆绕地球相对运动一周。这种相对运动现象就是太阳周年视运动,其运动轨迹称为黄道。

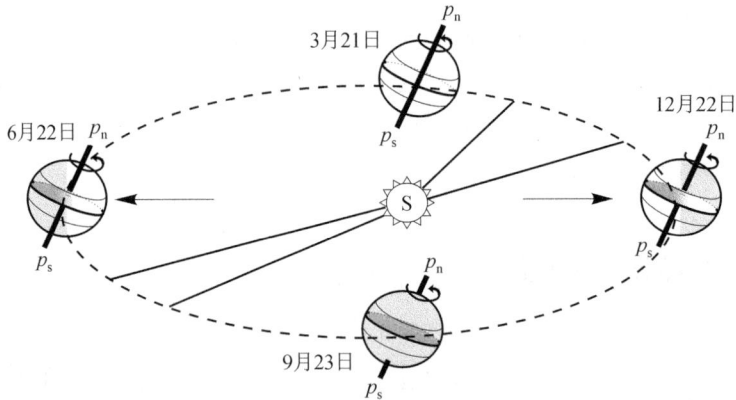

图 7-7　地球自转示意图

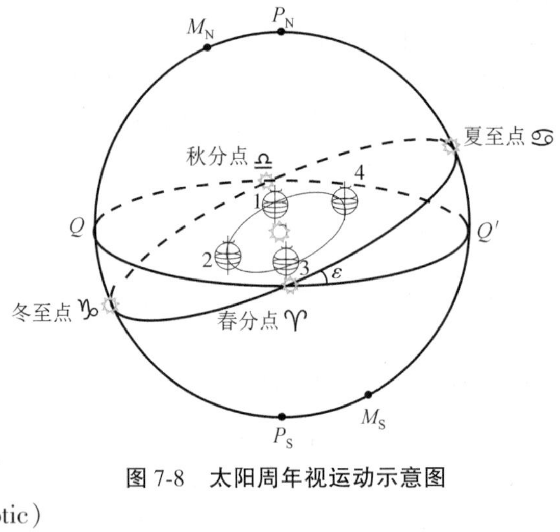

图 7-8　太阳周年视运动示意图

(1)黄道(Ecliptic)

地球公转轨道面与天球截得的大圆,即太阳周年视运动的轨迹。因为地球在公转的过程中,地轴始终与其公转轨道面(即黄道面)成 66°33′的夹角,如图 7-8 所示,所以黄道平面与天赤道平面的夹角 $\varepsilon=23°27′$,此角称为黄赤交角(Obliquity of the Ecliptic),见图 7-8。

(2)两分点

黄道与天赤道交于两个点,称两分点。太阳赤纬由 S 变为 N 所经过的一点称春分点ϒ(Vernal Equinox),另一点为秋分点♎(Autumnal Equinox),见图 7-8。

在黄道上距两分点 90°的两个点,称两至点,太阳赤纬为 N 时所经过的一点称夏至点♋,另一点为冬至点♑,见图 7-8。

（二）行星、月亮视运动

行星和月亮除了参与周日视运动外,还有它们自身的运动,从地球上看到行星(月亮)的相对运动现象称为行星(月亮)视运动(Planet Apparent Motion)。

1.行星视运动

所有行星均自西向东绕太阳运动,太阳位于它们运动的椭圆轨迹的一个公共焦点上。行星距太阳越近,其公转周期越短;反之越长。行星绕太阳运行的轨道平面与地球轨道平面之间的夹角均较小,因此,从地球上看行星视运动的轨迹总是在黄道附近。

（1）行星相对太阳的视运动

通常人们以日地连线为基准来考察行星视运动。如图7-9所示,延长日地连线,与地内行星轨道交于两点,当地内行星位于日地之间一点时,称为下合,另一点称为上合。从地球上看地内行星偏离太阳的距角达最大时,称为大距。行星位于太阳东边称为东大距,日没后见于西天为昏星;行星位于太阳西边称为西大距,日出前见于东天为晨星。金星大距时,其距角为45°~48°,因此,从地球上所见金星总是在太阳的附近。在《航海天文历》中的"四星纪要"中提供了金、火、木、土四颗行星每月的概略位置,可作为测星的参考。

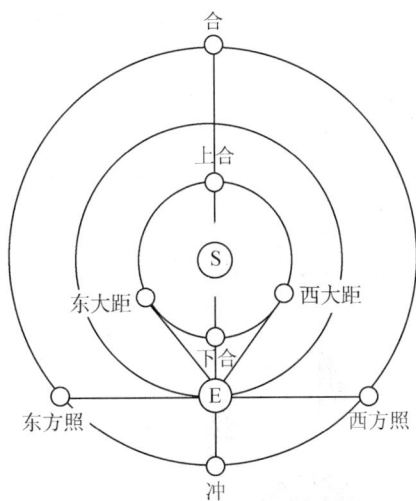

图7-9　行星视运动示意图

（2）金星动态

金星是天文导航常用的行星,也是全天最亮的星,最亮时其星等可达-4.4。金星是地内行星,当它为晨星时,俗称"启明星";当它为昏星时,俗称"长庚星"。金星的亮度随它与地球之间的距离的变化而变化(见图7-10),金星的最亮日在东大距后约35天和西大距前约35天,分别称为下合前最亮日和下合后最亮日。当金星运行在东大距与下合前最亮日和下合后最亮日与西大距之间时,白昼有可能观测到金星用于天文定位。金星的动态日期可从《航海天文历》的"天象纪要"中查到。

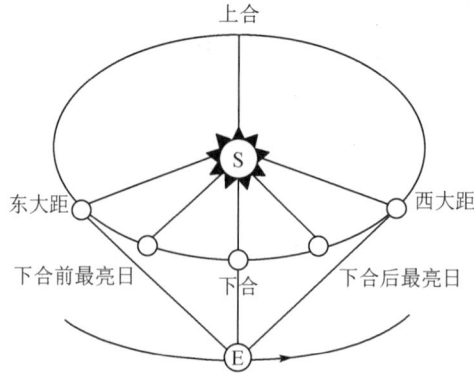

图 7-10　金星动态示意图

2.月球视运动

月亮是地球的卫星,它自西向东地绕地球运转,其运行的轨道是一个椭圆,该椭圆平面与天球截得的大圆称为白道(Moon's Path)。白道面与黄道面的平均夹角约为5°09′,称为黄白交角(Obliquity of the Moon Path)。

月球以恒星为参考点,绕地球运行一周的时间间隔称为一个恒星月(Sidereal Month),约为27.32 天。

月球以太阳为参考点,绕地球运行一周的时间间隔称为一个朔望月(Lunar Month),约为29.53 日,因为月亮本身不发光,它只能反射太阳光,所以它朝着太阳的一侧始终是亮面。在绕地球运行的过程中,它的亮面以不同的角度朝向地球,这样,在一个朔望月中,从地球上看到月球亮面的形状(称月相,Lunar Phases)呈现圆缺规律性的变化。在图 7-11 中,1~8 所示为月亮处于 8 个不同位置时,在地球上所见月相的变化规律。主要月相有四种:

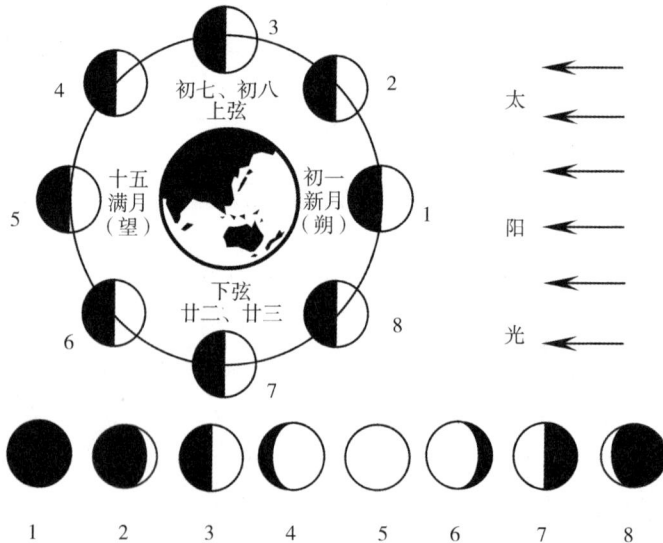

图 7-11　月亮视运动示意图

新月(New Moon,简称朔):约在农历初一,月球与太阳在同一方向上,见图 7-11 中的位置1,从地球上看不到月球的亮面,此时,月亮与太阳一起出没。新月之后,月亮逐日向东偏离太阳。

上弦(First Quarter):约在农历初七、初八,月亮位于太阳的东边距角约90°,见图7-11中的位置3。中午月亮升起,下午月亮位于东天,这时白昼可同时看到太阳和月亮。日没时分月亮在中天附近。

满月(Full Moon,简称望):约在农历十五,月亮到达图7-11中的位置5,此时日月相对,月球的亮面正对地球。日没时分,明月东升;日出时分,明月西没。

下弦(Last Quarter):约在农历廿二、廿三,月亮位于太阳的西边距角约90°,见图7-11中的位置7。日出时分,月亮位于中天附近,上午月亮位于西天,这时白昼同时可见太阳和月亮,中午时分,月亮西没,下弦过后将再次呈现朔月月相,如此不断循环,其规律见表7-3。

表7-3 月球出没规律表

月相	月出	月中天	月没
新月	日出	中午	日没
上弦	中午	日没	子夜
满月	日没	子夜	日出
下弦	子夜	日出	中午

知识链接三 时间系统

利用天文方法定位,首先要求得天文船位圆,即圆心和半径。圆心就是天体地理位置,它可由天体位置求得。由于天体按其各自的规律运动,天体位置则随时间不断地变化,因此,要说明天体位置必须同时指出时间。由此可见,时间与天体位置之间存在密切的关系。根据准确的观测天体的时间求天体位置就是本节要解决的问题。另外,时间系统是航海人员必须正确理解和熟练掌握的,因为它是保证船舶安全、经济运行的重要因素之一。

一、时间系统概念

时间和空间是物质存在的基本属性。任何物质运动都在时间和空间内发生。人类的一切活动都离不开时间和空间,所以说,时间在科学上和日常生活中均是必不可少的。

时间的含义有两个,即时间间隔和时刻,它们既有区别又有联系。时间间隔是指客观物质运动过程所经历的时间历程,而时刻是指客观物质运动某一状态发生的瞬间,通常以离开时间坐标轴原点的距离来表示。

人们通过科学实践,相继选用了各种周期性变化过程作为时间的测量标准,即时间的计量单位。然而,无论采用什么计量单位,均应同时满足两个要求:第一,周期运动的稳定性(均匀性);第二,周期运动的复现性(重复性)。这就是说,只能用一种均匀的、具有连续重复周期的现象作为时间的计量单位。历史上,时间计量单位的发展反映了不断满足上述要求的过程。迄今为止,时间计量标准基本可分为三类:

(1)建立在地球自转基础上的世界时系统;

(2)建立在地球公转基础上由力学定律所确定的历书时系统;

(3)建立在原子能级跃迁频率基础上的原子时系统。

无论采用哪一种时间系统,均匀性是一个重要指标。当然,均匀性不可能是绝对的,它只是对满足一定精度要求而言的。在时间测量中,人们总是根据一定历史阶段内,科学技术所能达到的最高水平来选择不同的时间测量标准,从而建立最佳的时间系统。

二、时间系统分类

(一)世界时系统

世界时系统(Universal Time System)是建立在地球自转运动基础上的时间系统,也就是说,以地球自转周期作为时间的计量单位。

地球上的人们无法直接测量地球的自转周期,但是,可以选择地球以外的一点作为参考点,观测该点的周日视运动的周期来间接地测出地球自转的周期,从而得到时间的计量单位。选择不同的参考点,得到的时间计量单位也不同:

以春分点为参考点得到恒星时(Sidereal Time);

以太阳为参考点得到视时(Apparent Time);

以平太阳为参考点得到平时(Nean Time)或世界时(Universal Time,UT)。

在相当长的一段时间内,人们把世界时作为均匀的时间来使用,即认为地球自转的速率是均匀的。随着观测资料年复一年的积累和精密时钟的出现,人们才从实测中证实地球自转的速率是不均匀的,并具有相当复杂的表现形式,其中包含周期性变化、长周期性变化、短周期性变化和不规则变化等各种因素,从而导致以地球的自转周期作为时间的计量单位也是不均匀的。

另外,地球在自转的过程中还存在"扭动"现象,使地极产生移动,简称极移。极移使地球上各点的经纬度发生变化,导致世界各地天文台测得的世界时之间存在微小的差别。

尽管上述诸因素引起的时刻误差很小,但是,随着科学的发展,人们对时间的精确性的要求也越来越高。1955年,国际天文学联合会决定自1956年起,对直接观测到的世界时做两项改正。因此,世界时UT又可分为以下三种:

(1)UT0是直接由天文观测得到的世界时,由于极移的影响,世界各地的天文台测得的UT0有微小的差别。

(2)UT1是UT0经极移改正后得出的世界时,这是真正反映地球自转的统一时间,也是天文航海所需要的时刻。

（3）UT2 是 UT1 经过季节改正后得出的世界时。UT2 是 1972 年以前国际上公认的时间标准。但是,因为它仍然还受地球自转速率的长期变化和不规则变化的影响,所以 UT2 还是不均匀的。

（二）原子时系统

随着生产的发展和科学技术的进步,对时间精度的要求也越来越高,不仅要求准确,而且要求稳定和均匀,这已不再是世界时所能满足的了。于是,人们把计量时间的标准从宏观世界转向了微观世界。

原子内部的运动比地球自转的稳定性要高得多。电子分布在对应不同能量的轨道上绕原子核旋转,当它们从一个轨道跃迁到另一个轨道(称能级跃迁)时会放出或吸收一定频率的电磁波,该波极为稳定。正是利用这一特性,人们制造了原子钟。它容易复制,随时可得到,并且比世界时精确得多,因此,提出了原子时系统(Atomic Time System)。原子时系统是建立在原子能级跃迁频率基础上的时间系统。

（1）原子时(Atomic Time , AT)

以铯(^{133}Cs)原子超精细能级跃迁的电磁振荡 9 192 631 770 周所经历的时间间隔定义为原子时 1 s 的长度。

原子时的起始历元为 1958 年 1 月 1 日 0 时(世界时 UT2)。由全世界大约 100 台原子钟用各种方法进行比对,再由国际时间局(BIH)进行数据处理,求出统一的原子时,称为国际原子时(International Atomic Time , ITA)。世界时是不均匀的,即它的秒长是不固定的,近些年来大致上是逐年变长的,两年可差 1 s 左右。随着时间的推移,两者之间的差别将越来越大。近代科学技术对于时间计量的要求包括时刻和时间间隔这两个方面。例如,人们日常生活、天文导航、卫星导航和宇航飞行器跟踪等均需要知道建立在地球自转基础上的世界时时刻;精密校频等物理学测量则要求均匀的时间间隔。这样就面临着一种困难的局面,即如何用同一计量单位,同时满足性质不同的两种要求。为解决这个矛盾,人们采用了一个协调方案,从而得到了协调世界时 UTC,该时间计量单位是世界时 UT1 的时刻与原子时秒长折中协调的产物。

（2）协调世界时(Coordinated Universal Time , UTC)

以原子时秒为时间计量单位,在时刻上与世界时 UT1 之差保持在±0.9 s 之内。

协调世界时满足上述条件是通过"跳秒"来实现的。由国际时间局(BIH)根据天文测时情况,做出跳秒的决定。调整的时刻是在 12 月 31 日或 6 月 30 日最后 1^s。对原子时增加 1^s 称正跳秒,减少 1^s 称负跳秒。通常 23^{h}59^{m}59^s 之后是次日的 00^{h}00^{m}00^s,而且:

正跳秒:23^{h}59^{m}60^s 之后是次日的 00^{h}00^{m}00^s,这实质上是把原子时 AT 的时刻推迟 1 s。

负跳秒:23^{h}59^{m}58^s 之后是次日的 00^{h}00^{m}00^s,这实质上是把原子时 AT 的时刻提前 1 s。

具体跳秒时间和方法可查阅英版《无线电信号表》第二卷或英版《航海通告》第Ⅵ部分。

协调世界时 UTC 从 1972 年 1 月 1 日世界时 00^h 开始实施。由于协调世界时 UTC 与世界时 UT1 相差不超过 0.9^s,也就是说,协调世界时 UTC 是采用以世界时 UT1 制约的原子时系统,它的体制仍沿用世界时的体制,因此,1972 年以后时间系统的更换对人们的生活、工作无任何明显的影响。

　　另外,人们除采用了世界时系统和原子时系统之外,还采用了建立在地球公转基础上的历书时系统。历书时是一种由力学定律确定的均匀的时间系统。但是,由于观测误差较大,难以得到高精度的历书时,因此历书时只作为天文学的基本常数。它已超出了天文航海的范畴,本书不再做进一步介绍。时间系统组成及修正参见图 7-12。

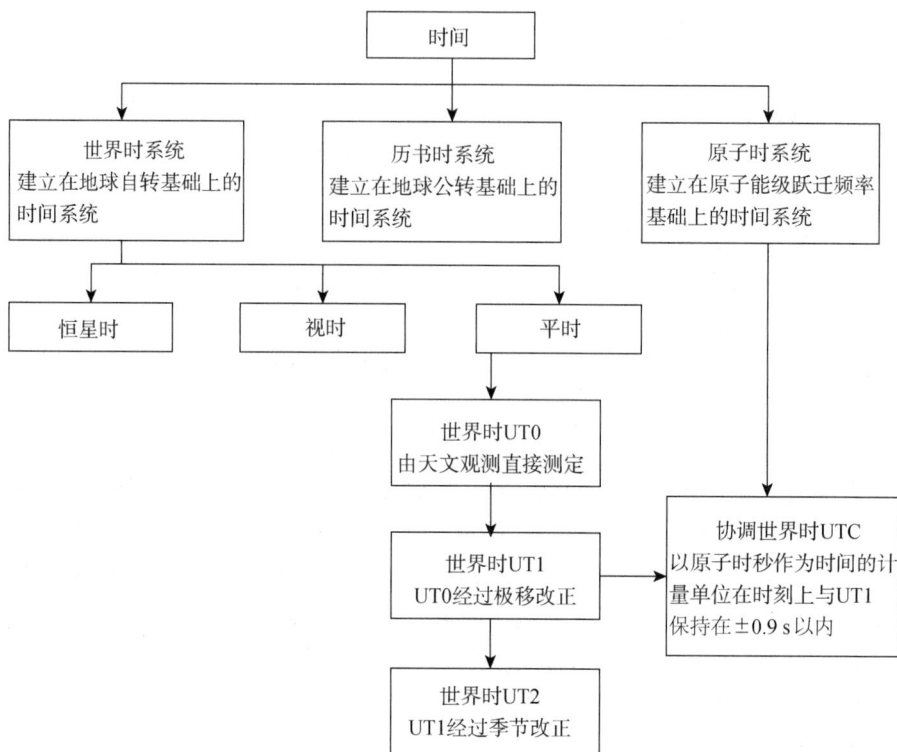

图 7-12　时间系统组成及修正

　　除上述介绍的时间系统之外,由美国发射的导航星全球定位系统(简称 GPS)采用了一个独立的时间系统作为导航定位的依据,称为 GPS 时间系统,简称 GPST。该系统规定的起点为 1980 年 1 月 6 日 UTC 的 00^h。CPS 主控站中的原子母钟定期调整成与 UTC 同步。

　　综上所述,天文航海主要涉及建立在地球自转基础上的世界时系统。

知识链接四　选择观测天体的注意事项

　　由于测星时间比较短,为了不错失测星时机,应预先做好一切可以提前做好的事情,包括利用索星卡选出在晨光昏影期间适宜观测的星体的大概高度和方位,以便有的放矢地观测,也就是选星。为提高观测船位的精度,选星应注意以下几点:

一、选择较明亮的星体

选星时,应选择较明亮的星体,主要选择 1 等星和部分 2 等星。

二、选择高度为 15°～70°的星体

当天体高度低于 15°时,用表册查取的平均蒙气差代替实际蒙气差将产生不可忽视的误差;当天体高度高于 70°时,高度差法本身的误差将会很大。

三、所选星体之间的方位分布要合适

两星定位,为减小系统和随机误差的影响,两星之间的方位差角应为 60°～120°,趋近 90°最有利。

三星定位,三条船位线往往不能相交于一点而形成一三角形,称其为船位误差三角形。如果三条船位线只含有相同的随机误差,则观测船位在三角形之内,靠近"短边、大角"。如果三条船位线只含有相同的系统误差,消除了系统误差的船位有可能在三角形之内,也有可能在三角形之外。这与三星分布范围有关,三星分布范围小于 180°,船位在三角形之外,旁切圆的圆心上;三星分布范围在 180°以上,船位在三角形之内,内切圆的圆心上。

综合考虑,所测三星方位分布的范围要在 180°以上,相邻两星体之间的方位差角趋近 120°最有利。因为这时不论按系统误差还是按随机误差处理,观测船位均在船位误差三角形之内。

选择两组星,以备在观测时及时替代观测不到的星体。

知识链接五　六分仪结构与读数方法

一、六分仪结构

六分仪(如图 7-13 所示)由架体、测角读数装置和光学系统三部分组成。

测角读数装置:刻度弧、指标杆、小鼓轮和小游标。

光学系统主要有定镜、动镜、望远镜和滤光片。

刻度弧(arc):主弧 0°～130°,用于读取物标夹角的正角读数。

余弧:−5°～0°,是负角度数,用于六分仪误差的测定。

指标杆(Index Bar):以刻度弧中心为转轴,末端装有度数指标且可沿刻度弧移动的

杆状半径。

望远镜(Telescope):用于放大物标的单筒正影望远镜。

动镜(Index Mirror):物标镜,位于刻度弧的中心。

定镜(Horizontal Glass):地平镜,镜面一半可透视,一半可反射,位于望远镜的光轴上且与光轴成75°的固定角度。

弹簧夹(Clip):装在指标杆末端且随指标杆移动的止动夹。

小鼓轮(Drum):小鼓轮与弹簧夹和小游标装在一起。

小游标尺(Vernier):装在小鼓轮右边的一条短尺,用来读取测角的小数分。小游标尺共分5格,每格为0′.2。

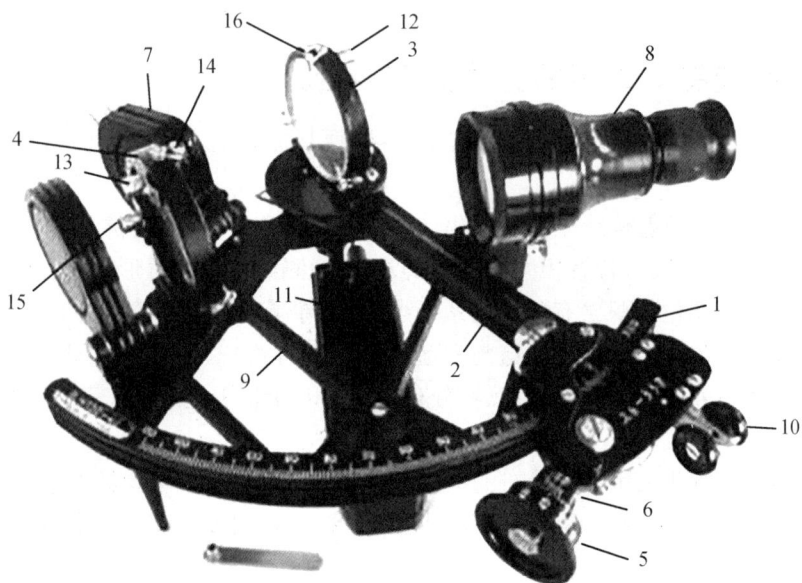

图 7-13　六分仪

1—刻度弧;2—指标杆;3—动镜;4—定镜;5—小鼓轮;6—小游标;7—滤光片;8—望远镜;
9—支架;10—弹簧夹;11—把手;12、13、15—校正螺丝;14、16—弹簧

二、六分仪读数方法

(1)小游标设计原理

小游标尺上 n 个格等于小鼓轮上 $(n-1)$ 个格的宽度,即

$$k = \frac{(n-1)K}{n}$$

小鼓轮上 1 格刻度与小游标尺上 1 格刻度的差值,即

$$K - k = \frac{K}{n}$$

$K-k$ 的数值是小游标尺的最小刻度,称为六分仪的最小读数。

国产六分仪的最小读数是 0′.2。

（2）六分仪的测角读数

①正角读法

整度:在刻度弧。

整分:小鼓轮。

小数:小游标尺。

②负角读法

实际读数是:-(60′-小鼓轮读数)。

（3）测角原理

$$h = 2\omega$$

ω 是动镜平面与定镜平面的夹角。当测者看到天体的反射影像与水天线相切时，天体高度 h 就等于动镜平面与定镜平面夹角 ω 的 2 倍。

三、六分仪的维护和保管

（1）取六分仪时,应拿其把手或架体,不可拿其他部位,且动作要轻稳。暂不使用时,要三脚着桌面,不得反放。用后要把六分仪各部件归位,及时放回箱内。箱盖合不上时,不能硬盖,要仔细找出原因,排除故障后再盖好。

（2）六分仪使用或校正时,对所有部件的转动要轻,如遇到有关部件移动不灵活时,首先要查清原因,排除故障,切勿硬拉硬转。指标杆移动时,要捏紧弹簧夹,勿使正切螺纹与刻度弧齿纹相撞击。切勿日晒雨淋。

（3）六分仪一般放在驾驶台或海图室内。如夏天或冬天室内温度与室外温度相差较大时,使用前,应先拿到室外通风的地方放置一段时间,以适应露天的天气情况。

（4）六分仪平时不用时要放在箱内,盖好盖。放置处要为远离热源、不易振动、干燥和有固定箱子设施的地方。不可随意放置,以防在风浪中船体摇晃摔坏。

（5）六分仪不准随意作他用,不允许任意拆卸部件。搬运过程要注意保护,严防磕碰和挤压。

✏ **项目实施**

任务一　求取天体计算高度 h_C 和计算方位 A_C

一、任务描述

已知推算船位 $\varphi22°32′.5N$, $\lambda118°18′.5E$,天体 $Dec31°19′.6N$,天体 $GHA192°24′.6$,求天体计算高度 h_C 和计算方位 A_C。

二、实施步骤

方法一:函数及算法(解天文三角形)

解:
$$GHA \quad 192°24'.6$$
$$+\lambda \quad 123°18'.5E$$
$$\overline{}$$
$$LHA \quad 315°43'.1$$
$$49°16'.9E$$

利用公式:$\sin h_C = \sin\varphi\sin Dec + \cos\varphi\cos Dec\cos LHA$
$$= \sin 22°32'.5\sin 31°19'.6 + \cos 22°32'.5\cos 31°19'.6\cos 44°16'.9$$

$h_C = \arcsin 0.764\ 138\ 682 = 49°49'.8$

$\cot A_C = \tan Dec\cos\varphi\csc LHA - \sin\varphi\cot LHA$
$$\approx 0.412\ 063\ 634$$

$A_C \approx 67.6NE = 067°.6$

方法二:卫星导航仪及算法

解:利用 GPS 求取。

$\varphi 22°32'.5N, \lambda 118°18'.5E$。

$\varphi = Dec = 31°19'.6N$。

$\lambda = 360° - GHA = 360° - 192°24'.6 = 162°35'.4E$

将 GPS 计算功能改为大圆计算模式,分别输入两点经纬度,GPS 自动计算并显示两点大圆方位 067°.6,大圆距离 2 410.17 n mile。

可知:$A_C = 067°.6$。
$$h_C = 90° - (2\ 410.17/60) = 90° - 40°.169\ 5 = 49°.83 = 49°49'.8$$

很显然,该方法更加简单。不光在 GPS 中,船上电子海图及相关航路设计软件中都有这种计算功能,唯一要注意的是,在计算前一定要确认选择的是大圆计算模式,而不是恒向线计算模式。

任务二 推算时间系统

子任务 1 换算时间与角度

一、任务描述

试将 $08^h14^m28^s$ 换算成角度单位。

试将 $218°17'.5$ 换算成时间单位。

二、实施步骤

解：

8^h	$120°$
14^m	$3°30'$
28^s	$7'$

$8^h14^m28^s$　　$123°37'$

$128°$	14^h32^m
$17'.5$	1^m10^s

$128°17'.5$　$14^h33^m10^s$

在周日视运动中,春分点♈连续两次经过某地午圈所经历的时间间隔称为1恒星日(Sidereal Day),即

1恒星日=天球旋转(360°)所经历的时间间隔。

1恒星日可分为：

1恒星日=24恒星小时(24 h)；

1恒星小时=60恒星分钟(60 m)；

1恒星分钟=60恒星秒钟(60 s)。

在一个恒星日中,春分点♈在同一个午圈上连续两次上中天,这期间春分点♈正好完成一整周360°的周日视运动,因此时间与角度之间存在着如下时、度换算的关系：

24 h=360°；

1 h=15°；

1 m=15'；

1 s=15″=0.'25；

1°=4 m；

1'=4 s。

子任务2　辨识地方时与世界时

一、任务描述

已知经度 λ_1 122°05'.0E 的地方平时 $LMT_1 = 09^h53^m04^s$（5 月 10 日）,求经度 λ_2 120°00'.0E 的地方平时 LMT_2。

二、实施步骤

解：

①求两地经差 $D\lambda = \lambda_2 - \lambda_1$,并将其化为时间单位：

λ_2	120-00.0(+)
λ_1	-122-05.0(+)

$$D\lambda \qquad 2-05.0(-)$$
$$D\lambda \qquad 8^{m}20^{s}(-)$$

②求 $LMT_2 = LMT_1 + D\lambda$。

$$LMT_1 \qquad 09-53-04 \qquad 10/5$$
$$D\lambda \qquad -08-20$$

$$LMT_2 \qquad 09-44-44 \qquad 10/5$$

（1）平太阳上中天时地方平时 $LMT=12^h$，下中天时地方平时 $LMT=00^h$。由于平太阳地方时角 LHA 是从午圈开始起算的，则同一时刻，地方平时 LMT 与平太阳圆周地方时角 LHA 相差 $180°(12^h)$。

因为平时为 00^h 的瞬间作为一天的起点，所以指出平时的同时应标注日期，这就是人们通常采用的日期标志。恒星时 00^h 相对平时不固定，故恒星时没有日期。通常所说的某月某日恒星时某时，这里的日期是平时的日期。

由于平时具有地方性，因此，在同一时刻，不同经度上的地方平时之间同样存在"东大西小"的关系，即

$$LMT_2 = LMT_1 + D\lambda$$
$$D\lambda = \lambda_2 - \lambda_1$$

式中：

LMT_1——测者 1 的经度 λ_1 所对应的地方平时；

LMT_2——测者 2 的经度 λ_2 所对应的地方平时；

$D\lambda$——λ_2 与 λ_1 的经差，计算时东经 λ_E 为（+），西经 λ_W 为（-），当求得的 $D\lambda$ 为（+）时，即为 E 经差，$D\lambda$ 为（-）时，即为（W）经差（$D\lambda$ 可以大于 $180°$）。

假设 Z_1 是测者 1 的天顶，Z_2 是测者 2 的天顶，如果已知测者 1 的地方平时 LMT_1 求测者 2 的地方平时 LMT_2，则为东经差 $D\lambda_E = \lambda_2 - \lambda_1$；反之，已知测者 2 的地方平时 LMT_2 求测者 1 的地方平时 LMT_1，则为西经差 $D\lambda_W = \lambda_1 - \lambda_2$。

（2）世界时（Universal Time，UT）又称格林平时（Greenwich Mean Time，GMT）。显然，平太阳格林上中天时 GMT 为 12 时，下中天时 GMT 为 00 时。在同一时刻，任意经度 λ 上的地方平时 LMT 与世界时 GMT 存在"东大西小"的关系。

任务二　测算区时

一、任务描述

我国某船航行在西九区，拟与国内总公司通过卫通电话联系，要使公司在 8 月 20 日 $ZT0800(-8)$ 接到电话，试问船长应在船时（SMT）几点打电话？

二、实施步骤

解: $D\lambda = \lambda_{m1} - \lambda_{m2} = 135°W - 120°E = 255°W = -17\ h$

$\qquad SMT = ZT_2 = ZT_1 + D\lambda$

ZT_1	0800	20/8
$D\lambda$	−17	
SMT	1500	19/8

船长应在 8 月 19 日船时 1500 打电话。

零时区的区时为 1 时 30 分 20 秒,可以写成 $ZT = 01^h30^m20^s(0)$ 或 $01^h30^m20^sZ$。在航海实际工作中,准确到分钟的区时均用 4 位数字表示,如东八区区时为 9 时 30 分,可以写成 $ZT0930(-8)$ 或 $0930H$。相邻两时区的中线经度相差 $15° = 1\ h$,则相邻两时区的区时也相差 1 h,区时同样存在"东大西小"的关系,因为区时就是时区中线的地方平时,所以式(7-3)同样适用于同一时刻不同时区区时的换算,即

$$ZT_2 = ZT_1 + D\lambda \qquad (7\text{-}3)$$

$$D\lambda = \lambda_{m1} - \lambda_{m2} \qquad (7\text{-}4)$$

上式中:λ_{m2} 和 λ_{m1} 是时区中线经度(在数值上等于区号的小时数)。计算时东经 λ_E 为"+",西经 λ_W 为"−",求得的 $D\lambda$ 有正负"±",或

$$ZT_2 = ZT_1 - DZD \qquad (7\text{-}5)$$

$$DZD = ZD_2 - ZD_1 \qquad (7\text{-}6)$$

上式中 DZD 是两时区区号差,区号是东时区为负"−",西时区为正"+",求得的 DZD 有正负(±)。

在船上,日常的工作、生活是根据"船钟"指示的时间(称船时)来安排的。船钟一般指示船舶所在时区的区时。因为船钟通常只精确到分钟,所以由船钟读取的船时 SMT 是近似区时 ZT'。

子任务 1　辨别区时 ZT 与世界时 GMT 的关系

一、任务描述

4 月 2 日,已知船时 $SMT(ZT')0516(-8)$,求近似世界时 GMT'。

二、实施步骤

解:

ZT'	0516	2/4
ZD	−8	
GMT'	2116	1/4

当 $ZT=0800(-8)$ 时,此刻,$ZT=0700(-7)$,$ZT=0600(-6)$,$\cdots$,$GMT=00^h$。由此可见,同一时刻区时 ZT 与世界时 GMT 正好相差与区号相同的小时数,即

$$GMT=ZT+ZD \tag{7-7}$$

上式中,东时区 ZD 取"$-$",西时区 ZD 取"$+$"。航海实际工作中常用上式求区时,则有:

$$ZT=GMT-ZD \tag{7-8}$$

船时 SMT 和近似世界时 GMT' 通常采用四位数表示。

子任务 2　辨别区时 ZT 与地方平时 LMT 的关系

一、任务描述

已知经度 $\lambda122°23'0E$ 的地方平时 LMT $21^h04^m36^s$(3 月 6 日),求该经度所属时区的区时 ZT。

二、实施步骤

(1)求 $D\lambda=\lambda_m-\lambda$,并化为时间单位。

中线经度	λ_m^E	120−00.0	(+)
−)测者经度	λ	122−23.0	(+)
经差	$D\lambda$	2−23.0	(−)
	$D\lambda$	9 m 32 s	(−)

(2)求 $ZT=LMT+D\lambda$。

地方平时	LMT	21−04−36	6/3
经差	$D\lambda$	−09−32	
区时	ZT	20−55−04	6/3

利用公式:

$$LMT=ZT' + D\lambda \tag{7-9}$$

$$D\lambda=\lambda-\lambda_m \tag{7-10}$$

式中:LMT——测者经度 λ 所对应的地方平时;

　　　ZT——测者经度 λ 所在时区的中线经度 λ_m 所对应的地方平时,即区时;

　　　$D\lambda$——λ 和 λ_m 的经差,计算时东经为正"$+$",西经为负"$-$",求得的 $D\lambda$ 有正负"$\pm$"。

在航海实际工作中,还会遇到已知地方平时 LMT 求区时 ZT,这样式(7-9)、式(7-10)可以改写成:

$$ZT=LMT+ D\lambda \tag{7-11}$$

$$D\lambda=\lambda_m-\lambda \tag{7-12}$$

子任务3 测算日月视出没和晨光昏影船时

一、任务描述

某船舶计划于某月某日开航,求始发港(φ_1:22°37′.2N,λ_1:120°19′.5E)和目的港(φ_2:25°07′.6N,λ_2:121°43′.0E)的日月视出没和晨光昏影船时。

二、实施步骤

(一)计算两地点1日月视出没和晨光昏影船时

要素 船时	晨光始	日出	月出	昏影终	日没	月没
船时						

(二)计算两地点2日月视出没和晨光昏影船时

要素 船时	晨光始	日出	月出	昏影终	日没	月没
船时						

1.晨光昏影

航海上一般把黎明和黄昏这两段时间统称为晨光昏影(Morning and Evening Twilight)。晨光昏影期间的能见度,随着太阳在水天线下位置的变化而不同,为更确切地描述晨光昏影期间的能见度,又把晨光昏影分成三个阶段,如图7-14所示。

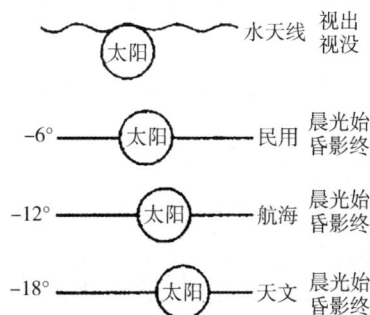

图7-14 晨光昏影

①民用晨光昏影

太阳上边沿与水天线相切时称太阳视出或视没。

太阳真高度 $h_t=-6°$ 时,称民用晨光始或民用昏影终。

太阳由民用晨光始($h_t=-6°$)到视出所经历的时间称民用晨光;太阳由视没到民用昏影终($h_t=-6°$)所经历的时间称民用昏影。上述两段时间统称为民用晨光昏影。

②航海晨光昏影

太阳真高度 $h_t = -12°$ 时称航海晨光始或航海昏影终。

太阳真高度由 $-12° \sim -6°$ 或由 $-6° \sim -12°$ 所经历的时间间隔统称航海晨光昏影。

③天文晨光昏影

太阳真高度 $h_t = -18°$ 时称天文晨光始或天文昏影终。

太阳中心高度由 $-18° \sim -12°$ 或由 $-12° \sim -18°$ 所经历的时间间隔统称天文晨光昏影。

晨光昏影时间的长短取决于测者的纬度。纬度越高,晨光昏影时间越长;纬度越低,晨光昏影时间越短。

2.测星时机

根据测星定位的两个条件,只有在民用晨光始或民用昏影终前后一段时间内,即太阳真高度为 $-9° \sim -3°$,才是测星定位的良好时机。在这段时间内既可看到星体,又可看到水天线。这段时间在中、低纬度一般只有 $20 \sim 40$ min,因此驾驶员要在该段时间内观测 3 颗或 3 颗以上的星体来定位。为把握住观测时机,测星前往往要做好许多准备工作:预求测星区时、选星、检查和校正六分仪等。

3.预求测星区时 ZT

海上通常的做法是,早晨测星,利用 $ZT0600$ 的推算船位预求民用晨光始区时;黄昏测星,则利用 $ZT1800$ 的推算船位预求民用昏影终区时。根据所求区时提前几分钟开始观测即可。

$$ZT = LMT + D\lambda \qquad (7-13)$$

$$D\lambda = \lambda_m - \lambda_{1800}^{0600} \qquad (7-14)$$

式中:LMT——晨光始或昏影终时测者的地方平时,可由《航海天文历》查出的格林经线上的晨光始或昏影终的地方平时来代替;

$D\lambda$——晨光始或昏影终时,测者所在时区中线经度与测者经度之差,可用所用区时的时区中线经度与 $ZT0600$ 或 $ZT1800$ 的推算经度之差来代替。

在《航海天文历》历书中,格林经线上晨光始或昏影终的地方平时三天给出一值,需要进行纬度内插。

4.求日出或日没时的区时

船舶航行灯的开启和关闭、船旗的升降、甲板照明灯的开启和关闭等均根据日出或日没时的区时执行,因此航海人员还要经常求日出或日没时的区时 ZT,其计算公式同式(7-13),式中的地方平时 LMT 是日出或日没时测者的地方平时,可由《航海天文历》查出的格林经线上的日出和日没的地方平时来代替,经差 $D\lambda$ 与式(7-14)相同。

在英版《航海天文历》中,格林经线上日出和日没的地方平时每三天给出一值,需要进行纬度内插。

在中版《航海天文历》中,格林经线上日出和日没的地方平时每天给出一值,需要进行纬度和经度内插。一般当纬度低于 $60°$ 时,经度内差可以忽略不计。

任务四　利用六分仪测角

一、任务描述

要求测定 360°范围内的 5 个物标之间的 5 个夹角,夹角和与 360°比较确定误差大小。

二、实施步骤

步骤一:六分仪误差的检查和校正

1.检查和校正动镜误差(垂直差)

检查方法:把指标杆放在刻度弧 35°左右,右手平拿六分仪或平放在桌面上,刻度弧朝外,眼睛从动镜的右前方望去,同时可看到动镜里、外的两段刻度弧。如动镜里的反射影像与动镜外的直射影像衔接成一体,表明动镜平面与六分仪刻度弧平面垂直,无须进行垂直差的校正;如刻度弧的直射影像与反射影像错开不衔接,则动镜平面不垂直于刻度弧平面,有垂直差。

校正方法:用专用小扳手慢慢地转动动镜背面的校正小螺帽,直到动镜里、外两段的刻度弧影像衔接为止。

2.检查和校正定镜差(边差)

检查方法:右手正握六分仪,将指标杆放在刻度弧的 0°附近,调整好望远镜的焦距,对准一个天体进行观察(最好利用二等星体,白天可利用太阳),在定镜中可以看到天体的直射影像和反射影像。慢慢地转动小鼓轮,使天体的反射影像上下移动,如在直射影像的水平位置,两影像完全重合,表示定镜没有误差,镜面与刻度弧平面垂直;两影像在左右水平位置上不重合,则定镜镜面不垂直于刻度弧平面,有边差。

校正方法:用专用小扳手慢慢地转动定镜背面离架体较远的校正小螺帽,直到定镜里的两影像完全重合为止。

步骤二:测定和缩小指标差

一般情况下,在六分仪每次使用之前都要先进行指标差的测定,测定方法通常有三种:

1.利用水天线测定指标差

先将六分仪的指标杆放在刻度弧的 0°上,竖握六分仪对准水天线,从定镜的视野中,可以看到水天线的直射影像和反射影像。如两影像衔接在一起成一条直线时,说明该六分仪没有指标差;如水天线的两影像错开不衔接时,说明该六分仪需测定指标差。

测定方法:慢慢地转动小鼓轮,使水天线的两影像成一条直线,读取六分仪的测角读数(m),指标差 $i = 0° - m$。

2.利用星体测定指标差

观测星体高度时,可以利用星体测定指标差,但一般情况下不要选择太亮的星体。测定时先把指标杆放在刻度弧的 0° 上,对准一星体,在定镜的视野中可以看到该天体的直射影像和反射影像。如两影像重合,说明六分仪没有指标差;如上下两影像不重合,说明该六分仪有指标差。转动小鼓轮使两影像重合,读取测角读数,求得指标差 i。

3.利用太阳测定指标差

测定方法:选用适当的滤光片,把六分仪的指标杆先放到刻度弧 0° 上,对准太阳,在定镜的视野中可看到太阳的直射影像和反射影像。慢慢地转动小鼓轮,使太阳的上边缘与反射影像相切,读取测角读数(m_1,指标杆向余弧方向移动,直接从小鼓轮上读取的读数,要从 $60'$ 中减去此值得到 m_1);然后使太阳的下边缘与太阳的反射影像相切,读取测角读数(m_2),如图 7-15 所示。

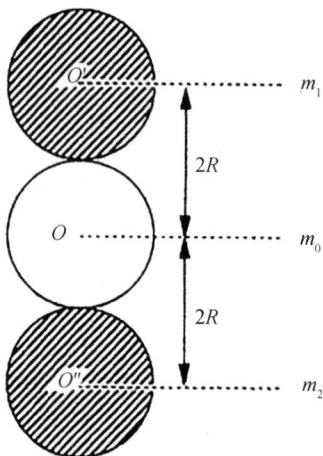

图 7-15　太阳上、下边缘相切示意图

$$i = 0° - m = 0° - \frac{m_1 + m_2}{2}$$

利用太阳测定指标差的优点,可以检查观测的质量。

观测的太阳半径($R°$)可与《航海天文历》中列出的当天太阳半径相比较:如果太阳观测半径与当日半径相差只要小于 $0'.2$ 时,就说明指标差可靠;否则,不可使用。

指标差的大小从改正测角读数来说,是无关紧要的,只要测得准确,从所测得六分仪测角读数中加以修正即可。但指标差太大,使用起来不方便。因而指标差大于 $6'.0$ 时,就应当缩小它。

缩小方法是:将指标杆放在刻度弧的 0° 处,对准某一远距离物标,最好是一颗 2 等星,在定镜的视野中可以看到星体的直射影像和反射影像。用专用小扳手,慢慢地转动定镜背后离架体较近的小螺帽,使上下两影像基本重合为止。调整了指标差后,可能会影响定镜平面与刻度弧平面的垂直状态,因此,还得重新对定镜的边差进行检查和校正。边差校正后,又要影响到指标差,所以再进行指标差的缩小。直到定镜平面垂直于刻度弧平面,指标差小于 $6'.0$ 时即可。

六分仪校正步骤如图 7-16 所示。

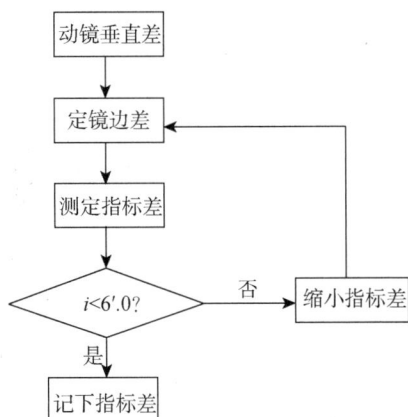

图 7-16　六分仪校正步骤

步骤三:测定和缩小指标差

用六分仪测量 A、B 两水平物标夹角时,应水平拿六分仪,有两种方法观测:一种是将望远镜朝向 A 物标,移动指标杆,将 B 物标拉到视线范围内,最终与 A 重合,此时读数即为夹角;另一种是将望远镜朝向 A 物标,侧着手持六分仪向 B 物标方向转动,同时移动指标杆,保持 A 物标在视线范围内移动,最终 A 物标与 B 物标重合,此时读数即为夹角。

注意:360°测角时,测者一定要以六分仪为中心转动,不能以测者为中心。

项目考核

项目考核单

	考核内容	分值	考核标准	得分
1				
2				
3				
4				
5				

项目八

陆标定位

项目描述

陆标定位是指观测陆标的方位、距离、方位差(称它们为导航参数)或它们的组合等来确定船位的方法和过程。陆标定位是航海上常见的定位方式,常用的陆标定位方法有方位定位、距离定位、单物标方位距离定位。陆标的方位与距离的观测是陆标定位的基础性知识。

本项目介绍了位置线与船位线的基本概念,阐述了陆标的识别方法,详细说明了陆标方位和距离观测的步骤方法。

利用罗经同时观测两个或两个以上的陆标,得到两条或两条以上的方位位置线,通过这些方位位置线来确定船位的过程和方法称为方位定位(Fixing by Cross Bearing)。方位定位作图简单、迅速、直观,是最基本和最常用的定位方法,尤其是在沿岸航行时,使用极为频繁。常见的方位定位有两方位定位和三方位定位。

本项目介绍了两方位定位的步骤与误差分析,讲解了异时误差的处理方法以及三方位定位方法及小误差三角形处理的方法,对三方位定位中大误差三角形的处理方法与提高三方位精度的方法进行了阐释。

陆标定位的方法还有距离定位、方位距离定位、移线定位等,每种定位方式都有自己的使用场景以及特点。

本项目从距离定位入手,介绍了距离定位、方位距离定位等定位方式与精度提高方法,把每种定位的操作步骤进行了相应的演示。

学习目标

1. 知识目标

(1)了解位置线与船位线的基本概念;

(2)了解陆标识别的方法;

(3)掌握陆标方位与距离的测量方法;

(4)了解每种定位方式的使用场景;

(5)了解距离定位的精度提高方法;

(6)掌握移线定位的使用方法与操作步骤;

（7）了解两方位定位的步骤与误差分析；

（8）了解大地坐标系的参数；

（9）掌握异时误差的处理方法。

2.技能目标

（1）能够正确识别陆标；

（2）能够正确测量陆标的方位与距离；

（3）能够在不同的场合合理运用不同的定位方式；

（4）能够在定位过程中尽可能提高定位精度；

（5）能够在不同的场合进行两方位定位与三方位定位；

（6）能够提高三方位定位精度。

3.职业素养目标

（1）培养学生严谨的工作作风；

（2）提高学生的航海使命感与责任意识；

（3）培养学生对航海事业的热爱；

（4）树立学生学无止境的工作理念；

（5）增强学生的船舶操控意识；

（6）帮助学生树立远大的理想与正确的航海价值观。

知识链接

知识链接一　观测陆标方位距离

保持函数等于常数的点的轨迹称为等值线。航海上的位置线是指观测值等于常数的点的轨迹，因此，位置线（Line of Position，LOP）也是等值线。由于绘画在墨卡托海图上位置线的形状较复杂（特别是远距离时），而且没有必要将整条位置线画出，实际航海活动中经常取推算船位附近的一小段位置线（直线或曲线的切线）用于定位。航海实践中也经常称船舶位置线为船位线。

目前，航海上常用的位置线有方位位置线、距离位置线、方位差位置线和距离差位置线。对地球上测者附近的小范围内的地面（一般认为小于 30 n mile），我们可以忽略测者与物标之间的地面曲率，而将其视为平面，测者与物标同处于该平面上，这些位置线也统称为平面位置线。当测者与物标距离较远时，地面曲率不能忽略，上述的位置线只能存在于一个曲面上，我们称为球面位置线。

一、平面位置线

（一）方位位置线

根据测者所在位置不同，方位位置线又可分为船测岸方位位置线与岸测船方位位置线：

（1）船上测者对岸上某一已知坐标的固定物标 M 进行方位测量（船测岸）时，由物标 M 画出的与 M 点的子午线相交成 $TB\pm180°$ 的方位线 MP，就是相应的船测岸方位位置线，如图 8-1(a) 所示。在 MP 上任意一点的测者测物标 M 的真方位均为 TB，而在该线外任意一点观测物标 M 的真方位均不等于 TB。

（2）从岸上某一已知坐标的固定物标 M 对船舶进行方位测量（岸测船）时，相应的岸测船方位位置线就是由物标 M 画出的与 M 点的子午线相交成 TB 的方位线 MP，如图 8-1(b) 所示。测者在 M 点测量位于 MP 上任一点的船舶的真方位均为 TB，而测量在该线外任何一点的船舶的真方位均不等于 TB。

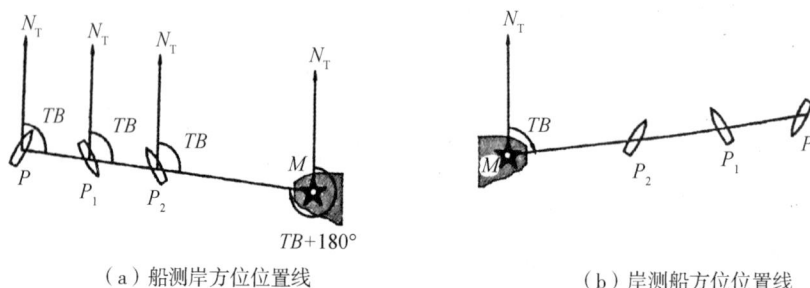

（a）船测岸方位位置线　　　　　　　　　（b）岸测船方位位置线

图 8-1　方位位置线

总之，在平面上，船测岸与岸测船的方位位置线都是船舶和陆标两点之间的直线，在墨卡托海图上，方位位置线表现为一条连接物标和测者的恒向线。

（二）距离位置线

船上测者对已知坐标的固定物标 M 进行距离测量时，所测得的船与物标 M 间的距离位置线，是以物标 M 为圆心、所测距离 D 为半径的圆，如图 8-2 所示。可见，在该圆上任一点到物标 M（圆心）的距离均等于 D，而在该圆周以外的任何一点观测物标 M 的距离均不等于 D。在墨卡托海图上，我们只需用圆规以物标所在位置为圆心，观测距离为半径作圆即可得到距离位置线。

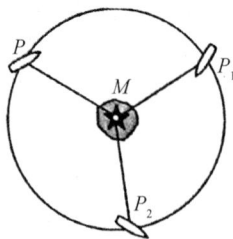

图 8-2　距离位置线

（三）方位差位置线

方位差位置线又称水平角位置线，船上测者测量岸上两个已知坐标的固定物标之间的水平角时，即测量它们的方位差时，方位差位置线是船与两物标所连的三角形的外接圆的一部分，如图 8-3 所示。在该段圆弧上的任意一点，两物标的水平张角均等于该圆周角 α，而在该圆弧以外的任何一点，两物标的水平张角均不等于该圆周角 α。

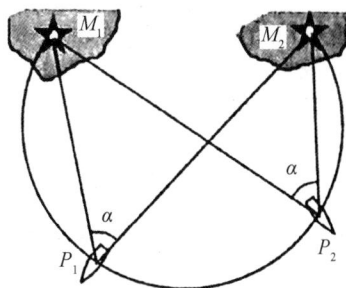

图 8-3　方位差位置线

（四）距离差位置线

船上测者对岸上已知坐标的两个物标(例如台站)进行距离差测量,所得距离差位置线是以两物标(台站)为焦点的双曲线,如图 8-4 所示,在该双曲线上任一点至两焦点的距离差值均为观测所得的常数。

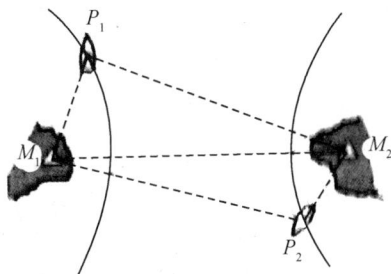

图 8-4　距离差位置线

二、球面位置线

1.球面方位位置线

平面方位位置线,可以认为是连接测者和陆标的一条直线(恒向线),此时测者观测陆标和陆标上的测者观测船舶的位置线是同一条线,观测值相差 180°。但在球面上,船测岸与岸测船之间的真方位相差一般不是 180°(两者同在赤道或者同在一条子午线上除外)。所以岸上测者观测船舶得到的船舶位置线和船上测者观测岸上陆标得到的船舶位置线的形式也不一样。

（1）岸测船的船舶位置线是大圆弧

如图 8-5 所示,测者位于岸上某固定点 M 点上,船舶位于 P 点,此时船舶位置线是连接 M 和船舶的大圆弧 MP_2P_1P;测者观测船舶的真方位是真北方向与测者的视线方向(图中过测者作的大圆弧的切线)的夹角 α。很显然,对于线上的 P_2、P_1 位置,测者 M 观测时,真方位都是 α,所以,此时的船舶位置线是连接观测者 M 与船舶 P 之间的大圆弧。在墨卡托海图上,大圆弧位置线表现为一条连接测者和船舶且凸向近极的曲线。

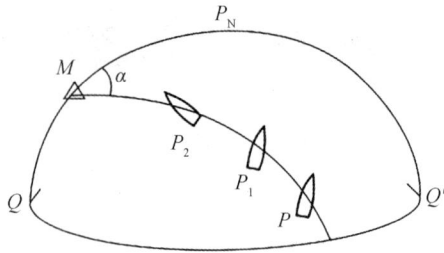

图 8-5 球面岸测船方位位置线

（2）船测岸的船舶位置线是恒位线

如图 8-6 所示，观测者所在船舶位于 P_2 点，观测陆标 M，真方位为 α，此时连接测者 P_2 和陆标 M 之间的大圆弧 P_2M 不再是位置线，在图中很明显可见，当船舶位于大圆弧上不同点时，观测 M 的真方位不相等，不符合位置线等值线的特点。如果我们找到球面上观测 M 真方位都等于 α 的点，这些点的轨迹形成了一条通过近极 P_N、船位 P 和陆标 M 的曲线，称为恒位线（ Line of Equal Bearing），在墨卡托海图上，两点之间的恒位线表现为凸向赤道的曲线。

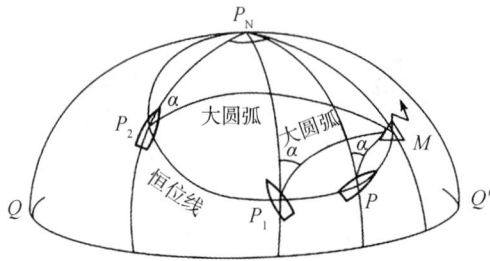

图 8-6 球面船测岸方位位置线

2.球面距离位置线

球面距离位置线是以观测陆标为圆心，以观测距离为球面半径，在球面上所作的球面小圆（如图 8-7 所示），天文定位中的天文船位圆就是其中的一种。平面中，在墨卡托海图上，近距离的纬度渐长率可以忽略，所以距离位置线可以直接以通过陆标为圆心，观测距离为半径作圆得到。但球面上，距离远的情况下，纬度渐长率不能忽略，距离位置线表现为一条复杂的周变曲线。

陆标定位必须准确地辨认物标，确保事先在海图上所选定的定位物标和实际所测定的物标是同一物标。如果在实际测定或海图作业时错认了物标，必将出现错误的观测船位，威胁船舶的航行安全。

三、孤立、显著物标的识别

对于孤立的小岛、显著的山峰和岬角等陆标、灯塔和灯桩等航标，可直接根据它们的形状、颜色、相对位置关系和顶标、灯质等特点加以识别。因此，这些物标往往是陆标定位中的首选物标。

图 8-7　球面距离位置线

四、利用对景图识别物标

在航用海图和航路指南中,经常附有一些重要山头和岛屿等的照片或有立体感的对景图,将实际观察到的景象与相应的对景图相比对,便可方便地辨认出对景图中所标明的一些重要物标。

同一物标,在不同的方位和距离观看,其形状也各不相同。因此,每幅对景图都注有该图相对于图中某一物标的方位和距离,使用时要特别加以注意。如图 8-8 所示,下方标注的方位和距离,均表示测者看到同样景象时的观测方位和观测距离。

①从东方望头门岛与一江山岛之间诸岛

一江山岛　　　　百夹山岛　　　　凉帽屿　　　　头门岛
288°—20 n mile

②檀头山附近

檀头山
320°—22 n mile

图 8-8　对景图

五、利用等高线识别物标

航用海图上,地貌特征通常是以等高线(地面上高程相等的各点连线)来描绘的,有时也用草绘等高线(草绘曲线)或山形线来表示。等高线的疏密,体现山形的陡峭程度。等高线越密,山形越陡峭;反之,等高线越稀疏,山形越平坦。因此,可以根据等高线的疏密和形状来判断地貌的立体形状(见图 8-9)。

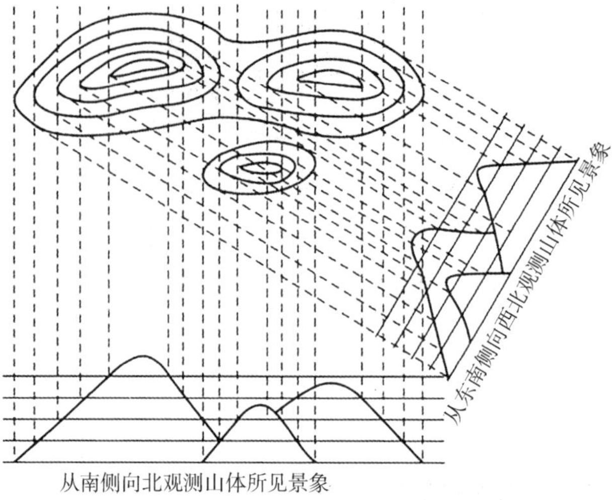

从南侧向北观测山体所见景象

图 8-9　利用等高线识别物标

六、利用准确的船位识别物标

在取得准确船位数据(例如用罗经观测已知物标的方位,用雷达观测已知物标的距离,用北斗、GPS 获取船位数据)的同时,立刻用罗经(或雷达)观测欲辨认的未知物标的方位或距离,则可在海图上画出观测船位后,从观测船位处画出所测的未知物标的参数,则该参数位置线一般会通过该未知物标。

例如,用罗经首先观测两三个已知物标的方位,同时立刻测出前方未知物标的方位。在海图上先根据已知物标的方位定出船位,然后从船位画出所测的未知物标的真方位 TB,一般此 TB 线会通过某一未知物标(若海图上有该物标)。但若无法确认,可在第二次定位时重复这一过程,则从前、后两个船位画出的 TB 线的交点基本就是欲确认的未知物标(见图 8-10)。当用北斗或 GPS 定位时,可由两人配合进行,在一人读取北斗或 GPS 船位数据的同时,另一人立刻观测某未知物标参数。用这一方法,在船舶航行中,可在海图上补画某些显著的但海图上并没有的重要物标。例如,新设置的海上石油钻井平台、沿岸或港口附近的高大建筑物、烟囱等,将成为船舶以后航经该地区时很好的定位参考物标。

具体作法如图 8-10 所示,设 C 为具有明显特征的海图上未标注的物标,在测定船位 F_1 的同时,观测 C 的真方位 TB_1,在海图上画出观测船位 F_1 后,从 F_1 处画出 TB_1 方位线;待测定船位 F_2 时,再次观测 C 的真方位 TB_2,从 F_2 处画出 TB_2 方位线;同样的方法,从 F_3 处画出 TB_3 方位线。TB_1、TB_2 和 TB_3 方位线的交点就是 C 物标在海图上的位置。然后在其旁注明名称、特征,供今后使用。但应用此法时,注意应在各 TB 之间的交角大于 30°时进行观测。

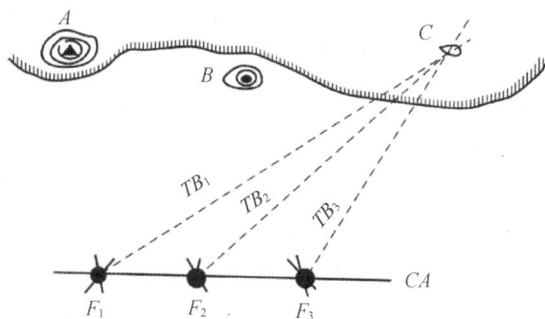

图 8-10　利用已知船位识别物标

知识链接二　方位定位

一、两方位定位方法

（一）定位步骤

在推算船位附近选择两适当的物标 A 和 B，并注意辨认，然后用罗经或雷达观测两物标的陀罗方位 GB_1、GB_2 或罗方位 CB_1、CB_2，罗经差经修正得到两物标的真方位 TB_1 和 TB_2，如图 8-11 所示，在海图上分别自 A 和 B 向测者的方向，即 $TB_1+180°$、$TB_2+180°$ 的方向，绘画方位位置线，其交点即为观测船位。在交点上画上一个小圆表示观测船位。

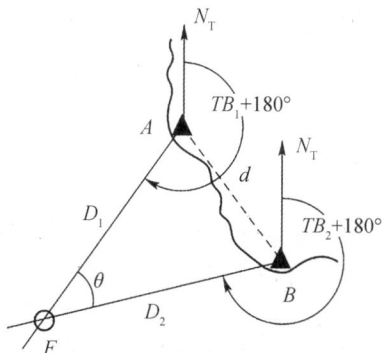

图 8-11　两方位定位

（二）误差分析

1.船位的系统误差

如图 8-11 所示，设船舶距 A、B 物标的距离分别为 D_1 和 D_2，位置线的交角为 θ。当用同一罗经观测两物标方位时，如罗经差有误差，则在两观测值中存在等量同号的系统误差 Δ_B^θ，两方位位置线的系统误差分别为：

$$\varepsilon_1 = \frac{\theta D_1}{57.3°}$$

183

$$\varepsilon_2 = \frac{\theta \Delta_B^\theta \cdot D_2}{57.3°}$$

而观测船位的系统误差 δ 为:

$$\delta = \frac{1}{\sin\theta}\sqrt{\varepsilon_1^2 + \varepsilon_2^2 - 2\varepsilon_1\varepsilon_2\cos\theta}$$

$$= \frac{\Delta_B^\theta}{57.3°\sin\theta}\sqrt{D_1^2 + D_2^2 - 2D_1D_2}$$

$$= \frac{\Delta_B^\theta d}{57.3°\sin\theta}$$

式中:d——两物标的间距,可在海图上量得;

$\quad\quad \Delta_B^\theta$——方位观测值的系统误差,即罗经差的误差。

由式可见,当考虑系统误差时,若其他条件相当,θ 将影响系统误差的变化。因此 $\theta = 90°$ 时,θ 的影响最小,误差最小;d 值越小,误差越小。

2.船位的标准差

若方位观测值随机误差的标准差为 m_B,则两方位位置线的标准差分别为:

$$E_1 = m_B D_1 = \frac{m_B^\theta}{57.3°}D_1$$

$$E_2 = m_B D_2 = \frac{m_B^\theta}{57.3°}D_2$$

而观测船位的标准差 M 为:

$$M = \frac{1}{\sin\theta}\sqrt{E_1^2 + E_2^2} = \frac{m_B^\theta}{57.3°\sin\theta}\sqrt{D_1^2 + D_2^2}$$

实际船位落在以观测船位为中心、M 为半径的船位标准差圆内的概率是 63.2% ~ 68.3%。由上可见,观测船位的精度与观测值的系统误差 δ,观测值随机误差的标准差 m_B,船舶距两物标的距离 D_1、D_2 及位置线的交角 θ 等有关。

二、异时误差的处理

实际工作中,一个驾驶员往往是不可能同时用罗经观测两个物标的方位的,而是在短时间内先后观测所选物标方位,并以观测第二个物标的时间作为定位时间,这就必将因船舶的航行而产生船位的异时误差。

为了尽量缩小这一异时误差,我们在观测中需要遵循先难后易的原则,先观测不容易观测的物标,然后观测容易观测的陆标,尽可能缩小两次观测时间的间隔。在夜间观测灯标时,按照这一原则,我们应当先测周期长的,后测周期短的;先测闪光灯,后测定光灯;先测弱光灯,后测强光灯。

由于定位时间一般都是选择观测第二个物标的时间,对于同样观测难易度的两个物标,在选择顺序上的不同,也会产生不同的误差,如图 8-12 所示,在船首方向附近有一物标 A,而在正横方向附近有一物标 B,由物标方位的变化特点可知,正横方向的物标方位变化较快,船首尾方向的物标方位变化较慢。设船舶位于 P_1 点时,先测船首方向物

标 A 的方位,得方位位置线 AP_1。当测正横方向的物标 B 时,船已移动到 P_2 点,测得方位位置线 BP_2,在海图上两方位位置线相交得观测船位 F_1,因为是先测完两方位后记时间,则这时船的正确位置应为 P_2 点,可见船位的误差值为 P_2F_1;反之,如果先测物标 B,后测物标 A,则观测船位应为 F_2 点,船位误差值为 P_2F_2;则 P_2F_2 大于 P_2F_1。由以上分析可以得出正确的观测顺序是,先测方位变化慢(船首尾方向附近)的物标,后测方位变化快(船舶正横方向附近)的物标。

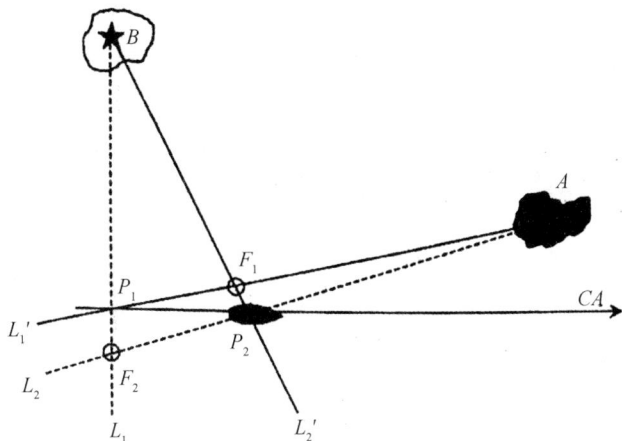

图 8-12　方位定位观测顺序分析

平面上某点的位置可以用直角坐标和极坐标确定,地面上某点的位置可以用地理坐标来确定,它建立在地球椭圆体表面上,包括地理经度和地理纬度。

三、三方位定位及其精度

两方位定位简单、直观,但难以判断观测船位的准确性。如条件允许,应使用三方位定位,即通过同时观测三个物标的方位来测定船位,并判断是否存在粗差等影响。三方位定位时,由于误差的存在,三条方位位置线通常并不相交于一点,而是形成一个三角形,在大比例尺海图上尤为明显。三方位定位中,由合理的、不可避免的误差所引起的三角形称为船位误差三角形。

船位误差三角形的成因:

(1)观测三物标方位的时间不一致;

(2)观测方位中存在观测误差;

(3)罗经差 $\Delta C/\Delta G$ 本身存在误差;

(4)作图误差;

(5)所测物标的海图位置不准所引起的误差。

由数学分析可得,三方位定位最概率船位的船位误差即标准误差圆的半径为:

$$M=\frac{m_B}{57.3°}\sqrt{\frac{D_1^2+D_2^2+D_2^2D_2^2+D_1^2D_3^2}{D_1^2\sin^2\beta+D_2^2\sin^2(\alpha+\beta)+D_3^2\sin^2\theta}}$$

式中:m_B——等精度观测方位的标准差;

D_1、D_2、D_3——测者到物标的距离;

α——第一条方位船位线与第二条方位船位线的交角；

β——第二条方位船位线与第三条方位船位线的交角。

在概率一定的前提下，当 $\alpha = \beta = 60°$（或 $120°$）时，误差圆的半径最小，即最概率船位的精度最高。

所以，当三物标分布范围在 $180°$ 以内时，船舶沿岸航行时大多是这种情况，从误差理论考虑，相邻两物标之间的方位差角即船位线交角要求不小于 $30°$，以趋近 $60°$ 为好；如果三物标分布的范围在 $180°$ 以上，则相邻两物标之间的方位差角即船位线交角要求不大于 $150°$，以趋近 $120°$ 为好。总之一般情况下位置线交角 θ 应满足 $30° < \theta < 150°$。

根据前面的讨论，我们还可以得出结论，即尽量选择三物标分布的范围在 $180°$ 以上，这样无论按系统误差处理还是按随机误差处理，最概率船位都在误差三角形之内。

同样，在三方位定位中，应选择孤立、显著、海图位置准确的近距离物标。

四、小随机误差三角形的处理

如果在大比例尺航海图上所得的船位误差三角形每边都不超过 5 mm，一般可以认为它是由位置线中存在合理的随机误差引起的，此时可以认为最概率船位在误差三角形内靠近大角短边处，如图 8-13（a）所示。根据这一原则，如果最概率船位误差三角形近似为等边三角形，船位可选在三角形的中心点；如果误差三角形呈现为等腰三角形，最概率船位可选在底边中央附近，如图 8-13（b）和 8-13（c）所示；如果误差三角形近似为直角三角形，船位可选在直角附近，如图 8-13（d）所示。但实际定位中，除了随机误差之外，可能还有系统误差的影响，真正的船位并不一定在误差三角形之内，也可能在误差三角形之外。

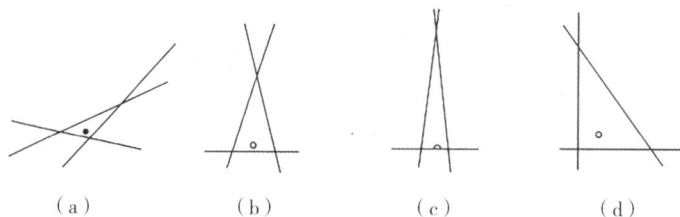

| （a） | （b） | （c） | （d） |

图 8-13　小随机误差三角形的处理

知识链接三　方位距离定位与其他定位方式

学习目标

如果能同时测得船舶与附近两个物标之间的距离，则可以分别以被测物标为圆心，以相应的距离为半径作距离位置线，其中靠近推算船位的一个交点即为观测时刻的船位，这种方法和过程称为距离定位（Fixing by Distances）。

一、距离定位的方法

如图 8-14 所示,同时测得本船分别到物标 M_1 和 M_2 的距离 D_1 和 D_2,分别以 M_1 和 M_2 为圆心,以 D_1 和 D_2 为半径作圆弧,两距离位置线通常有两个交点,其中接近推算船位的一点即为当时的观测船位 P。

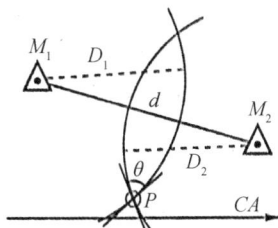

图 8-14　两距离定位

二、船位误差

两距离定位误差同样分系统误差与随机误差。

如果观测船位的系统误差相等,即 $\varepsilon_1 = \varepsilon_2 = \varepsilon_D$,则由系统误差影响所引起的船位系统误差 δ 为:

$$\delta = \frac{\varepsilon_D}{\sin\theta}\sqrt{D_1^2 + D_2^2 - 2D_1 D_2 \cos\theta} = \frac{\varepsilon_D \cdot d}{\sin\theta}$$

如果观测船位的随机误差相等,即 $\sigma_1 = \sigma_2 = \sigma_D$,则随机误差影响下的船位标准差即误差圆半径 M 为:

$$M = \frac{\sigma_D}{\sin\theta}\sqrt{D_1^2 + D_2^2}$$

三、提高观测船位精度的方法

为了提高两距离定位观测船位的精度,除减小观测中系统误差和随机误差外,还应注意选择适当的定位物标和遵循一定的观测顺序。

1.物标的选择

(1)选择孤立、显著、海图位置准确且离船较近的物标;

(2)两物标距离位置线交角 θ 应尽可能接近 $90°$,至少应满足 $30° < \theta < 150°$。

2.观测顺序

为了减小“异时”观测所造成的船位误差,在观测顺序上,应遵循“先慢后快”的原则,先观测正横附近距离变化慢的物标,后观测首尾线附近距离变化快的物标。

四、单物标方位距离定位

利用视界内唯一可供观测的物标,同时测定其方位和距离,可得到该物标同一时刻的方位位置线和距离位置线,它们的交点即为观测时刻的船位。这种定位方法称为单物标方位距离定位。

单物标方位距离定位是航海上经常使用的一种定位方法。只要能同时测得某物标的方位和距离,就可以确定观测时刻的船位。同时用雷达观测物标的方位和距离,以及同时用六分仪和罗经测定物标的垂直角和方位等,都可用来进行方位距离定位。

同时观测某一物标的方位和距离,可以得到同一时刻的方位船位线和距离船位线,它们的唯一交点就是观测时刻的船位 F,如图 8-15 所示。

具体方法是同时测得某物标的方位与距离后,过该物标向测者作一条方位线,然后以该标为圆心,以所测距离为半径作一圆弧交方位线于一点,如图 8-15 中的 F 点所示,该点就是观测时刻的船位。

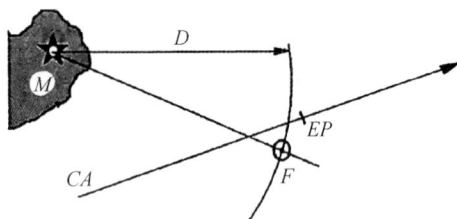

图 8-15　单物标方位距离定位

观测单一物标的方位距离定位,既可解决某些物标因距离较远、方位变化慢造成的移线定位困难,又可避免推算误差和风流等对移线定位的影响。此外,单物标方位距离定位两位置线的交角始终等于 90°,因此船位误差相对比较小。

单物标方位距离定位的船位误差主要取决于观测方位和观测距离的精度,为了提高单物标方位距离定位的精度,除了要尽可能消除观测和绘画方位和距离的系统误差,缩小观测和绘画方位和距离时的随机误差外,还应尽量选择离船较近的物标。

五、船位差

同一时刻的推算船位与观测船位之间的位置差称为船位差(Position Difference),用同一时刻的推算船位到观测船位的方向和距离来标示,符号"ΔP",如 $\Delta P060°—1'.5$ 表示从推算船位到观测船位的方向为 060°,距离 1.5 n mile。

当船位差不大时,可以仍按推算船位继续进行航迹推算,仅从观测船位绘画一小箭矢,指向同一时刻的推算船位点来表示它们之间的关系。当船位差较大,并且经系统地观测定位分析,确定观测船位比较可靠时,应报经船长同意后,将观测船位作为新的航迹推算起始点,继续进行航迹推算。海图作业时,应用一曲线连接相应的推算船位点和观测船位点,如图 8-16 所示,并将船位差记入航海日志中。

进行长时间的航迹推算后,当船舶接近海岸测得第一个观测船位时,必须对船位差进行认真的分析,做好记录,供以后参考。

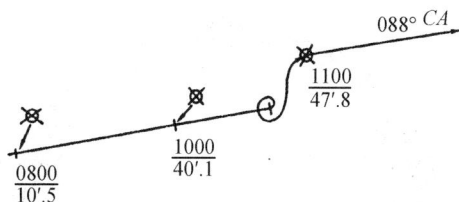

图 8-16 船位差标示方法

✏️ **项目实施**

任务一 测定陆标

子任务 1 陆标方位的测定

一、任务描述

航海上,物标的方位一般可以利用罗经测量或利用雷达测量,两种方法各有自己的特点。

二、实施步骤

(一)利用罗经观测物标方位

航海上通常利用方位仪配合罗经观测物标的方位。如图 8-17 所示,罗经方位仪有两套互相垂直的观测方位的装置,其中一套装置由目视照准架和物标照准架组成。在物标照准架的中间有一竖直线,下面装有天体反射镜、棱镜和水平仪,目视照准架中间有一细缝,当测者通过细缝观测到物标与物标照准架上的竖直线重合时,从棱镜上所读取的度数就是物标的观测方位,该套装置既可用于测定陆标的方位,又可用于观测天体的方位。另一套装置由可转动的凹面镜和允许细缝光线通过的反光棱镜组成,主要用来观测太阳的方位。将凹面镜朝向太阳,使太阳光线经棱镜的细缝投射到罗盘上,此时光线照亮的罗盘刻度即为太阳的罗经方位度数。

利用磁罗经或陀螺罗经所观测到的物标方位分别为物标的罗方位和陀螺方位,在海图作业前,必须进行罗经差和陀螺差的修正,将它们换算成相应的真方位。

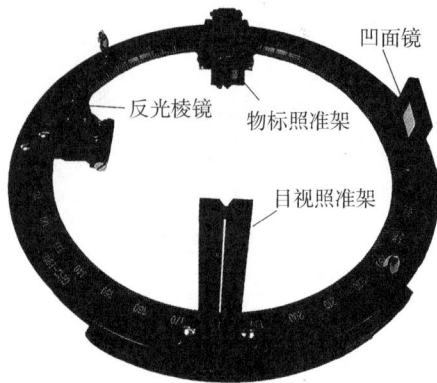

图 8-17　罗经方位仪

（二）利用雷达观测物标方位

利用航用雷达的电子方位线可以方便地测量物标的方位。孤立的灯塔、灯桩、明礁和小岛等点状物标,应测量回波中心的方位。范围较大的物标应测量岸角,并使电子方位线或机械方位标尺与回波的同侧外缘相切。

采用北向上相对运动显示方式,陆标回波在雷达荧光屏上的分布情况与它们在海图上的图像一致,有利于目标的辨认。此外,在这种显示方式下,荧光屏固定方位刻度圈的0°代表陀螺北,不仅可以在该方位仪上直接读得物标的陀螺方位,而且当本船转向或船首偏荡时,物标回波在荧光屏上不动,图像清晰,观测方便、准确,可以避免船首偏荡引起的方位测量误差。

应避免在船舶倾斜时测量物标的方位,以减小方位测量误差。不可避免时,可选择在横摇时测量正横方向的物标方位,纵摇时测量船首尾线方向的物标方位。使用电子方位线测量物标方位时,应确保扫描中心与雷达荧光屏中心重合。

子任务 2　陆标距离的测定

一、任务描述

航海实践中,可以利用六分仪观测陆标的垂直角来测定距离,也可以利用雷达来测定陆标的距离。

二、实施步骤

（一）测量物标的垂直角求距离

利用六分仪测定物标的垂直角(Vertical Angle)求距离时,必须知道物标在水面以上的实际高度,一般在有潮汐的海区,应将海图上所标的物标高程修正到当时水面以上的高度。如图 8-18 所示,M 是所测物标的顶点,$MB = H$ 是物标在水面上的实际高度。若测者的视点在海平面上 A 点,用六分仪测得物标 M 的垂直角为 $\angle MAB = \alpha$。从直角三角形 MAB 中可以得到测者到物标垂足 B 之间的距离:

$$D = AB = H\cot\alpha$$

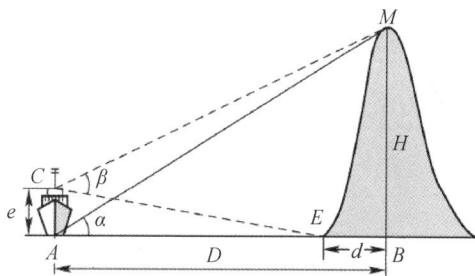

图 8-18　观测物标求其垂直角

若高度 H 以米(m)为单位,距离 D 以海里(n mile)为单位,则上式可写为:

$$D = \frac{H}{1\,852}\cot\alpha \qquad\qquad (8\text{-}1)$$

一般海上观测物标的垂直角 α 都比较小,如果用角分为单位来表示 α 的角度,则可认为:

$$\tan\alpha = \alpha'\text{arc }1' = \frac{\alpha'}{3\,438}$$

因此,式(8-1)又可写为:

$$D = \frac{3\,438}{1\,852}\times\frac{H}{\alpha'} \approx \frac{13}{7}\times\frac{H}{\alpha'} \approx 1\,856\times\frac{H}{\alpha'}$$

在推导上述公式时,忽略了地面蒙气差和地面曲率,并假定测者眼高 e 等于零,以及物标顶点的垂足在岸水线上。但实际上测者眼高 e 不可能等于零,物标顶点的垂足(如图 8-19 中的 B 所示)一般也不会位于岸水线 E 点,即物标的被观测面有坡度。因此,测者实际观测到的物标垂直角是 $\angle MCE$,而不是 $\angle MAB$。用 $\angle MCE$ 代替 $\angle MAB$ 时,按上述公式求出的距离 D 存在误差。根据证明,只要满足 $D>H>e$ 和 $H>BE$ 的条件,D 的误差将小于 $3e$。因此,在选择物标测量垂直角求距离时,应选择物标比较高、被观测面陡、垂足在测者能见地平内的物标。

(二)利用雷达观测物标的距离

雷达是航海上最常用的测量物标距离的仪器。雷达定位时,应选择回波图像稳定、亮而清晰、回波位置能与海图位置精确对应的物标,如孤立的小岛、岬角和突堤等。应避免使用回波形状可能严重变形或难以在海图上确定其准确位置的物标,如平坦的游斥线、科缓的山坡、位置未经核实的浮标等。

测量物标距离时,应尽量选择包含被测物标的最小量程,被测物标的回波最好位于距离荧光屏中心 2/3 屏半径附近。对于孤立的灯塔、灯桩、明礁和小岛等点状物标,应测量回波中心的距离。雷达应答标又称雷康(Racon),其编码脉冲信号显示在荧光屏上该标身回波之后,因此应观测编码脉冲信号前沿(靠近荧光屏中心一端)的距离。如果岸线等物标在雷达地平之内,应使活动距标圈的前沿与回波的内沿(靠近荧光屏中心一侧边缘)相切,量物标内缘的距离定位;如果岸线等物标在雷达地平之下,则应使活动距标圈的外沿与回波的外沿(远离荧光屏中心一侧边缘)相切,测量山峰的距离定位。

任务二 处理误差三角形

一、任务描述

当三方位定位出现较大的三角形时,应在短时间内对同样三个物标进行重复观测,再根据不同情况做相应处理。

二、实施步骤

如果三角形的大小和方向无显著变化时,可认为观测方位中存在较大的系统误差,可采用以下方法处理。

(一)差值法

由于系统误差与两物标的方位差角没有关系,即

$$\alpha = CB_2 - CB_1 = TB_2 - TB_1$$
$$\beta = CB_3 - CB_2 = TB_3 - TB_2$$

这样,我们就可以利用水平角定位法来确定概率船位,如图 8-19 所示。

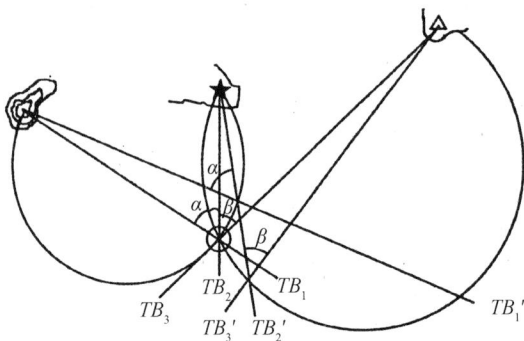

图 8-19　差值法消除系统误差

(二)改变罗经差法

从差值法中可以看出,等方位差角是在物标的外接圆弧上,所以,消除系统误差后的船位应位于三标每两个彼此形成的三个外接圆交点处,如图 8-20 所示。

若观测方位中系统误差为 ε,得到大误差三角形 $\triangle ABC$;若系统误差为 ε_1,则得到的误差三角形 $\triangle A_1B_1C_1$;若系统误差为 ε_2,则将得到误差三角形 $\triangle A_2B_2C_2$;若系统误差为 ε_3,则将得到误差三角形 $\triangle A_3B_3C_3$。可以看出,圆弧 $A_1A_2A_3$、$B_1BB_2B_3$、$C_1CC_2C_3$ 的交点 P 即为消除系统误差后的观测船位。由于误差三角形均处于实际船位附近,可将这三小段圆弧视为直线,以直线连接三角形对应顶点,其交点即为观测船位。

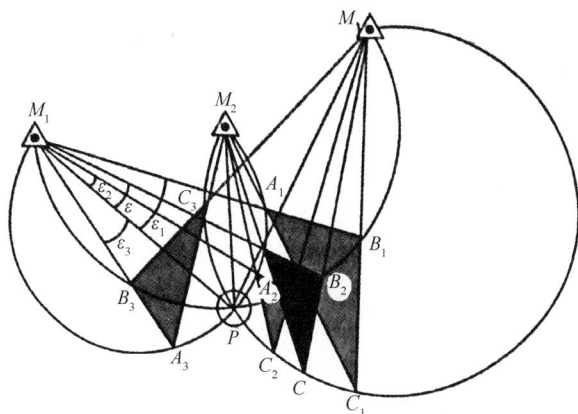

图 8-20　改变罗经差法消除系统误差

所以，在实际工作中，可以将罗经差改变±2°~4°，重作三条方位线，得到一个新的误差三角形，用直线连接两三角形对应的顶点，三条连线的交点即为消除了系统误差后的观测船位。如果上述三条连线相交成一小三角形，则该三角形是消除了系统误差后由合理的随机误差造成的，可采用小误差三角形处理方法确定观测船位。从图中可以看出，与原误差三角形相比较，新的误差三角形可以有以下四种情况：

（1）新误差三角形变大，说明改变的罗经差增加了方位的系统误差，如 $A_1B_1C_1$；

（2）新误差三角形缩小，说明改变的罗经差缩小了方位的系统误差，如 $A_2B_2C_2$；

（3）新误差三角形消失，说明改变的罗经差刚好消除了方位的系统误差，如 P 点；

（4）新误差三角形倒置，说明改变的罗经差产生了相反的方位系统误差，如 $A_3B_3C_3$。

根据以上分析，我们还可以求取观测时刻的实际罗经差及方位系统误差的大小和方向。在利用上述方法确定船位 P 后，可以得到真方位 TB，根据观测时的罗方位 $CB(GB)$，求得 $\Delta C(\Delta G)$，即 $\Delta C(\Delta G)=TB-CB(GB)$。

可以采用数学平均值的方法求得更准确的罗经差，同时与原来的罗经差比较，得到系统误差的大小与方向。

在航海实际工作中，三物标的观测通常认为是等精度的，消除了系统误差后的船位位于：

①当三物标分布范围在 180°以内（在同一侧）时，消除了系统误差的船位在误差三角形外（见图 8-21）；

②当三物标分布范围在 180°以上时，船位在误差三角形内（见图 8-22）；

③当三条方位位置线的系统误差均相等时，如三物标分布范围在 180°以内，消除了系统误差后的船位位于误差三角形的旁心；如三物标分布范围在 180°以上，消除了系统误差后的船位位于误差三角形的内心，见图 8-21、图 8-22(b)。

重新观测后，新的误差三角形的大小和方向变化无规律，说明该三角形是由较大的随机误差引起的。这时，最好采用其他有效的定位方法加以核对，判定观测船位所在，或者如前所述，将船位定在三角形中最接近危险物或对以后航行安全最不利的一点上。

在实际航海活动中，三条等精度船位线的误差三角形的最概率船位应在三角形内，且靠近三角形的"大角短边"处。通常可以采用反中线法来确定船位。

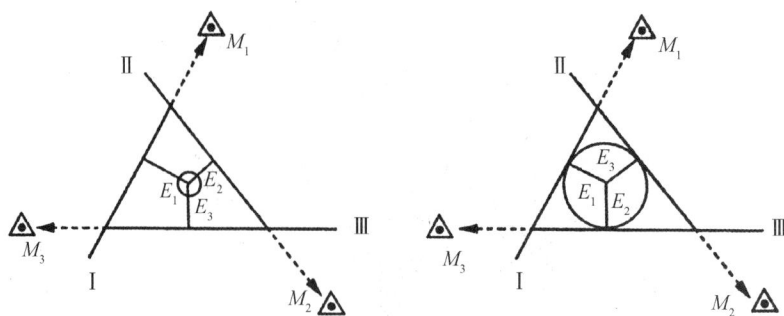

图 8-21　三物标分布范围在 180°以内

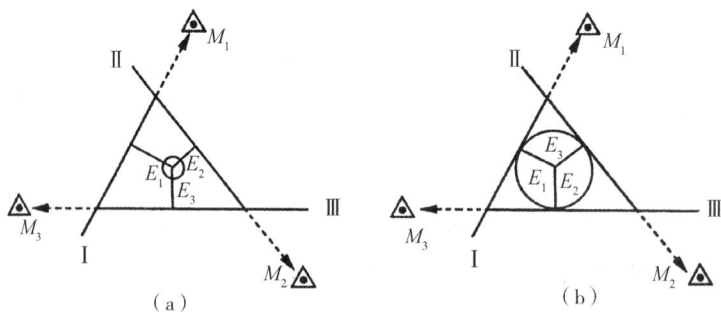

（a）　　　　　　　　　　　　（b）

图 8-22　三物标分布范围在 180°以上

任务三　求取船位

子任务 1　特殊方位距离定位

一、任务描述

特殊方位距离定位一般是在无风流影响，船舶定向、定速航行情况下，利用特殊的舷角，求得某物标在某时刻、状态下的方位距离，将较复杂的移线定位转化为单物标方位距离定位。航海上常用的特殊方位距离定位方法有倍角法、四点方位法和特殊角法三种。

二、实施步骤

（一）倍角法

船舶在定向定速航行时，第一次观测某物标方位时的舷角为 Q_1，第二次观测该物标方位时的舷角为 Q_2，且 $Q_2 = 2Q_1$，前后两次观测间的计程仪航程等于 s_L，于是可以得到第二次观测时刻的船位和正横船位。如图 8-23 所示，显然，第二次观测时船位到物标的距离为：

$$MB = AB = s_L$$

还可以求得该物标的正横距离为：

$$D_\perp = MB \cdot \sin Q_2 = s_L \cdot \sin Q_2$$

这样,利用单物标方位距离定位很容易得到第二次观测时刻的船位和正横船位。自物标 M 作第二次观测所得的方位线和该物标的正横方位线,并在其上分别截取 s_L 和 D,截点 B、C 即为第二次观测时刻和物标正横时刻的船位。

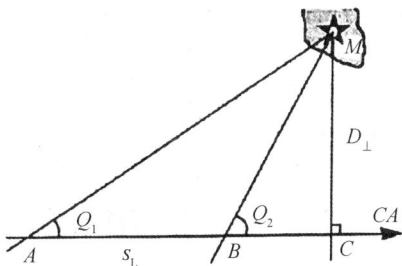

图 8-23　倍角法

（二）四点方位法

这里的四点指的是四个罗经点,因为一个罗经点为 $11°.25$,四点就等于 $45°$,此法名称由此而来。

四点方位法是倍角法的特例,如图 8-24 所示,如果在 A 点测得物标 M 的舷角 $Q_1 = 45°$,航行到 B 点时测得舷角 $Q_2 = 90°$,物标正横距离就等于两次观测间的计程仪航程 s_L。

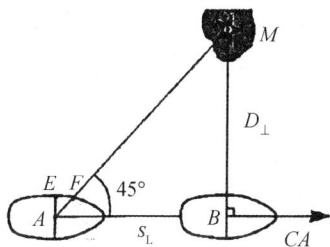

图 8-24　四点方位法

实际工作中,如果测者位于驾驶台某固定位置 A,在舷角 $45°$ 和 $90°$（正横）处各有一固定的参照物 E 和 F（如羊角、滑车、窗框等）,航行中,只要测者分别记下物标通过 AF、AE 串视线的时间和计程仪读数,就能推算出物标的正横距离,并由此确定物标正横时的船位。可见,用四点方位法来观测物标的方位用并不一定要借助罗经。

（三）特殊角法

如图 8-24 所示,当 $Q_1 = 26°.5$、$Q_2 = 45°$ 时,第一次观测物标方位时的舷角为 $26°.5$,而第二次观测物标方位时的舷角为 $45°$ 时,物标正横距离 D 就等于两次观测间的计程仪航程 s_L,而第二次观测物标方位到物标正横的航程等于物标的正横距离 D,也等于两次观测间的计程仪航程 s_L。利用这对特殊的舷角,不仅可以在物标正横以前预知物标的正横距离,还可以预测第二次观测物标方位到物标正横的航程,同时也提供了两次测定物标正横距离的时机。

特殊角法是根据 26°.5 和 45°的正切值分别等于 1/2 和 1 的特性而选定的一种特殊的移线定位方法,即:

$$\tan26°.5 = 1/2, \tan45° = 1$$

在图 8-25 中,因为:

$$\tan\angle MAC = \frac{MC}{AC} = \tan26°.5 = \frac{1}{2}$$

$$\tan\angle MBC = \frac{MC}{BC} = \tan45° = 1$$

所以:

$$AC = 2MC, MC = BC, AC = BC = MC = s_L, D = BC = AB = s_L$$

子任务 2 求观测船位

一、任务描述

如果船位误差三角形较大,应在短时间内进行重复观测,重新定位。若该误差三角形是由粗差造成的(例如认错物标、读错方位等),一般在重复观测中可发现并纠正,变为合理的小误差三角形。而如果在短时间内重复观测后,船位误差三角形的大小、形状几乎不变或有规律地变化,则可认为误差三角形主要是由观测中的系统误差造成的,可按系统误差处理。若三角形虽未显著缩小,但其大小、形状变化无规律,确认不存在粗差,可以认为误差三角形主要是由观测中存在较大的随机误差造成的。这时最好采用其他有效的定位方法来核对,确定最概率船位。

二、实施步骤

(一)求算原则

当前方有危险物时,应该把船位设想在三角形中最可能引起航行危险的一点。如图 8-25(a)所示,a 点对安全最有威胁,设想 a 点为观测船位,可及时采取措施安全避开沉船;图 8-25(b)中,设想 b 点为观测船位,则实际船位不管在 a 点还是在 c 点,船舶都能在实际通过沉船后安全转向,对船舶安全航行最有利。

(二)系统误差三角形作图法求观测船位

若误差三角形主要是由观测中的系统误差造成的(例如罗经差中存在着误差),可将所使用的罗经差向同一方向做 2°~4°的变动,然后重新在海图上作图,并将所得到的新误差三角形和原误差三角形的各对应顶点用直线连接,则各连线的交点即为观测时刻的消除了系统误差后的观测船位。如图 8-26 所示,设 △abc 为三方位定位时所得的原误差三角形,而 △abc 是将罗经差同方向做 2°~4°变动后,重新作图得到的新误差三角形,用直线(理论上应为圆弧,如图 8-26 所示)通过该两三角形相对应的顶点 aa_1、bb_1、cc_1,则可以为三线的交点(或小三角形的中心)即消除了系统误差后的观测船位(最概率船位)。

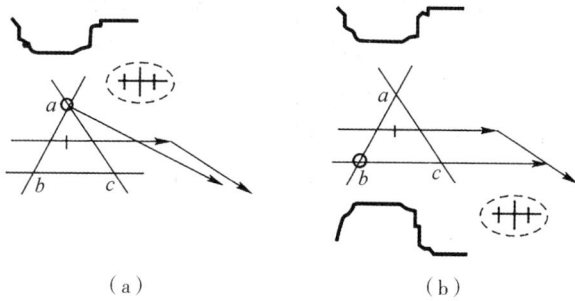

（a）　　　　　　　　　（b）

图 8-25　危险物附近误差三角形的处理

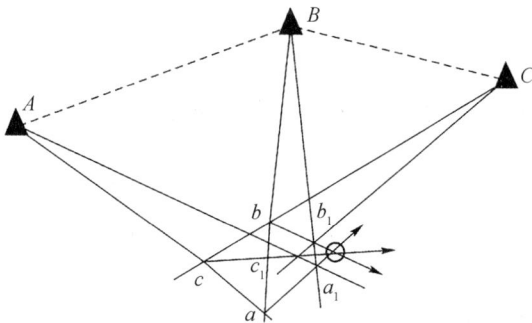

图 8-26　系统误差三角形作图处理法

（三）系统误差三角形粗略估算求观测船位

对于系统误差三角形,当三物标的方位分布大于 180°时[见图 8-27(a)],消除了系统误差后的观测船位一般在三角形内;当三物标的方位分布小于 180°时[见图 8-27(b)],观测船位一般在三角形外且在中间物标对应的位置线外侧。

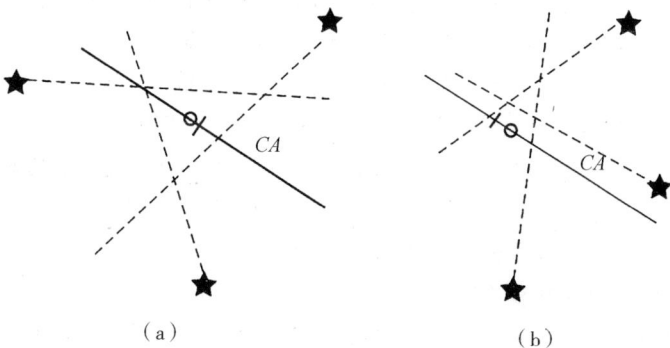

（a）　　　　　　　　　（b）

图 8-27　系统误差三角形的简单处理法

（四）提高三方位定位精度的方法

所以,当三物标分布范围在 180°以内时,船舶沿岸航行时大多是这种情况,从误差理论考虑,相邻两物标之间的方位差角即船位线交角要求不小于 30°,以趋近 60°为好;如果三物标分布范围在 180°以上,则相邻两物标之间的方位差角即船位线交角要求不大于 150°,以趋近 120°为好。总之一般情况下位置线交角 θ 应满足 $30° < \theta < 150°$。

根据前面的讨论,我们还可以得出结论,即尽量选择三物标分布范围在 180°以上,这样无论按系统误差处理还是按随机误差处理,最概率船位都在误差三角形之内。

同样,在三方位定位中,应选择孤立、显著、海图位置准确的近距离物标。

在观测顺序上,三方位定位时,同样应遵循"先慢后快,先难后易"的观测顺序,即白天应先观测船首尾线方向的、方位变化慢的物标,后观测正横附近的方位变化快的物标;夜间应本着"先闪后定,先长后短,先弱后强"的原则,先观测灯光较弱的、闪光周期长的难以观测的物标,再观测灯光强的、闪光周期短的容易观测的物标,尽量减小异时观测所产生的船位误差。

子任务3 移线定位

一、任务描述

移线定位包括直线船位线的转移方法与圆弧船位线的转移方法两种方式,要掌握船位线的转移原理与作图方法。

二、实施步骤

(一)船位线转移原理

船位线的必然性和时间性决定了船位线是可以根据船舶的实际航行轨迹和实际航程从一个时间转移到另一个时间上去的。这种转移后的船位线称为转移船位线(Transferred Position Line)。

如图 8-28 所示,设船舶在 T_1 时刻测得某灯塔方位,得方位船位线 P。设 T_1 后船舶的实际航行轨迹为 CA,船舶按 CA 航行到 T_2 时刻,实际航程为 s,则不管 T_1 时刻的船位在 P 线上的哪一点,船舶均按 CA 航行了航程 s。因此,P 线上任意一点的移动轨迹必然与 CA 平行,等距离移动,也即船位线 P 按 CA 方向移动了 s 距离到达 P'。P' 就是 T_2 时刻的船位线,它是由 P 线转移得到的船位线,故称为转移船位线。它同样具有船位线的一切特性——时间性和必然性。但在海图上画转移船位线时,需加画箭头。

但必须注意,实际航行中并不知道船舶的实际航迹和实际航程,因此,在位置线转移过程中,是以推算航迹和推算航程近似代替实际航迹和实际航程的,即船位线 P 按推算航迹向移动了 T_1-T_2 的推算航程后得船位线 P'。

(二)直线船位线的转移方法

如图 8-29 所示,设 T_1 时刻得 M 物标的方位船位线为 P,航行到 T_2,试将 T_1 的 P 船位线转移到 T_2 时刻。方法如下,首先在海图上从 T_1 推算船位根据航迹绘算方法作出推算航迹(设为 CA)和 T_2 时刻的推算船位,用两脚规量出两推算船位之间的推算航程,设为 s_G,然后从船位线 P 与 CA 的交点 A,沿着 CA 线截取 s_G 得 A' 点。此时,平行移动船位线 P,使其通过 A',得 P' 线,此为 T_2 时刻的转移船位线。根据船位线特性,T_2 时刻的船位在 P' 线上。

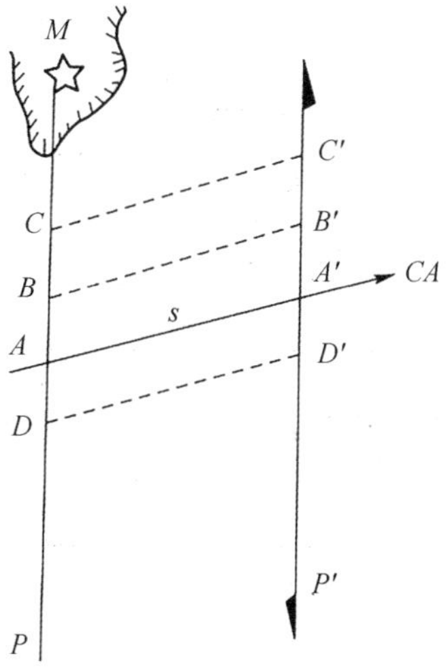

图 8-28　船位线转移原理

（三）圆弧船位线的转移方法

圆弧船位线的转移原理与直线的相同,即将圆弧沿着推算航迹向平行移动推算航程 s。但平行移动圆弧并不方便,一般是采用转移圆心的方法(见图 8-29),即以圆弧船位线的圆心 M 为起始点,从 M 画出推算航迹向 CA 的平行线,在其上截取推算航程 s,得 M' 点。以 M' 点为圆心,以圆弧船位线的半径为半径,画出新的圆弧,即为转移后的船位线(见图 8-30)。

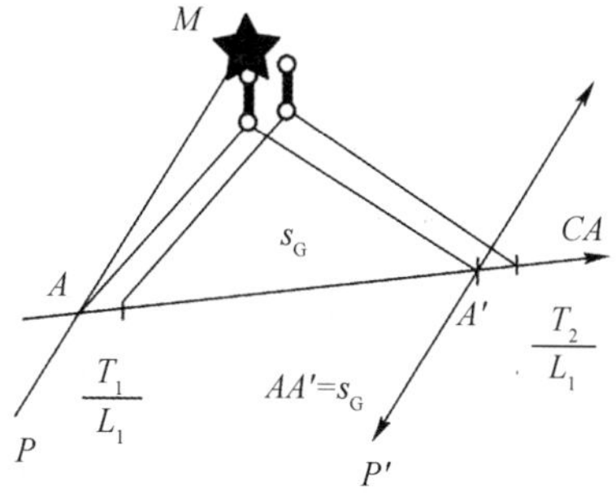

图 8-29　直线船位线的转移

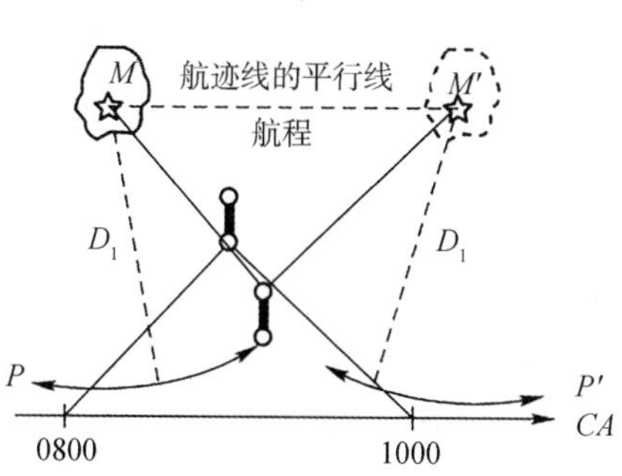

图 8-30　弧线船位线的转移

项目考核

项目考核单

	考核内容	分值	考核标准	得分
1				
2				
3				
4				
5				

项目九

舰船航行与导航

📺 项目描述

船舶海上航行受海洋环境和航线长短等因素影响很大,不同航行环境和不同航线的船舶需要采用不同航线,以保证船舶航行的安全性和经济性。通常情况下,船舶要根据不同航行距离和航行环境,采用大圆航线、恒向线航线或混合航线,同时也要考虑海洋环境情况,采用气候航线和气象航线。本项目介绍各种航线的类型、使用时机和不同航行环境的特点及注意事项等。

💡 学习目标

1. 知识目标
(1)掌握大洋航行的特点和注意事项;
(2)掌握沿岸航行的特点和注意事项;
(3)掌握狭水道航行的特点和注意事项;
(4)掌握大圆航线的获取方法;
(5)掌握浅水区航行的影响因素;
(6)掌握冰区和雾区航行的特点和注意事项。

2. 技能目标
(1)能够获取大圆航线;
(2)能够独立完成舰船航行油水消耗测算;
(3)能够独立完成狭水道导航与避险。

3. 职业素养目标
(1)培养学生的航行安全意识;
(2)帮助学生树立良好的职业基础价值观;
(3)培养学生船舶航行经济性意识。

知识链接一 大洋航行

大洋航行是跨洋长距离航行,航线离岸远,航行时间长,气象、海况变化大,灾害性天气较难避离,受洋流影响也较大,驾驶员因对航行海区不够熟悉而只能依赖航海图书资料的介绍,都是不利因素。但是,大洋航行也有其有利的一面,诸如大洋宽广、水较深、障碍物少、航线有较大的选择性等。

一、大洋航行航线选择

大洋航行可选用不同的航线,如大圆航线、恒向线航线、等纬圈航线以及混合航线。

（一）大圆航线

大圆航线是基本沿着两点间大圆弧航行的航线。这是两点间地理航程最短的航线,特别是在高纬度海区航向接近东西、横跨经差较大时,大圆航程比恒向线航程要短达数百海里。但是,由于大圆弧和所有子午线相交角度不等,如果严格沿大圆弧航行,则必须不断改变航向。

（二）恒向线航线

恒向线航线是沿两点间恒向线航行的航线。这不是航程最短的航线,而是操纵方便的沿单一航向航行的航线。但在低纬度海区或航向接近南北时,它和大圆航线的航程相差甚小。

（三）等纬圈航线

等纬圈航线是出发点与到达点位于同一纬度时沿等纬圈航行的航线,是恒向线航线的特例。

（四）混合航线

为了避开高纬度海区恶劣的气象条件或岛礁危险区,要求航线不超过某限制纬度,这种情况下所采用的大圆航线和限制纬度上的等纬圈航线相结合的最短距离航线即为混合航线。

大圆航线虽航程短,但如果穿越风、流影响大的海区,不仅影响船舶安全,而且降低营运效益。恒向线航线虽应用方便,但如不视情况选用,势必造成航行时间延长。因此,船舶驾驶人员应认真地对各种条件和因素进行综合分析,得出适合当时环境的最佳航线,以确保在安全的前提下,航行时间最短、经济性最好。

二、大圆航线

大圆航线是跨洋航行时所采用的地理航程最短的航线。如果将地球当作圆球体,地面上两点间的距离,以连接两点的小大于180°的大圆弧弧长为最短。但由于大圆弧(除赤道与子午线外)与各子午线的交角都不相等,因此,所谓沿大圆航线航行,实际上并不是船舶不断改变航向严格沿着大圆弧航迹航行,而是将大圆航线分成若干小段,每一段仍然是沿恒向线航线航行。这样,就整个航线来说,只是基本上接近大圆航线。

如图9-1所示,将 A、F 两点间的大圆航线分成五段,每段恒向线航线可以是 AB、BC、CD、DE、EF 弦线,也可以是 AA_1、A_1A_2、A_2A_3、A_3A_4、A_4F,即 A、B、C、D、E 各点的切线。

综上所述,大圆航行主要是解决两个问题:

(1)求分点,即将整个大圆航线划分若干段。划分分点的原则一般是:分点经度为整度的、一昼夜左右航程的距离(5°~10°经差)为一段来划分。这样,又基本上保持在大圆弧上航行,既可一昼夜改变一次航向,使用比较方便。

(2)求各分点间的恒向线航向和航程。

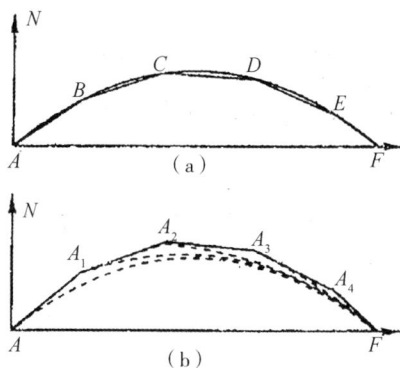

图9-1　大圆航线求分点示意图

三、大圆航线的获取方法

求算大圆航线的几种具体方法分述如下:

(一)利用大圆海图法

大圆海图系根据日晷投影原理绘制的,具有所有大圆弧在图上均绘成直线的特点,而恒向线为曲线。利用大圆海图求算大圆航线,就是利用大圆海图上大圆为直线这一特点,具体方法如下:

(1)根据航行海区查《航海图书总目录》抽选相应的大圆海图。

(2)将起航点和到达点按其坐标标在大圆海图上,用直线将两者连接,即为大圆航线。

(3)在直线上确定各分点:可间隔5°或10°经差,取整度经度与直线的交点为一分点,然后,量出各分点的纬度。

(4)将各分点按其经、纬度移画到航用海图上去,并用直线连接相邻分点,便得折线状大圆航线;每段折线即为分点间恒向线航线,量出各段恒向线的航向和航程,并列表备航。

(二)利用《天体高度方位表》法

这种方法的实质,就是根据起航点、到达点和仰极所构成的球面三角形与天文三形相类似的特点。如图 9-2 所示,起航点 A 相当于测者,A 点的纬度相当于测者的纬度;到达点 B 相当于天体在地球上的投影点,即天体的地理位置。B 点的纬度相当于天体的赤纬;起航点 A 与到达点 B 之间的经差相当于天体的地方时角;而 A 点的始航向相当于天体的方位角;大圆航程相当于 90° 与天体高度之差。这样,利用《天体高度方位表》求算起航点和到达点间的大圆方位,作为起航点的始航向。航行约一昼夜后,再根据当时的准确观测船位作为起航点,用《天体高度方位表》求算出至终点的新的大圆方位,作为第二个航向。以此类推,使船保持在大圆弧的切线上航行,直至目的地;或者,在开航前,利用推算的方法,结合《天体高度方位表》,求出每段切线恒向线航向,作出整个折线状大圆航线。

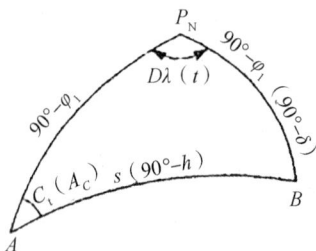

图 9-2 大圆航线与天文三角形要素的关系

(三)利用大圆改正量法

已知,在航用海图上两点间的大圆方位和恒向线方位相差一个大圆改正量。大圆改正量可按下列公式计算:

$$\psi = \frac{1}{2}(\lambda_B - \lambda_A)\sin\frac{\varphi_A + \varphi_B}{2} \tag{9-1}$$

实际工作中,可在航用海图上用恒向线连接起航点、到达点,并量出其恒向线航向 RLC,利用上式算出或从《大圆改正量表》查得,于是可得(如图 9-3 所示):

图 9-3 大圆航向与恒向线航线的比较

$$RLC_1 = RLC \tag{9-2}$$

RLC_1 为沿大圆弧切线航行时 A 点的大圆始航向,第一段恒向线航向。航行约一昼夜之后,根据当时的准确观测船位,用大圆改正量法求出下一段的大圆切线航向,即第二段恒向线航向。以此类推,直至到达点。亦可结合推算,在开航前作出整个折线状大圆航线。

分析利用《天体高度方位表》法和大圆改正量法的特点,可知当航程较远,即经差较大时,用近似公式计算的大圆改正量将有一定误差;而利用《天体高度方位表》法较为准确;反之,当航程较短时,则大圆改正量法较准,而利用《天体高度方位表》法误差较大。因此,在实际应用中,起始时多用《天体高度方位表》法,而当接近到达点时,宜用大圆改正量法。两种方法取长补短,配合使用,将取得较好的效果。

（四）利用公式计算法

计算大圆航线的公式即球面三角公式。这类公式较多,现仅简单介绍一下基本公式和求算举例。

如图9-4所示,$A(\varphi_1,\lambda_1)$、$B(\varphi_2,\lambda_2)$分别为大圆航线的起程点和到达点。

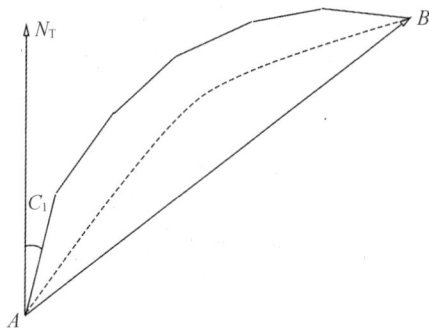

图9-4　求算大圆航线

$$\cos s = \sin\varphi_1 \cdot \sin\varphi_2 + \cos\varphi_1 \cdot \cos\varphi_2 \cdot \cos(D\lambda) \tag{9-3}$$

$$\tan C_1 = \frac{\sin(D\lambda)}{\cos\varphi_1 \cdot \tan\varphi_2 - \sin\varphi_1 \cdot \cos(D\lambda)} \tag{9-4}$$

$$\cos C_1 = \frac{\sin\varphi_2 - \sin\varphi_1 \cdot \cos s}{\cos\varphi_1 \cdot \sin s} \tag{9-5}$$

式中:C_1——大圆始航向;

s——大圆航程。

由于经、纬度均有名称和符号,在利用以上公式求取航向和航程时,可适用以下规律:

①起航点纬度,无论南或北,一律取正值;到达点纬度,与起航点纬度同名时取正值,与起航点纬度异名时取负值。

②经差无论东或西,一律取正值。

③若按上述取值解算的 $\cos s$ 为正值,则航程 s 为小于 5 400 n mile(90°)的值;若 $\cos s$ 为负值,则航程 s 为大于 5 400 n mile(90°)的值。

④按上述取值求取始航向时,求得的航向为用半圆周法表示的值(0°~180°),其命名的第一个字母与起航点纬度同名,第二个字母与经差同名。如果求得的函数值为负,则航向取大于90°、小于180°的值(即:如果 $\cos C_1$ 为负值,直接求反三角函数即可;如果 $\tan C_1$ 为负值,则求出的 C_1 为负值,应加上 180°换算为大于90°、小于180°的值)。最后,将用半圆周法表示的航向换算为用圆周法表示即可。

若需求取终航向(Final Course)C_f,可按从到达点向起航点航行的情况,利用式(9-4)或式(9-5)求出 C_f',然后,将 C_f' 加或减 180°即可。

四、混合航线

大圆航线经过的海区纬度比较高,高纬度海区水文气象条件比较恶劣。有些区域还有较复杂的岛礁等危险物,如北太平洋除阿留申群岛阻隔外,冬季多风暴,夏季多雾;

北大西洋多冰山。因此,要求航线不超越某一纬度,把这一纬度称为限制纬度,在这种情况下,航线便分为了三段,如图9-5所示。

第一段:由起航点A至与限制纬度圈相切的点M的大圆航线;

第二段:由到达点B至与限制纬度圈相切的点N的大圆航线;

第三段:在限制纬度圈上由M点到N点沿等纬圈的恒向线航线。

由大圆航线和等纬圈航线相结合的混合航线,这就是有限制纬度时的最短航程航线。

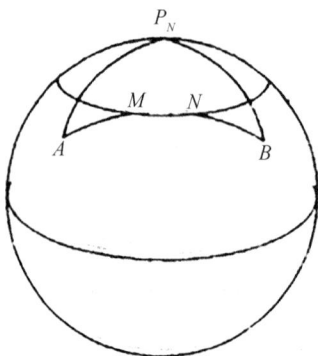

图9-5　混合航线示意图

五、大洋航线的选择与航行注意事项

(一)选定大洋航线应考虑的各种因素

1.气象条件

查阅资料诸如《世界大洋航路》、航路设计图、《航路指南》、相关气象图等,综合中长期天气预报,仔细分析,充分考虑本航次中遭遇诸如盛行风、季风、热带气旋等大风和灾害性天气及雾的可能性。

2.海况

着重研究海流、海浪、流冰和冰山对航行的影响,尽量避开逆流,利用顺流,避开大风浪区、流冰区和冰山活动区。

3.障碍物

大洋航行时,必须对岛礁等危险障碍物予以充分的注意,留有足够的安全距离。

4.定位与避让条件

选择航线时,应充分考虑利用各种定位方法的可能性。接近陆地时,应选有显著物标或有明显特征等深线的水域。注意避让条件,特别是能见度不良时更应尽可能避免航线通过渔区和拥挤水域。

5.本船条件

①本船结构强度:老船应考虑因船壳锈蚀,容易在大风浪中被冲击漏水;新船亦应注意预防。

②吃水:空船吃水浅,受风面积大,不利于充分发挥车效和舵效;满载时则易严重上浪而损伤船体。

③船速:大洋航行中,船速是选择航线的一个重要因素。低速船在大风浪中顶风航行,航程进展小;傍风航行又偏移很大,舵效较差。

④吨位:一般船舶吨位大,抗风能力也大;船型不同,适航性能也不同。但是,吨位大小不一定是主要因素,重要的是措施应该得当。

⑤客货载情况:要考虑货载多少,是散装货或是杂货,是否有危险品,以及封舱、衬垫和绑扎情况;是否有甲板货,稳性情况如何等。客船一般应选择风浪小的航线。

⑥船员:要考虑船员的技术水平、熟练程度和应对紧迫局面的能力。在其他条件一定的情况下,船长的经验和船员集体的应变能力,是选择航线应当考虑的一个重要因素。

6.推荐航线与分道通航

一般应尽量采用《世界大洋航路》和航路设计图中的推荐航线(Recommended Route);在有分道通航制的区域,应遵守分道通航制的规定。

对于上述各种因素的利弊,应当充分加以权衡。总之,选择大洋航线首先应当突出安全,其次是节约航行时间。即使是选择大圆航线或混合航线,也只是在符合安全和缩短航行时间的要求的前提下,才有实际意义。

(二)气象定线概述

为在大洋航行选择最佳航线时,除了要研究固定的航海环境,还要掌握分析动态的海洋水文气象条件。多年来人们通过具体的航海实践,对此早有注意,并总结了丰富的选择航线的经验。各种航路图以及《世界大洋航路》所推荐的航线,就是以气象学资料为基础而制定的,这种推荐航线,确切地说,应称为"气象航线"。

随着天气预报学和船舶通信导航设备的不断发展完善以及缩短船舶营运周期的需要,根据气象条件具体制定最佳航线的工作获得迅速的发展和越来越广泛的应用。岸上气象咨询开辟了大洋航线设计的新纪元,国际上已有一些专门机构提供针对北大西洋、北太平洋及印度洋的气象定线服务,即岸上气象咨询机构根据大洋气候资料、气象和海况预报,结合船舶的各种条件,通过计算,为船舶优选大洋航线,并在航行过程中继续给出航线的修正指导。气象定线在保证航行安全、缩短航行时间、节省燃料和减少船和货的损失等方面取得了显著的效果。

由岸上的专门机构负责向接受导航的船舶提供航线指导是气象定线的主要方式,其一般步骤如下:

(1)出航前,船长或船公司向气象定线公司提出定线申请,并报告以下内容:

①船舶名称、呼号、航速和所属公司或本航次受雇公司的名称和地址;

②预计起航时间;

③出发港和目的港(如果中途有挂靠港,需说明港名和预计停靠时间);

④装载情况(装货量、甲板货物情况和稳性等);

⑤船舶吃水与干舷;

⑥其他要求与说明。

气象定线公司收到船舶的申请后,结合气象预报资料,通过计算机及时分析处理,为船舶提出推荐航线和开航后未来5天的天气形势、风浪、海雾、海流等情况;同时根据各种类型船舶航速曲线的特点和货载安全的需要,向被导航船舶提供导航指导意见。

（2）船舶收到定线公司的定线咨询报后，应在仔细分析的基础上确定本船的计划航线。

（3）航行中，船舶和气象定线公司应密切配合。一般情况下，船舶每2天把午时船位、航向、航速、风向、风级和海况等电告定线公司；定线公司也每2天发一次跟踪导航的指导电报。如果船舶因非天气原因发生故障或减速，或船舶自行改变航线，应速电告定线公司；如遇复杂的天气情况，双方加发电报联系进行协调。

（4）航行结束时，船长应尽快电告定线公司实际到达时间；定线公司将及时做出航次总结并发给船舶公司，副本送船长。至此，气象定线服务全过程结束。

在气象定线过程中，通信手段是非常重要的，有时一般的通信手段难以满足要求，则采用卫星通信。自动气象定线系统，可谓是通信系统与大型电子计算机的结合。

应当指出，气象定线的岸上机构仅系咨询性质的。接受气象定线服务，并不解除驾驶员使用其他必要办法妥善计划航线的责任。

（三）大洋航行注意事项

在大洋航行中，正确选定航线，采用最佳方案，是很重要的。但是，为了补充航线选定方案中的不足，以及根据变化的情况不断修正航线，在航行中采取及时、正确的航海措施，也是保证航行安全不可缺少的重要环节，其中包括：

1.认真推算

推算船位是在任何时候获取船位的最基本方法，进行天文定位、无线电航海仪器定位，包括比较现代化的卫星定位，都必须以推算船位作参考。因此，大洋航行中决不可忽视推算船位。为了尽可能提高推算的准确度，应坚持使用计程仪，并切实掌握计程仪改正率；重视罗经工作状况，改向或长时间在同一航向上航行，要注意每隔1~2 h进行磁罗经和陀螺罗经对比，以利随时发现问题，采取正确措施；每天早晚利用太阳出没或低高度各测1次罗经差，并将测定结果记入罗经误差记录簿；应根据各地地磁的变化，计算罗经差；当船舶跨越赤道后，应对磁罗经的工作情况进行检查，以确定自差有无较大变化。由于航行时间长，更要特别注意正确计算风流压差，以保证推算的准确度。

2.充分利用机会观测船位

在航行中应充分利用一切机会进行天文定位和无线电导航仪器定位。正常情况下，每昼夜至少有3个天文船位(晨昏天文船位和上午或下午太阳位置线间或与中天纬度间的移线船位各一个)；远距离无线电定位每2 h一次；如装有卫星导航仪应及时定位。定位后，均应注意分析产生船位差的原因，作为继续进行航迹推算的参考。如果只能获得单一位置线，也应加以应用，作为分析船位误差的参考。

3.注意接近海岸的安全

远航接近海岸时，由于可能存在较大的推算误差，要特别注意仔细识别物标，正确定位，确保航行安全。除应选择显著物标作为接岸点外，还必须仔细了解接岸区的地形特点、水深变化规律、水中危险障碍物位置、水流情况和助航设施等。接近海岸时，应先开启雷达，提前加强瞭望，反复确认物标，直至对船位确信无疑，方可继续航行。

4.注意收听天气预报、收录气象传真

大洋航行气象多变，灾害性天气时有发生，因此，必须按时收听有关气象台站的气象报告，接收气象传真图，结合本船的气象观测资料进行分析判断。如有灾害性天气，应采取必要的避离和预防措施。

5.按时接收航海警告

由于大洋航行一般持续时间较长,应特别注意接收无线电航海警告,并及时进行必要的图书资料改正工作。

6.及时拨钟

在大洋航行中,为了维持正常的作息时间,并使船时与所航行海区的时间一致,应及时按时区拨钟,通过日界线时变更日期,并记入航海日志。

7.必要时选用适当船速

大洋航行由于可能遭遇灾害性天气等意外原因,有时会延长航行时间,造成燃料储存短缺。因此,船舶除应有额外燃油储备(一般不少于2天的耗油量)外,航行中应选择适当航速,以保证续航至中途港或目的港。

为了考虑船舶燃料消耗问题,应明确耗油量与航速V、船舶排水量D和航程s之间的关系。船舶航行每小时耗油量Q(单位为t)与船舶排水量D(单位为t)和航速V(单位为kn)的关系为:

$$Q \propto D^{\frac{2}{3}} \cdot V^3 \tag{9-6}$$

即单位时间耗油量与船舶排水量D的$\frac{2}{3}$次方成正比,与航速V的三次方成正比。

船舶耗油量F(单位为t)与航速V和航程s(单位为n mile)的关系为:

$$F \propto V^2 \cdot s \tag{9-7}$$

即船舶单位距离耗油量与航速的平方和航程成正比。

8.空白定位图的应用

大洋航行使用的航用海图,比例尺一般较小。在没有障碍物放洋航行的情况下,为了提高推算和定位的准确性,应当选用适当比例尺的空白定位图进行海图作业。

空白海图的特点是:图上只有经纬线及其图尺,在纬线上标明纬度读数,而经线可由使用者自己根据需要用铅笔填写经度读数,南、北纬可以通用,故其纬度图尺有正倒两个读数,在用于南纬时,仅需将海图上下倒置、选用相应的纬度读数;图上的向位圈也有相应的内外两圈,用于南纬时,应使用其内圈。

在大洋航行中,首先应根据航区纬度利用《航海图书总目录》选用适当的空白海图,然后根据航区的经度确定适当的经度值,用铅笔填写在适当的经线处。因此,当航线的纬度变化不大时,则同一张空白海图可重复使用,只要相应改填经度值即可。

使用空白海图时,应将早、中、晚的船位转移到航用海图上去,以便及时了解船舶周围海区情况。

知识链接二　沿岸航行

沿岸航行是指在沿海各港口之间的近岸海上航行以及自海上接近陆岸时的航行。

沿岸航行时交通环境复杂,船舶驾驶员应事先了解航线附近水文气象、地形和助航设施、交通管理规章等特点,从而选择一条安全、经济的航线。

一、沿岸航行特点

沿岸航行离岸线近,许多情况下船舶回旋余地较小,航行中要集中精力,谨慎驾驶,以确保船舶的航行安全。航行前要仔细研究航海资料,熟悉航区特点。其特点如下:

(1)距沿岸的危险物近,地形复杂,水深一般较浅;

(2)潮流影响大,水流较为复杂;

(3)交通密集度大,来往船只和各种渔船较为密集,航行和避让都有较大的困难;

(4)当遇到紧迫局面时,船舶操纵困难;

(5)沿岸航行所涉及的航海图书资料一般详尽、准确;

(6)沿岸航线距岸较近,可用于导航定位的物标较多,能较容易获取较为准确的陆标船位;

(7)沿岸交通复杂,大多实行交通管制,以确保船舶安全航行。

二、沿岸航行注意事项

(一)正确选用与使用海图

沿岸航行时为了进一步提高推算和定位的精度,应尽可能采用现行版大比例尺海图。因为在大比例尺海图上,资料比较详尽、准确。海图作业应按规定进行,并要保持整齐清洁。在换图后,只要条件允许,应立即定位进行核对。此外,航行中应注意收听航海警告,并及时进行资料及海图的改正工作。

(二)准确、连续进行航迹推算

沿岸航行一般离岸较近,除了有定位精度较高的北斗或 GPS 定位外,陆标定位也较为容易。但是,因为沿岸航行定位方便而忽视航迹推算甚至中断推算,一旦出现异常情况,就可能丢失船位,其后果是十分严重的。因此,平时应注意分析推算的精度,积累资料,以作为能见度不良时或者情况异常时航行的参考。

推算起始点应是准确的观测船位。在到达推算起始点前,应启用计程仪,并使其正常工作。航迹推算应保持连续性,在水流影响显著地区航行,每 1 h 推算一次船位;在其他地区航行,一般情况下,每 2 h 或 4 h 推算一次船位。到达引航水域或者接近港界有物标供定位导航时才可终止推算。

(三)做好定位工作

如果条件许可,在一般情况下,航速 15 kn 以下的船舶应每隔 30 min 测定船位一次。接近危险地区或航速在 15 kn 以上,应适当缩短定位时间间隔。能见度不良时,应充分利用雷达定位。通过一系列的观测船位,检查船舶是否偏离计划航线;系统地分析船舶偏离计划航线的原因;同时根据实测船位的间距,计算出实际航速及看到或到达下一个重要物标的时间。

雷达、回声测深仪以及无线电定位仪器等,均应保持良好的工作状态。在重要航区,应采用多种定位方法定位,以消除单一定位方法可能存在的误差和局限性。必要时可采用方位距离、方位测深、天文船位线和助航仪器等综合定位方法测定船位。使用转移船位线时,应特别注意推算的准确度。当航迹推算误差较大又对观测船位有充分把握时可转移船位。准确识别物标是准确定位的前提。只有物标确认无疑后,方可用以定位和导航。如:浮标在大风之后常有移位或漂失的情况;灯浮有时会灯光熄灭;灯塔的灯光可能被云雾遮住,而不能被及时发现;等等。

（四）加强瞭望

许多海事,特别是碰撞事故,大部分是由瞭望疏忽引起的。瞭望应由近及远地连续扫视水平线内的一切事物。不要忽视任何微小的异常现象,如:海面的漂浮物、平静海面的异常浪花、大海中海水颜色的突然改变等,它们往往是危险的预兆。在航行条件比较复杂的情况下,更应尽量做到保持连续不间断的瞭望,以提前发现危险。夜航时,应注意尽可能减少在海图室内逗留的时间,保持夜眼。必要时应及时开启雷达,使用雷达协助瞭望。

（五）把握最佳转向时机

转向前应尽可能地测得准确船位,以此推算出到达转向点的时间。要事先选择好显著易认的、转向侧正横附近的转向物标。在重要的转向点,必要时可多选择多个转向物标,以便在一个转向物标因故被遮蔽时利用另一个。转向时最好选用小舵角逐渐转过。如果船至转向物标的横距比设计的距离过大或过小,可适当提前或延后转向,以使船转向后驶上计划航线。重要的转向点,往往也是船舶的交会点,转向时应特别注意避让,加强瞭望,谨慎驾驶。转向后,应在海图上和航海日志中记下转向时间、计程仪读数和船位,然后在条件许可时,立即利用一切机会测定船位,校验转向后船舶是否偏离计划航线。

（六）应充分利用单一位置线

正确利用单一位置线,有时会对航行安全起到一定的保障作用。如果测得一条与计划航线垂直的船位线,可用来判断船位超前或落后于推算船位的程度;如果测得一条与计划航线平行的船位线,则可用来判断船位偏离计划航线的程度。若船位线是南北方向的,可用它来确定船舶的经度;若船位线是东西方向的,可用它来求纬度。总之,单一位置线可以缩小推算船位的或然船位区,也可以用来避险、导航和测定仪器误差等,还可用于转向,故应充分利用。

（七）正确识别岸形和物标

沿岸航行或大洋航行接近目的港时,正确识别岸形和物标,是进行定位、保证航行安全的前提。实践证明,许多海上事故是由对岸形和物标识别的错误引起的。即使充分使用了对景图等有关航海资料,亦不能完全避免识别错误,特别是浮标,在大风之后,常有移位或漂失的情况;有时灯浮会灯光熄灭,应当注意识别,不可主观臆断。只有对物标确认无疑时,方可用以定位和导航。因此,仔细分析、反复辨认和判断物标识别情况是完全必要的。

1.参考概率船位区判断

如图9-6所示,船在推算船位 F 点,发现岸上的一个物标外形与海图上的 A 和 B 物标相似。因此,首先必须辨认 A 和 B 中哪一个是所发现的物标。为此,在推算船位点 F

附近画出概率船位区,并在图上分别自两物标画出所测得的方位位置线。

结果从图上物标 A 画出的方位位置线通过概率船位区。显然可以肯定,图上的 A 是所发现的物标。推算精度越高,这种识别方法的效果会越好。如果概率船位区位于两条方位线中间,那就难以判断了。

如果在视界内只有一个物标可供观测,由于这时造成的物标识别错误没有其他办法可以帮助发现,并在随后的航行定位中会继续被误用,这是最危险的。在这种情况下,务必细心,防止盲目自信,要注意分析,并尽可能获得其他的校验办法。在确有把握之前,不能轻易转移船位。

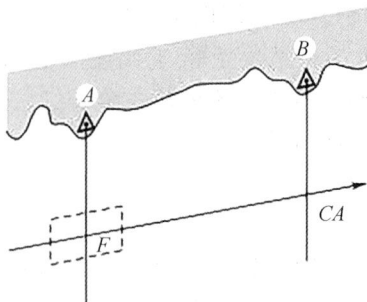

图 9-6　参考概率船位区识别物标

2.根据船位的分布判断

(1)两物标方位定位

船舶连续利用两物标方位定位时,如果错误识别了物标,将得出错误的船位。如果连续观测定位所得船位点不是呈直线分布,而是呈曲线分布,且各船位之间的距离与观测时间间隔或航程不成比例,则可判定识别物标存在错误。图 9-7 所示就是误把 B′ 当成 B 进行观测,而从 B 画方位位置线得出的错误船位的分布曲线。当然,罗经差有误差时也会出现类似情况,应注意分析辨别。

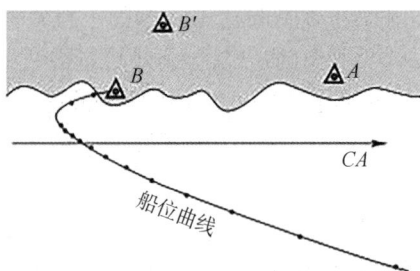

图 9-7　错误的两物标方位定位船位分布曲线

(2)两物标距离定位

图 9-8 所示为船舶沿直线航行,A 物标识别正确,而误把 B′ 当成 B 获得的两物标距离定位船位分布曲线。如果在航行中连续多次采用两物标距离定位的船位分布呈曲线状,且各船位之间的距离与相应的航程不成比例,或者出现两圆弧位置线无法相交的情况,都表明物标识别有误。由于物标相对位置关系等因素,错误船位分布的曲线可能是椭圆、抛物线或双曲线中的任何一种。

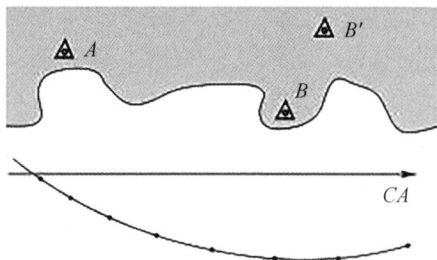

图 9-8　错误的两物标距离定位错误船位分布曲线

（八）其他

所有助航仪器都应保持良好的工作状态。应该利用航行中一切机会测定罗经和计程仪误差。同时，注意收听有关的气象预报，如发现航路的前方有灾害性天气，应及时果断地改变航行计划避离。

知识链接二　狭水道航行

一、狭水道

狭水道是指相对水深或水道相对宽度较小，因而给通过该水域的船舶进行操纵带来各种影响的水域，例如，港区、江河、运河、锚地、岛礁区、雷区及狭窄海峡等。

狭水道内，航道狭窄弯曲，水浅滩多，甚至还有暗礁、沉船或渔栅等障碍物，水文气象条件多变，船舶交通密集。为确保狭水道内航行安全，必须经常研究和掌握该水道的地理特点及水文气象条件，加强瞭望并谨慎驾驶，避免发生碰撞和触礁搁浅等事故。

二、狭水道中的船舶操纵特点

（一）航道狭窄、水浅滩多

狭水道的宽度一般较为狭窄，有的仅能允许单向通航，给船舶尤其是大型深吃水船舶的航行和避让带来一定困难，因此必须严格遵守海上避碰规则、内河避碰规则、港章和特定水域的航行条例等。狭水道上浅滩一般较多，水深限制较大，船底富余水深也不足，势必会影响船舶的操纵性能。由于航道的变迁，航道水深经常变化，也给船舶的安全航行带来一定的威胁，大型深吃水船舶在进出港时必须准确地掌握好航道基准水深和潮汐资料，计算潮时和潮高，利用高潮安全进出港。

（二）航道弯曲、灯浮较多

狭水道航道狭窄、弯曲，航向变化频繁，不仅转向点多，而且有的弯头转向幅度较大，甚至由于过于弯曲致使弯道两端的船舶不能互见，在频繁的转向过程中给船舶避让带来一定困难；由于水道宽度受到限制，岸壁和船吸效应的影响也比较明显。为了给进出狭水道的船舶提供准确的定位和物标识别,在狭水道内经常设置一些灯浮,供船舶进出港导航使用,如多佛尔海峡和我国的长江口南槽水道,都是典型的浮标导航水道,均按国际标准设置 A 系统的水上助航标志。

(三)潮流湍急、流向多变

一些狭水道处于两个大洋之间或者是内陆与海洋相通的地方,由于海水温度、密度或盐度等不同造成水流湍急多变,在其中航行应特别注意航道中的水文气象条件,尤其是潮流的流速和流向,它们与航道的地貌以及每月的汛期均有关系。因此大型重载船舶尤其应掌握其变化规律,在进出口时预配好流压差,并且尽量避开在急涨或急落时通过弯头或靠离泊位。

(四)航区复杂、碍航物多

狭水道内暗礁、沉船、渔栅等障碍物较多,有的狭水道内还铺设海底电缆、输油管道,或者设置锚地、捕鱼区、危险区、测速区、校磁场和引航站等,一些狭水道内还有桥梁或架空电缆。这些都要求进出口船舶加强瞭望,并随时准确掌握自己的船位,特别在晚上或视线不良的天气状况下,更应注意及时避让来船和障碍物,确保船舶航行安全。

(五)船舶密集、往来频繁

狭水道是船舶与港口之间的必经之地,水道内的船舶流量一般比较大,容易出现交通拥堵现象,交叉相遇局面时有发生。面对这些情况,驾驶人员要注意控制好航速,及时采用车、舵进行避让,并且运用良好船艺,遵守港口规定,谨慎操纵船舶。

二、狭水道中的船舶操纵要领

(一)充分做好狭水道操船的准备

(1)备妥有关海图、港图、最新蓝图、港章、《航路指南》有关部分及经验介绍等资料;

(2)应收听并及时改正有关的航海通告,研究和查核有关航海图书资料;

(3)掌握狭水道水域附近的地形地貌,包括两岸山峰、岛屿、岸滩、大的弯曲航段、居间障碍以及航行障碍物等;

(4)掌握狭水道可航水域的水文情况,包括水流、水深、可航宽度、最大可偏航距离,以及潮汐、潮流甚至洪峰等;

(5)掌握狭水道内的助航标志及导航设施,应准确识别并判明其意义且熟记其号码和配布,包括其间的距离和驶至各航标的大致时间等,与此同时对显著的物标及特殊的岸形也须熟悉;

(6)掌握狭水道内的船舶交通状况,包括狭水道内航行船舶和锚地船舶动态以及分道通航制的适用水域和有关航道、航速等方面的航行规则等;

(7)船舶本身应检查船舶操舵系统、动力系统的运行状态,声光信号设备,有关助航仪器,并确认它们处于良好的工作状态;

(8)制订通过狭水道最有利于安全的航行计划。

(二)保证船舶航行在计划航线上

在狭水道中航行时,必须随时掌握船位,并确保船舶走在预定的计划航线上,以防误入险区和造成不必要的会船。为了达到这一目的,需要采用正确的避险方法和导航方法。

狭水道的避险方法主要是利用方位线或距离圈避险,确保船舶远离有碍航行的各种障碍物,如暗礁、沉船、浅滩和渔栅等。

狭水道的导航方法主要是浮标导航和岸标导航(包括人工叠标导航、自然叠标导航、单物标方位线导航等),有时也可利用上述两种相结合的方法进行导航。总之,应根据狭水道的具体情况,确定其合适的导航方法,确保船位在预定的计划航线上安全航行。

(三)正确掌握转向点

狭水道航行对船位误差的要求与开阔海区不同,因此掌握转向点的要求也不同。在开阔海区,可选择正横附近物标的预定方位为转向依据,但在狭水道内若不顾当时当地的客观实际,千篇一律使用此法,就会陷入被动。如图9-9所示,选择正横附近物标 A 的罗经方位为 300° 时转向至 260°,但当船位偏离计划航线(见图9-9中实线),而实际航迹偏东时(见图9-9中虚线),很明显若按原转向计划转至 260°,船会驶向浅滩。所以在狭水道内必须根据具体水道的特点,因地制宜,准确选择转向依据和正确进行转向操纵。

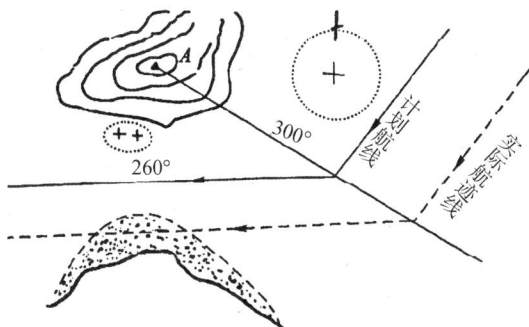

图9-9　狭水道转向示意图

三、狭水道中船舶操纵的注意事项

狭水道内操船,除掌握上述船舶操纵要领,还应注意以下事项:

(1)注意掌握狭水道内水流流向、流速的变化以及风对操船的影响,正确预配风流压差。

(2)船舶通航密度大且碍航物多,应及早备车,以便随时控制船速,遵守有关航行规则,正确避让。

(3)能见度不良时除开启雷达、加强瞭望、减速行驶外,还应根据情况派人瞭头和备锚航行。

(4)驶过浅水区应连续测深,保证足够的富余水深并尽量选高潮通过,必要时应降速航行以减小首倾。

(5)近岸侧航行应减速,防止浪损及首向深水侧偏转。

（6）在航行中要经常检查和核对有关助航仪器和设备。

（7）若用浮标导航,要逐个进行核对并记录,以防错认或遗漏;大风浪中,浮标有可能移位、灭失或灯光失常,不要盲目信赖。

（8）通过险要、复杂航段或潮流较强的水道时,应选择视野良好、交通较少的平流时刻通行,以免陷入尴尬境地。

（9）在狭水道中避让时,一般按照车、舵、锚的顺序进行。但在操纵困难或紧急避让时应毫不犹豫地抛单锚或双锚配合车、舵助操。

（10）航行于分道通航制区域应严格执行其航法及有关规定。被 IMO 采纳的分道通航制,执行国际规则;未被 IMO 采纳的,则执行地方规则的相关规定。

（11）航行于船舶交通管理区域,应服从海上交管中心的指挥、调度,根据要求实时报告本船的动态及有关情况。

四、狭水道中船舶导航方法

（一）浮标导航

在江河入海处,往往岸线低平,必须设置一系列的灯船、灯浮等来标示航道、指示危险,引导船舶安全进出港。某些海上雷区航道,由于离岸较远,导航准确度要求较高,也设置浮标导航。我国长江南水道就是一个比较典型的用浮标导航的水道。

1.导航方法

（1）查看前、后浮标法

查看前、后浮标,并设想将前、后浮标连成直线,能直观地判断本船是否行驶在航道内。如图 9-10 所示,A、B 是前、后两个浮标,设置在航道南侧,北侧为可航水道。a、b、c 表示船的三个位置。a 位在前、后标连线的南侧,说明本船已偏离航道进入浅水区,应立即左转离开此地;b 位在前、后浮标连线上,说明本船已进入航道边线,也应左转离开连线位置;c 位在前、后连线的北侧,说明本船在航道内。

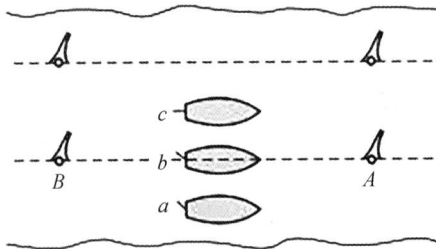

图 9-10　查看前、后浮标法

（2）前标舷角变化法

如图 9-11 所示,船位于 A 浮标正横附近时测得前标 B 方位为 Q,航行中不断观测前标 B 的舷角,即可判断船舶偏航情况。如果航行中舷角不断增加,表明船舶在通过前标前将行驶在航道内;如果舷角不变,船舶将与 B 标碰撞;一旦舷角越来越小,船舶在通过 B 标前,就将偏离航道进入该标所标示的航道边界线的浅水区一侧。

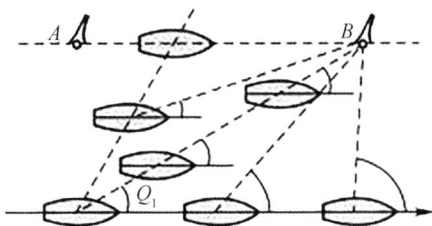

图 9-11　前标舷角变化法

值得注意的是,航行中前标舷角不断增加,固然表明船舶行驶在该标是标示的航道边界线的可航水域一侧,但船舶也可能偏离航道而进入另一侧的浅水区域。为此,航行中应尽可能同时观测前方左右两个浮标的舷角,只有两个浮标的舷角都不断增加,才表明船舶行驶在它们所标示的航道内。

（3）舷角航程法

浮标导航目测正横距离,可用以判断船舶是否偏离计划航线。无风流情况下,除四点方位法外,还可使用舷角航程法。

2.浮标导航注意事项

浮标导航方法实际上就是逐个通过浮标的航行方法。航行前,应查阅《航路指南》和海图等资料,了解浮标制度和浮标的配置情况,预画好航线,并熟记相邻浮标之间的航向和航程。航行中要认真地逐一核对灯浮的形状、颜色、灯质、顶标和编号等,确保船舶行驶在计划航线上。

浮标导航时,转向时机应视船舶性能、装载量、水流的大小和方向以及船位偏离航线的远近而定。顺流航行,适当提前转向;顶流航行,则应适当地推迟转向。如果转向前船位偏在航线某侧,则当新航线向同一侧改向时,应适当推迟转向;反之,应适当提前转向。具体转向位置和提前量应根据船位偏移情况和转向角度,通过海图标绘来确定。

江河口外的浮标或灯船,在大风浪之后有时会发生位移、灯光熄灭,严重者也有漂失的。

（二）方位叠标导航

港口或狭水道航道,通常设有人工叠标供船舶导航。方位叠标一般由前后两个标志组成,离船近的标志称为前标,离船远的标志称为后标。两标志连线向航道一侧的延长线,即为相应的方位叠标线。航行时始终保持叠标串视,就可保证船舶准确航行在计划航线上。

1.导航方法

方位叠标导航时,叠标线就是船舶的计划航线,航行中只要始终保持前后两叠标标志重叠,就能保证船舶航行在计划航线上。利用船首叠标导航,如发现前标偏左,表明船舶偏右,应及时用小舵角操船左转;如前标偏右,表明船舶偏左,应及时用小舵角操船右转。利用船尾叠标导航时,与上述情况相反。

2.方位叠标的灵敏度

船上测者能够发现前、后叠标标志错开时船舶偏离叠标线的最小距离,称为叠标灵敏度。使用灵敏度高的叠标导航,可增加导航准确性和安全性。

一般选用方位叠标应符合下列条件：

（1）在 $\frac{p}{D} \geqslant \frac{1}{3}$ 时，便符合一般要求；

（2）叠标标志越细长越好，良好的自然物标，如旗杆、烟囱或精测过的山峰等，亦可选作叠标标志；

（3）注意标志本身和背景的亮度，应易于辨别。

（三）导标方位导航

如果预定的航线上没有合适的叠标时，可在航线的正前方或后方选择一个明显的物标，作为导标来导航。航行中，只要保持该导标的方位不变，即可安全航行在该导标所指示的计划航线上。

（四）平行线导航

当航线前后无适当的叠标或导标可供导航时，可借助雷达，利用航线两侧附近的物标进行平行线导航。

平行线导航，应事先结合海图，选取离航线近、显著、准确的物标，并量取该物标至计划航线的最近距离。调整雷达到北向上相对运动显示方式，活动距标至相应的最近距离值，电子方位线与计划航线平行，再调整电子方位线扫描中心，使其刚好在物标同侧与活动距标圈相切，如图 9-12 所示。航行中，根据物标回波和电子方位线的相对位置关系调整航向，使物标回波始终沿该电子方位线做相应的移动，即可确保船舶顺利航行在计划航线上。普通雷达，利用平行方位标尺，也可达到类似的导航目的，但由于视差等的影响，其导航精度要低一些。

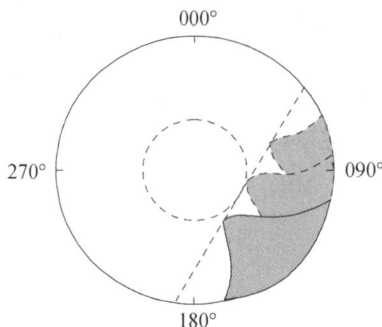

图 9-12　平行线导航示意图

五、狭水道中船舶避险方法

（一）方位避险

为避开航线一侧的危险物，如所选避险物标与危险物的连线与计划航线平行或接近平行，可采用方位避险线避险。

采用方位避险，应选择与危险物位于航线同一侧的显著物标作为避险物标，并根据避险物标、危险物和船舶之间的相对位置关系确定相应的避险方案。在海图上以危险物为圆心，最小安全距离 d 为半径画圆弧，再自 M 作靠近航线一侧的圆弧的切线，该切线即为方位避险线。量取避险线真方位 TB_0，即为相应的避险方位。如图 9-13（a）所示,若所选择的避险物标 M 与危险物同位于航线的右侧,且避险物标位于危险物的前方,航行中,只要保持实测 M 的真方位 $TB \geq TB_0$,即可安全地避开该危险物;如避险物标 M 与危险物同位于航线的右侧,但避险物标在危险物的后方[见图 9-13(b)],则应保持实测 M 的真方位 $TB \leq TB_0$,方可安全避开该危险物。如果避险物标和危险物同位于航线左侧,避险方案刚好与上述相应情况相反:当避险物标位于危险物前方时[见图 9-13(c)],为安全避开危险物,应保持实测 M 的真方位 $TB \leq TB_0$;当避险物标位于危险物后方时[见图 9-13(d)],应保持 $TB \geq TB_0$。

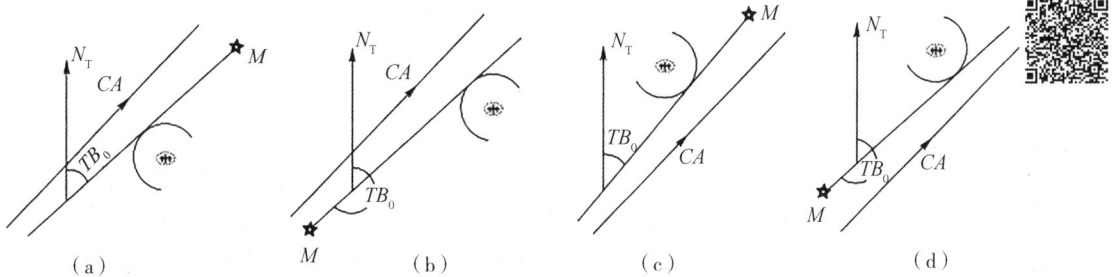

图 9-13　方位避险示意图

根据避险物标和危险物之间的相对位置关系,方位避险通常可分为下四种情况,如表 9-1 所示。

表 9-1　方位避险

相对位置关系		避险要求	方位安全变换趋势
同在航线左侧	物标在危险物前方	$TB \leq TB_0$	TB 逐渐减小
	物标在危险物后方	$TB \geq TB_0$	TB 逐渐减小
同在航线右侧	物标在危险物前方	$TB \geq TB_0$	TB 逐渐增大
	物标在危险物后方	$TB \leq TB_0$	TB 逐渐增大

(二)距离避险

当避险物标和危险物的连线与计划航线垂直或接近垂直时,可采用距离避险法避险。

采用距离避险法避险,应选择与危险物位于航线同一侧的避险物标。首先确定距险物的最近距离 d,再进一步确定避险距离 D_0。航行中,只要保持雷达所测得的船舶至该标的距离 $D \geq D_0$,即可避离该避险物标附近的危险物。

当避险物标和危险物位于航线两侧时,应避免直接采用距离避险法避险,必要时可采用平行方位线避险法来避开航线附近的危险物。

(三)开视闭视避险

在沿岸岛屿和热带珊瑚礁海区航行,除了利用通常的避险方法外,还可经常利用物标的闭视和开视来避险和确定转向时机。

如图 9-14 所示,船舶沿 CA_1 航行过程中,保持 A 岛和 B 岛西端闭视以及 E 角和 B 岛东端开视,即可避开航线两侧的危险区。船舶沿 CA_3 航行时,保持 B 岛南端和 D 岛北端开视,即可避开航线右侧的航海危险区。

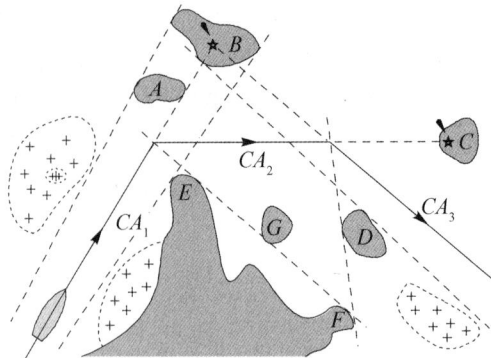

图 9-14　开视、闭视示意图

（四）水平角避险

如图 9-15 所示：D、D' 为两个航海危险区域，中间有一狭窄可航水道，M、N 为危险区附近两避险物标。在海图上过 M、N 作圆弧 MNX 和 MNY，分别通过危险区 D 的外界限和危险区 D' 的内界限。显然，船舶在危险物附近航行时，只要保证船舶用六分仪所测物标 M、N 水平角 α 满足：

$$\alpha_{\min} \leqslant \alpha \leqslant \alpha_{\max}$$

船舶即可安全地避开两侧的危险物。

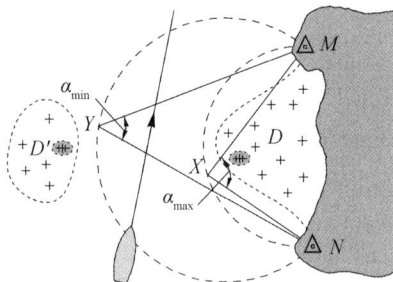

图 9-15　水平角避险

（五）垂直角避险

利用危险物附近已知高度的高大、显著物标，可采用垂直角避险方法来避开航线附近的危险物。

如图 9-16 所示，设物标 M 的高度为 H，$D_{\min}$ 和 $D_{\max}$ 分别是船舶为了安全避开两危险物而应与物标 M 保持的最小和最大距离。根据 H、$D_{\min}$ 和 $D_{\max}$，可分别求出相应的最大垂直避险角 $\alpha_{\max}$ 和最小垂直避险角 $\alpha_{\min}$。同样，当船舶航行在危险物附近时，只要保证用六分仪所测物标 M 垂直角 α 满足：

$$\alpha_{\min} \leqslant \alpha \leqslant \alpha_{\max}$$

即可安全地避开危险物。

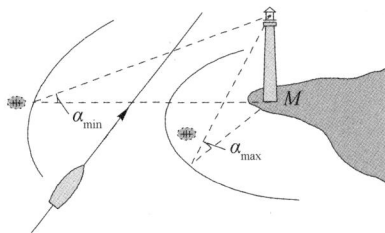

图 9-16　垂直角避险

（六）平行线避险

利用航线附近的物标可进行平行线导航,也可用于平行线避险。

平行线导航,引导船舶始终行驶在计划航线上。事实上,由于船舶在航行中避让操纵等影响,船舶往往不得不暂时偏离航线。如果事先根据海图确定出船舶最大偏航距离,从而进一步确定航行中船舶与所选物标之间的最大(最小)距离,按平行方位线导航中所述方法设定避险线。航行中只要保持物标的雷达回波始终位于该避险线的安全一侧,即可确保船舶能安全地避离航线附近的危险物。

六、狭水道中船舶转向方法

（一）物标正横转向

利用转向点附近物标正横确定转向时机,简便、直观,在航海上被普遍采用。应尽可能选择转向同一侧的孤立、显著、准确的人工或自然标志作为转向物标。转向时,应根据当时船舶偏航情况和水流的顺逆,结合船舶操纵性能,适当提前或推迟转向。

（二）导标方位转向

当新航线正前方或后方有适当的导标时,可直接观测该导标方位确定转向时机。这样,不论转向前船舶是否偏离计划航线,均能确保船舶顺利地转到新航线上(如图 9-17 所示)。

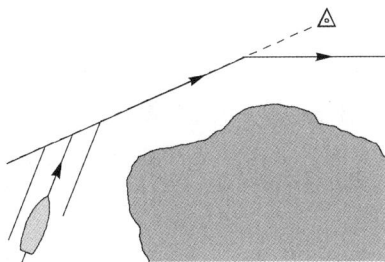

图 9-17　导标方位转向示意图

利用新航线正前方或正后方的导标,可判断转向时机。转向后,还可用它来导航。

（三）"开门""关门"转向

在沿岸岛屿和热带珊瑚礁海区航行,除了利用通常转向方法外,还可经常利用物标的"开门""关门"来确定转向时机。

如图 9-18 所示,船舶沿 CA_1 航行过程中,A 岛东端和 B 岛上的灯塔串视,可用于导航。E 角和 G 岛"开门"或 E 角和 F 角开视,可用于确定由 CA_1 到 CA_2 的转向时机。D 岛和 F 角"关门",可用于确定由 CA_2 到 CA_3 的转向时机。

"开门""关门"转向直观、准确、使用迅速方便,不依赖罗经,在岛礁区航行,应尽可能加以采用。

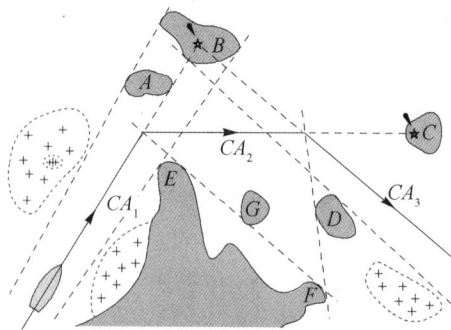

图 9-18 "开门""关门"转向示意图

知识链接四 雾中航行

雾给人们的感觉好像不如狂风巨浪那样险恶,但实际上它对航行安全威胁极大。许多海上事故是由能见度不良造成的,雾中航行是能见度不良的情况下航行的一种习惯叫法。能见度不良是由雾、霾、雨、雪等造成的,能见度低于 2 n mile。

一、雾中航行的特点

(1)能见度不良,视线受限制。

(2)由于能见度不良,无法在足够的距离上发现周围来船,并迅速判断他船动态以及他船所采取的避让行动,只能依赖于雷达观测和标绘,船舶避让困难。

(3)受视线所限,不能及时发现附近物标和航标等,给定位和导航等造成较大的困难。

(4)雾中航行采用安全航速后,风流对船舶的影响加大,使推算航速和航程的准确性受到较大影响,既降低了推算船位的精度,同时也直接影响着船舶在危险物附近的航行安全。

二、进入雾航前应尽快完成的各项准备工作

(1)报告船长,通知机舱备车。

(2)抓紧时机测定船位并观察海面周围情况,以利避让。

（3）将自动舵改为人工操舵。

（4）开启在航灯，准备好号笛，开启 VHF 无线电话。

（5）开启雷达进行雷达标绘。

（6）必要时派出瞭望人员。

（7）保持全船肃静，并关闭所有水密门窗。

三、雾航中的定位与导航方法

在能见度不良的情况下，陆标定位和天文定位由于不能观测物标而都无法使用，但可根据海区条件进行无线电定位导航或测深辨位导航。

（一）利用无线电助航仪器定位和导航

雾中航行，应结合海区定位、避让条件和仪器性能，充分利用雷达和其他各种无线电助航仪器进行定位、导航和避让。

大洋航行，可利用卫星导航、罗兰 C 等远程定位系统确定船位，雷达用于协助瞭望和避碰。DGPS 能达到米级精度，当在 DGPS 作用范围内进行雾中航行时，可以充分利用 DGPS 定位和导航。雷达在沿岸航行时，不仅可用于协助瞭望和避碰，而且当海岸等在雷达作用距离之内时，可用于定位和导航，这是雷达独有的优越性。

在雾航中，各种定位方法可交叉使用，以利于彼此核对。单一的方位或距离位置线，有时可起到很好的避险线的作用。雾航中，应比良好能见度时更为经常地使用上述仪器定位，以起到检查推算船位的作用。要充分发挥雷达在定位、导航和避让中的重要作用。还应充分利用 VHF 通报情况，协调避让措施。

（二）测深辨位和导航

利用回声测深仪进行测深辨位和导航是常用的雾航方法之一。在海图上推算船位附近沿航线选定数个水深点，并量出各相邻两点之间的大致距离。根据本船当时的船速，计算出相应的各相邻两水深点间所需要的航行时间，作为确定测深时间的依据。如此连续测深，记下时间、计程仪读数和水深数据，并将测得的水深改正到相应于海图深度基准面的水深：

$$海图水深 = 测深仪测深值 + 吃水 - 潮高$$

然后按与海图相同的比例尺将计划航线和与各次测深时相应的推算船位画在透明纸上，并将改正潮高后的水深标注在相应的推算船位附近。将透明纸移到海图上计划航线附近，平行移动透明纸，并保持其上计划航线与海图上的计划航线相平行，直至透明纸上的各水深点与海图上相应的水深点大体一致时为止。这时，最后的一个水深点位置即为最后一次测深时的大概船位。

测深辨位的准确性取决于测深和改正潮高的准确性、海图水深点的位置和深度的准确性、计划航线上水深的变化情况。因此，其精度较低，只能作参考。

如航行区域有特殊水深，设法测得这种特殊水深，也是辨位的一种好方法。当船接近特殊水深（点滩）区时，可去寻找该特殊水深点。一旦测得这样的水深，即得知船位。

（三）逐点航法

雾中航行，要求充分利用一切可获得的手段定位和导航，包括测深辨位和等深线的合理使用。为了确保船舶航行安全,如航线附近有适当的灯塔、浮标、雾号站等物标,其周围危险物又较少,可采用逐点航法。

所谓逐点航法,就是将原来较长的直航线改为若干段短航线组成的曲折航线,各段航线的转向点选择在物标附近,从而由一个物标正对着下一个物标航行的方法。

逐点航法的优点是在不易测得船位的情况下,可以不断地控制和缩小推算误差。但其缺点是必须故意接近物标,能见度极差时也具有较大的危险性。为此,不可将转向点设计得离物标太近,只要在雷达作用距离内即可。航行时,应根据航速和两物标之间的距离,预算到达下一个物标的时间,注意瞭望。如到时不能发现物标,则应及时抛锚待航,决不可盲目航行。

四、雾航的注意事项

进入雾中航行,应及时适当地调整航线的离岸距离。如果按良好能见度设计计划航线的离岸距离为 2~3 n mile,在雾航中航线与海岸之间的距离应为 3~4 n mile,甚至在 5 n mile 以上,以保证船岸之间有足够的回旋余地。

雾中航行,值班驾驶员要认真做好航迹推算工作。为提高推算船位准确性,不宜频繁改变航向、航速。应尽可能利用一切可获得的手段来定位和导航,尤其要充分地使用雷达。利用雷达进行瞭望,应选择适当的距离挡:大洋航行可用 12~24 n mile 距离挡;沿岸航行可用 6~12 n mile 距离挡;狭水道航行应远、近距离挡兼用,以 2~6 n mile 距离挡为主。

雾中航行,应时刻掌握当时能见度状况下的实际能见距离。这可根据目视发现某一物标,例如发现相遇船的同时用雷达测出其距离的办法求得。雾中的能见距离会根据雾的浓度有所变化,不可能是固定不变的,应予注意。

注意倾听声号,听见声号,应视船舶在危险区内,注意采取一切必要的避险措施。在应该听见的位置上而未听见声号,亦不应武断认定尚未进入危险区。

认真加强瞭望,对雾航的安全关系极大。熟练的瞭望人员,必须能及时发现船舶周围的任何微小的变化。

知识链接 五 冰区航行

一、海冰的概念及冰区航行的特点

(一)海冰的基本概念

冰山(Iceberg)是南、北两极周围冰川崩塌滑落而漂浮于水面或搁于浅水区域的巨大冰块。冰山随洋流向低纬度海域漂移,中途可能搁于浅水区域。北太平洋冰山南移平均到北纬 58°,个别可南移到北纬 40°;北大西洋冰山南移到纽芬兰东南部;南极冰山也可能进入太平洋和印度洋航线。冰山浮于水面以上的部分是其整体的 1/8 ~ 1/7。船舶必须远离冰山。

（1）海冰、河冰和湖冰分别由海水、河水以及湖水在 $-1.9\ ℃$ 以下结冻生成。

①海冰（包括河冰和湖冰）按其发展可分为新冰（厚度 10 ~ 30 cm）、第一年冰（厚度 30 cm ~ 2 m）、第二年冰（厚度达 2.5 m）和多年冰（厚度达 3 m）。

②海冰按其生成过程可分为：冰晶（Ice Crystal），薄片状的结晶，对船舶正常航行无影响；冰泥（Ice Slush），浮于海面的初期极薄冰层，不会对船舶正常航行安全产生影响；软冰（Sludge），由冰泥固结的软冰层，直径 3 ~ 30 m，成圆盘状，对低速航行船舶无碍；荷叶冰（Pancake Ice），厚度达 30 cm，直径 30 cm ~ 3 m，冰块与冰块之间相互接缘，对船舶航行产生较大的影响，操作不当将造成船体或螺旋桨损坏。冰群（Pack Ice），在风浪和潮流的作用下，海岸或冰原破碎冰和海上形成的冰聚集而成。大部分冰群较为平坦，但冰与冰相互挤压重叠可结冻为冰丘（Ice Ridge），船舶应避免进入冰群海域。

（2）冰量是指冰在海面上的覆盖率。在冰情警告和预报中通常采用百分之几或十分之几描述冰量，但一些场合也有将十分之几称为几度描述冰量。同时，根据船舶在冰区航行的困难程度有时用如下名称代表冰量：无屏蔽水域（Open Water），海面冰的覆盖率为 1/10 以下，船舶可自由航行；稀疏冰（Scattered Ice），冰量 1/10 ~ 5/10，船舶应根据冰况改向航行；疏散冰（Broken Ice），冰量 5/10 ~ 8/10 以上，船舶无破冰船协助难以单独航行；固结冰（Consolated Ice），海面 100% 被冰覆盖并形成冰原。

（3）冰的颜色与硬度。生存期较长的冰比初生成冰硬度大，淡水冰比海水冰硬度大。冰的硬度也可以通过其颜色来识别：灰色或银灰色冰——软，纯白色——稍硬，白色带青——硬，铁青色、蓝色或灰绿色——坚硬。

（二）冰区航行的特点

受海面结冰的影响，舰船上很多仪器设备（如计程仪、罗经、无线电定位仪器等）无法正常使用，且舰船获得船位非常困难，很多定位方法（包括陆标定位、无线电定位仪器定位、天文定位）无法使用。冰面上航行，海面能见度会降低、风流压差测定困难。

二、进入冰区前的准备工作

冰区集中于高纬度区域，气温低、海面有冰集聚、风力频繁短时间内快速激增，船舶进入冰区可能遇到很多意想不到的困难与风险。如：船员工作环境恶化，船舶各项工作的落实难度增大；操纵和控制船舶异常困难；船体可能意外变形；机械设备容易损坏；等等。因此，公司和船舶都要高度重视，提高认识，以最坏的打算，做最好的准备，全力做好冰区航行工作。一般舰船应从以下方面做好准备工作。

（一）公司层面的准备

（1）租船合同中订有"Not To Force Ice"和"Not To Follow Ice Breaker"的条款。在执行这一条款过程中可能会遇到如下两种情况：①船舶进入港口或海区时，该港口或海区符合上述条款的要求，然而船舶进入该港口或海区之后，出口航道和/或海区可选择的航路不能满足上述条款的要求。②租家不了解海区或港口的详情或采取"模糊观念"而指示船长执行不符合上述租船条款规定的航次。公司有必要在航次执行之前审阅租家的航次指示,跟踪船舶动态,给船长必要的指导和提醒,避免租家违反租船合同规定。

(2)航次租船订立合同前要进行安全和效益综合评估,评估要充分考虑到可能出现的不利局面以及可能发生的意外将会带来怎样的后果和影响。

(3)评估船级和船舶当时的强度和技术状态是否适合进入冰区航行。

(4)如果船舶进入冰区,公司要给予船舶必要的岸基支持。

(二)舰船方面的准备

(1)认真研究海员手册、海员观测手册、《进港指南》等关于冰和冰区航行的资料。详细了解冰区分布、冰的概况、航行方法和注意事项。

(2)向代理、冰区引航员(Ice Advisor)或冰情预报与服务部门索取/收集最新冰况图、冰情预报、冰情展望和天气预报。保持连续接收 C 站和 NAVTEX 关于冰情的警告和预报,仔细研究冰情分布,充分了解冰况、天气情况和冰区推荐航线等。

(3)保证水密设备完好。货舱、油舱和水舱所有舱壁要完全无渗漏,其透气管和量水管无破损;双层底的管系阀门都要保持正常状态;舱盖、人孔盖、水密门等水密良好。

(4)检查海水冷却系统的管系、阀门和泵是否运行正常。试验各海底阀箱的蒸汽或压缩空气冲冰阀。清理各海水进口滤器,保证拆装迅速,备齐工具,随时准备拆开滤器清除冰块。试验出口冷却水循环至冷却水进口处的管系。检查试验冷却水排出至舷外的阀门及管系。检查试验压载水替代主辅机舷外海水冷却水的阀门及管系。

(5)任何航行条件下,主机、辅机、锚机、舵机皆应正常可靠,冰中航行时更应如此。由于冰中航行是在严寒下进行的,冷却水进口处需用蒸汽或压缩空气冲冰,燃油需更多蒸汽加温,机械设备与生活设备也需要足够的蒸汽,故锅炉(包括废气与燃油锅炉)和加温设备应彻底检修,保持其正常技术状态,配齐必要的备件。

(6)冰区航行无论编队与否,船舶航行时间长且需经常改变航向和航速,主机随时需要停车、启动和变速,短时间内空气消耗量大,因此,必须彻底检修空气瓶和空压机,使其保持正常技术状态,并具有足够的备件。

(7)检查和试验排水设备,尤其是各排水泵(压载泵、污水泵、消防泵、应急消防泵、通用泵等)及其管系的通用性。检查和试验,寻找使用其他泵替代排水泵的可能性。按造船规范无须配置移动泵的船舶,配置两台轻便但有足够扬程的移动泵(如潜水泵)。

(8)备妥一盏探照灯并有备用灯泡,用以夜间在冰区中航行探照冰隙中的通道。

(9)堵漏器材包括千斤顶、电钻、各种大小堵漏用的螺栓和铁板、长短方木、快干水泥等。船壳轻微渗漏时应积极想办法堵漏。实践证明,在舷外用钢索吊下铁板盖住破洞,能大大减慢进水速度。

(三)船舶航行准备

(1)注意吃水和吃水差。船舶进入冰区前要做好每个阶段的吃水和吃水差计划并严格执行。调节货物、压载水、燃油、淡水,使船舶有适当的吃水和吃水差。一般吃水差在 0.5~1.0 m 为宜。冰厚 30 cm 时,应保持螺旋桨在水面下 1.5 m 以上。根据 B 级冰区加强的造船规范,船舶在轻载水线以下 0.5 m 至重载水线以上 0.5 m 之间的船壳板是有加强的,加强部分可承受较大的冰的压力,因此,如可能,船首吃水宜保持在轻载水线以上大于 1 m、重载水线以下大于 0.5 m。

(2)检查主辅机是否有内循环冷却系统。如没有,轮机员应熟悉管路图,准备冰区航行时用压载水作为主辅机冷却水,但海水泵要旁通以减少压载水的损失,条件允许时可补充压载水。在使用压载水作为冷却水和补充压载水过程中要始终注意水尺的变化。在可以使用舷外海水作为冷却水的情况下,满载并在富余水深有限的区域航行应使用高位海底门,压载航行应使用低位海底门。应及时清除非使用中的海底门的冰塞和用蒸汽(或压缩空气)吹通冷却水管。

(3)压载航行的船舶,扫洗舱完毕后在高温地区就应关闭舱盖、人孔盖及其透气孔,无特殊情况不再开舱,以减慢货舱降温速度,缓解上边水柜结冰速度。

(4)污水井。载货之前应清理货舱污水井,试验污水泵能否排出污水(无污水时用耳听声正常即可),并记入航海日志。污水井盖上要铺上能挡住杂物的麻布或细的钢丝网,且用胶布粘贴使其不会轻易移开。

(5)如有可能,货物不要堆装贴紧肋骨之间的船壳板,以避免大量的汗水湿损货物。另外,如船壳板轻微渗漏,则进入舱内的海水有通路流入污水井并及时被排出舷外。

(6)舷外突出物应全部收回。

(7)冰区航行随时有可能被冰困,码头装卸货速度可能异常缓慢,因此,船舶需要备足燃油、淡水和食物。要充分考虑到主机机动操作、辅机和锅炉所用的燃料比平时多很多。在不影响船舶稳性的条件下,应将部分燃料、淡水贮存于高处的油、水柜中。在温带地区将燃油移至有加温设备的靠近机舱的油舱。准备200 L低标号轻柴油供救生艇机使用。

(8)为保护船员不被冻伤,适应严寒下室外工作,开航前应备妥御寒衣物。御寒衣物要能满足甲板部的船员以及其他部门的船员到甲板上、货舱内或冰上参加突击卸货、抢救和修理等工作时的需要。御寒衣物包括大衣、棉衣裤、皮靴或毡靴、羊皮手套和帽子等。每人配一副色镜。

三、冰区航行的注意事项

在冰区航行,应注意以下事项:

(1)尽量避免进入冰区,如果必须进入,应选择冰少、冰质弱的区域或在冰裂缝中航行,在冰山的下风侧航行。

(2)从冰区的下风侧接近冰区,慢速、首柱正对冰区边缘进入。

(3)采用适当的航速。通常采取3~5 kn,能维持舵效的最低速度。

(4)注意瞭望。

(5)抓住一切时机测定船位。

(6)有破冰船引航时,航速由破冰船指定,与破冰船保持2~3倍船长的距离。

(7)避免抛锚,如果必须,选择冰层最薄处,锚链长度不超过水深的2倍。

四、世界冰区分布

世界冰区分布于南、北两极附近水域,冰区范围随着季节变化,冬季向低纬度扩大。南半球商船通常挂靠的港口和基本航线一般不受冰区影响。北半球可航水域冬季冰区

分布的区域广,对航行和在港作业船舶的安全带来很大的威胁。世界冰区主要分布如下:

北美大西洋沿岸包括圣劳伦斯湾;格陵兰水域;波罗的海的波的尼亚湾、里加湾和芬兰湾;北太平洋东部太子港以北沿岸及其河流;北太平洋西部日本海北部、鄂霍次克海和白令海沿岸;北极地区和南极地区;渤海和黄海北部部分港口和沿岸水域;其他高纬度的港口、河流和海岸附近,也可能结冰;西欧和太平洋东岸太子港以南水域,由于受到暖流的影响,海上一般不结冰,但河道内和部分沿岸可能轻微结冰。

五、船舶对海冰的探测与判断

(一)查阅冰情资料

阅读海员手册、海员观测手册、《进港指南》等资料,详细了解冰区分布、冰的概况。保持连续接收 C 站和 NAVTEX 关于冰情的警告和预报。

(二)冰山的迹象

在出现大的南极冰山之前,海上风力可能突然降至 5 级以下,而上风出现碎浮冰。当冰山崩解或断裂跌落海中时,会产生一种雷鸣般的声音或是像在远距离上听到炮弹发射一样的声音。如观察到小冰山或小片冰群,附近可能有冰山,这种冰山将出现在上风舷。如发现本船发出的汽笛有回声,或听到大浪击壁发出的声响,说明附近可能有大冰山。如发现风力急剧减缓,涌浪也突然减弱,海水温度急剧下降等情况,说明冰山已逼近到 2 n mile 以内。

(三)海冰的探测与判断

冰光(Ice Blink)是被雪和冰覆盖的表面所反射的太阳光线在其上空云底空间所出现的自然景象,像一盏明灯照亮天空。冰光出现在冰区所在的水天线上,就像一层明亮发黄的薄雾,其底部明亮而上部暗淡。冰光的高度和范围因冰区的远近、大小和天气而异。在阴天或有低云的时候,冰光的范围可能很小,但其上方的云层可能有较强的白光反射。在阳光照射的某种特殊情况下,天空可能同时出现黄色和白色的冰光。

在有白蒙蒙的薄雾的情况下,海冰可能在很近的距离内才被发现。在大洋中航行,出现涌浪逐渐减弱并很快趋于平静,可能浮冰就在其不远的上风方向。孤立的碎冰出现,往往表明大量浮冰就在附近。浮冰群的边沿上方,经常会出现浓重的雾堤。此外,在有雾的时候,出现白的雾团表明浮冰可能出现在不远处。北极地区远离陆地航行,出现海象、海豹和飞鸟,表明可能临近冰区。

(四)通过雷达观测发现冰情

用雷达观测冰虽然存在一定的局限性,但雷达是当前观测冰的最重要设备。航行于冰区的船舶应正确使用雷达,了解使用雷达观测冰的方法,并充分认识到雷达观测冰的局限性以避免过分依赖它。

雷达观测冰的能力和注意事项如下:

(1)雷达接收到来自冰山的回波信号的强弱取决于冰山的大小、冰山与船舶的距离,以及冰山本身反射面的情况。

(2)在平静的海面上,所有类型的冰区都能被雷达发现。大冰山的发现距离在

15~20 n mile;小冰山的发现距离约2 n mile,但要注意小冰山露出水面只有3 m左右且面积小,其发现距离有时小于2 n mile。圆丘状的冰群在大部分海况下可以被雷达发现,发现距离至少为3 n mile。大块的冰夹杂在中等的浮冰群中,容易被雷达发现。

(3)浮冰与海浪一起形成干扰源,会掩盖小冰山的回波信号,雷达的海浪抑制调节同样会影响小冰山回波的正常显示。

(4)冰脊在雷达显示清楚,但冰脊后部的阴影部分或者船舶首尾方向附近的冰显示不清楚。平坦的浮冰反射回的大面积弱回波信号,可能会被认为是冰缝。除非冰面宽度至少为1/4 n mile,且完全和碎冰隔离开,呈自由状态,否则,海面封死静止的冰在雷达上显示不出来。未冰冻水域和平缓的大块冰在雷达上的显示非常相似,它们的区别在于冰原上有大块冰的突出状态在雷达显示出来,而未冰冻水域没有。

(5)雷达的不正确使用将会大大减少发现冰山或冰群的机会,而反常的气象条件可能会缩短发现冰山或冰群的距离,雪和暴风雨的雷达回波显示可能与浮冰相同。正确调节雷达的亮度、对比度、增益、海浪抑制等功能,妥善改变量程显示,适当保持较长时间的连续观测,仔细从捕捉到的回波信号分析可能遇到的冰情,是利用雷达探测冰况的基本要求。

知识链接六　极区航行

航海上,习惯将两极到70°纬线之间的南极地区和北极地区统称为极区,纬度在60°~70°的区域为副极地区。极区的地理环境等与一般水域不同,对航海仪器的使用和船舶航行安全都造成了一定的影响。

一、极区环境

极区高寒,多暴风雪,有极昼、极夜现象。此外,方向、经纬度、昼夜、日出和日没等术语在极区被赋予了新的含义。

在温带纬区(Temperate Latitudes),经线被认为是相互平行或接近平行的直线,但在极区,子午线由两极向周围辐射,方向随着测者的移动变化较快,物标的方位线不能再被认为是恒向线,而是两点间的大圆弧。在极区,经线和纬线不能用作航海的基准,地方时也失去了原有的意义。

当水面没有全部被冰覆盖时,极区经常有雾出现。极区还常出现低云云幕,日光在积雪表面和云幕间经多次反射扩散,天空常常变为乳白色,对比度消失,以致无法识别地面和地平线。

二、海图

由于接近极区时投影急剧变形,因此高纬地区不能使用通常的墨卡托投影方法制作海图,而应采用等角横圆柱投影、极射平面投影、心射投影、方位等距投影等投影方法。

无论采用何种方法制作极区海图,都应保持图上经、纬线的精度与其他海图一致。但许多地区及水域未经系统测量,海图上测深、地貌和其他航海信息十分稀少,物标的地理位置不可信赖的。这些地区的测量精度仍然比极区以外的地区差。

三、罗经

陀螺罗经的指向力矩随纬度的升高而变小。通常纬度在 70°以下,陀螺罗经工作是可靠的;纬度超过 70°,应经常利用测定天体方位的方法对罗经进行校核(约每 4 h 一次,纬度升高,相应时间间隔也随之缩小);接近两极时,陀螺罗经将失去所有的水平力矩,一般认为纬度达到约 85°时,陀螺罗经便失去指向作用。磁罗经在磁极附近对航海的作用非常小。如果船舶在低纬地区对磁罗经进行校正,并且在到达高纬地区时再次进行了校正,则其可在地磁磁极附近以外的极区使用。

极区航行,应尽量避免频繁地变向、变速,减小船舶对冰的冲击作用,以免产生较大的罗经误差,并经常校对陀螺罗经和磁罗经,如能对罗经进行校验,应认真做好记录。

四、极区定位和导航

所谓极区航行,在一定意义上可以说是高纬航行加冰区航行,其地理位置和自然环境都给极区航行的定位和导航带来许多困难。

(一)陆标定位

极区有些地区虽然自然陆标较多,但是辨认和识别困难;其海图位置也不十分精确,陆标定位十分困难。北冰洋地区,在亚洲和欧洲北部近岸水域,夏季通航期内可用陆标定位;南极洲及其附近水域,基本上无法进行陆标定位。除了距离较近的物标外,其他物标的目视和雷达方位线,应按大圆处理,如果将它们绘画到墨卡托海图上,应进行大圆改正量的改正。

(二)天文定位

由于在极圈以内存在极昼或极夜现象,极圈以外的极区,夏季昼长夜短,冬季夜长昼短,加上极区大部分航海季节内,太阳被云所遮蔽,观测太阳困难,给天文定位带来了较大的影响。

在极昼期间,通常只能测定太阳,用转移位置线的方法来进行天文定位。冰区无法进行准确的航迹推算,转移船位的精度较差。在极夜航行,由于无法看到水天线,若无人工水平六分仪,就无法进行天文定位。晨光昏影时测定星体所获得的船位是最好的天文船位,但极区纬度较高,晨光昏影时间长,从日没至可看见星体的时间间隔也相应增加,测星定位比较困难。

此外,在极区有几周唯一可供观测的天体的高度可能不超过 10°,只能观测低高度天体来确定船位,加上极区天气变化剧烈,大气折射现象变化也很大,给观测天体高度的改正带来了较大的误差。因此,极区航行,天文定位比较困难,定位精度也受到较大的影响。

（三）无线电定位系统

如能充分合理地使用雷达，它将是确保极区航行安全的最有效的助航设备之一，但不能过分依赖雷达而忽视运用良好的船艺。

GPS 和罗兰 C 等无线电定位系统在极区能如同在其他地区一样获得令人满意的定位和导航效果，有条件时应充分加以利用。

（四）测深

极区航行，回声测深仪应连续工作，以探测接近浅水区的征兆。但极区许多地区水深变化非常突然，航海者不能仅凭测深来获取接近浅水区的警告信息。

在有些测深完整的地区，可根据测深来判断船位和冰的偏移情况，船舶航行在这些区域时，应利用每次被迫停船的时机测定水深。

在流冰地区，由于船底流冰或船体噪声的影响，回声测深仪的扫描线可能消失，必要时，船舶应减速后再进行测深。

✎ 项目实施

任务一　获取大圆航线

一、任务描述

"泰安城"轮第 131 航次，拟从日本横滨港出发，目的港为美国旧金山港，请获取经过北太平洋的大圆航线。

二、实施步骤

步骤一：在英版《航海图书总目录》索引上，找到大圆海图，翻到对应页码，找到大圆海图分类，根据航经海区，选取大圆海图为 5097。

步骤二：抽出海图 5097，然后在北部湾出口附近（A 点）和旧金山湾入口附近（G 点）分别选取大圆航线起始点和终到点，用直线连接（AG），如图 9-19 所示。

步骤三：在大圆航线起始点和终到点连接的直线上，每个 5°～10° 或一昼夜航程取分点，如图 9-19 所示。

步骤四：将所有分点按照经纬度转移到航用海图上，连接起来，即为大圆航线，如图 9-20 所示。

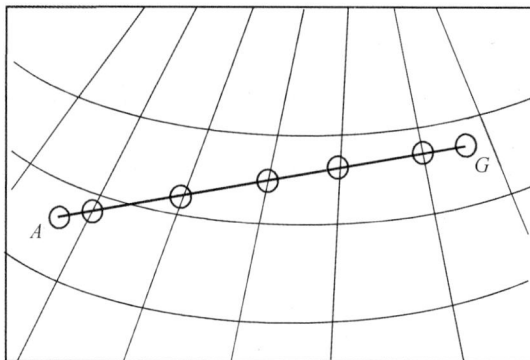

图 9-19 大圆海图航线绘画示意图

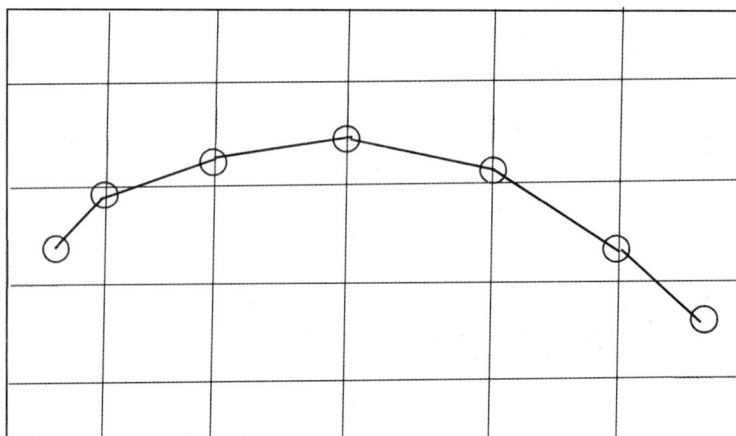

图 9-20 大圆航线分点转移至航用海图

任务二 测算限制油水下的航速

子任务 1 测算限制油水消耗下的适当航速

一、任务描述

"泰安城"轮以 18 kn 航行 1 000 n mile,需燃油 100 t。现仅存燃油 80 t,但至中途港尚有 1 200 n mile 航程。为使船舶能在不增加燃料的情况下续航至中途港,试求适当航速。

二、实施步骤

(1)使用航速与燃油消耗的关系式：

$$F \propto V^2 \cdot s$$

(2)设适当航速为x，代入数据：

$$\frac{18^2 \times 1\,000}{x^2 \times 1\,200} = \frac{100}{80}$$

$$x = \sqrt{\frac{18^2 \times 1\,000 \times 80}{100 \times 1\,200}} \approx 15 \text{ kn}$$

(3)得出结果，选用约15 kn航速可维持1 200 n mile航程，到达中途港。

子任务2　测算排水量变化后的油耗变化

一、任务描述

"泰安城"轮排水量10 000 t，以15 kn航速航行一天燃油消耗28 t，试求：

①航速增加1 kn，一天燃油消耗增加多少？

②加载2 000 t货后，以14 kn航速航行，一天燃油消耗多少？

二、实施步骤

(1)设一天耗油增加x，根据每小时耗油公式得：

$$\frac{10\,000^{\frac{2}{3}} \times 15^3}{10\,000^{\frac{2}{3}} \times 16^3} = \frac{28}{28+x}$$

$$x = \frac{10\,000^{\frac{2}{3}} \times 16^3 \times 28}{10\,000^{\frac{2}{3}} \times 15^3} - 28 \approx 5.98 \text{ t}$$

即航速增加1 kn，一天燃油消耗约增加5.98 t。

(2)设加载2 000 t货后，以14 kn速度航行一天耗油量为y，根据每小时耗油公式得：

$$\frac{10\,000^{\frac{2}{3}} \times 15^3}{12\,000^{\frac{2}{3}} \times 14^3} = \frac{28}{y}$$

$$y = \frac{12\,000^{\frac{2}{3}} \times 14^3 \times 28}{10\,000^{\frac{2}{3}} \times 15^3} \approx 25.71 \text{ t}$$

(3)得出结果，加载2 000 t货后，以14 kn速度航行一天耗油量约为25.71 t。

任务三　制订沿岸航行计划的程序

一、任务描述

"泰安城"轮第 142 航次,从青岛港出发,目的港为大连大窑湾码头,请分析制订沿岸航行计划的程序。

二、实施步骤

步骤一:分析航次情况

根据航次任务,要综合考虑本船性能、仪器设备性能、积载情况、航程长短,以及航区的风、流、能见度、障碍物、可能出现的灾害性天气及避风港选择等情况。

步骤二:研究有关资料

根据航次任务的一般要求,详细研究有关航海图书资料,及时根据航海通告和航海警告对有关图书资料进行认真仔细的改正。对本航次中可能遇到的困难条件,应做到心中有数并做好必要的安排工作。

步骤三:拟定航线

在确定和预画航线前,应根据安全和经济的原则充分考虑如下内容:

1.尽可能采用推荐航线

在没有特殊原因的情况下,应尽可能采用海图和《航路指南》中的推荐航线,包括采用分道通航制航路。

在 IMO 采纳的分道通航制区域或其附近航行时,必须遵守船舶定线制和国际海上避碰规则的有关规定。不使用分道通航制的船舶应尽可能远离该区域。使用分道通航制的船舶,拟定航线时应:

(1)将航线设计在相应的通航分道内,并尽可能从其端部或与该分道内交通流总流向以尽可能小的角度进入或离开;

(2)所选航线尽量与分道内船舶总流向相一致,并注意让开分隔带和分隔线,双向航路内的航线应尽量靠近航道的右侧;

(3)谨慎使用深水航路,深水航路是考虑到船舶吃水和水域水深,为有必要利用这种航路的船舶提供的,不考虑这些因素的船舶应尽可能将其航线设计在深水航路以外;

(4)选择双向推荐航线时,应将航线设计在推荐航线右侧适当的地方,以尽可能地避免航行中与来船构成对遇和不协调避让局面。

2.确定适当的离岸距离

离岸距离是沿岸航行的重要因素,通常在《航路指南》等资料中都有记载。但是适当的离岸距离,不是固定不变的,而应根据船舶操纵性能和吃水的大小、航程的长短、测定船位的难易、海图测绘精度的高低、能见度的好坏、风流影响的大小、航行船只的密集程度以及本船驾驶员技术水平等情况加以确定,应对避让和转向留有足够的余地。

在能见度良好的情况下,陡峭无危险的海岸,可在 2 n mile 以上距离通过,这样可以清楚辨认岸上物标。沿较平坦倾斜的海岸航行,大船应以 20 m 等深线为警戒线;小船应以 10 m 等深线为警戒线,至少应在 2 倍于本船吃水的水深以外航行。夜间航行,如定位条件不好或能见度不良,应在离岸 10 n mile 以外航行,以策安全。

3.确定离危险物的安全距离

沿岸航行,确定航线距其附近的暗礁、沉船、浅滩、渔栅等危险物的安全距离时,应综合考虑下列因素:

(1)从最后一个实测船位至危险物的航程和所需的航行时间;

(2)危险物附近海图测量的精度;

(3)危险物附近有无显著的可供定位和避险的物标;

(4)通过时的能见度情况,是白天还是夜晚;

(5)风流对航行的影响等。

通常,在能见度良好的情况下,航线与附近有显著物标可供定位和避险的精测危险物之间的距离应保持在 1 n mile 及以上。

4.选择适当的转向点

沿岸航行,关键的转向点附近,多数有明显的天然或人工标志,如灯塔、立标、岛屿、山头等。应尽量选用转向一侧正横附近的显著物标作为转向物标,避免用平坦的岬角或浮标转向。

绕岛屿或岬角航行,不一定都采用正横转向,以免船舶与绕航物标的距离越来越近而影响航行安全。若转向幅度较大时,最好采用定距绕航的办法,还应根据本船吃水,设定适当的避险警戒线。

选定沿岸航线时,还应注意绕航问题。在能见度不良时,为了安全避离危险物,或者为了避开逆流或利用顺流等,可以绕航。

📋 项目考核

项目考核单

	考核内容	分值	考核标准	得分
1				
2				
3				
4				
5				

项目十

舰船航次计划制订

📖 项目描述

　　航次计划通常是指船舶在接受新的航次任务后,拟订从一个港口泊位航行到另外一个港口泊位的过程中,有关航行安全保证的具体措施与对策。航次计划内容覆盖面较广,要求结合航行实际,充分考虑航次中的各种因素,综合利用船舶驾驶学科的专业知识。船舶航次计划制订的好坏将直接关系到船舶和海上人命的安全,以及海洋环境的保护。

　　对于不同的船舶、不同的海上环境,航次计划的内容有差异,但就总体而言,船舶航次计划的主要内容应该是一致的,包括:航行前航海图书资料的准备和改正;各种助航仪器的检修与启动;人员配备和载货(卸货)计划的完成;淡水、燃油及日用品的配备;航线的确定;开船时间、航行时间及过重要水域船时的计算;航行中重要水域或狭水道的航法研究;跨洋航行时大圆航线的起航点和到达点的选定;航线在某海区可能遭遇的海况及恶劣天气;到达港的概况、通信、引航以及航道特征;等等。

　　本项目主要介绍怎样结合船舶的实际情况查取合适的推荐航线,查取航线相关的航路资料,绘制航线与制作航线表和识别航行风险等。通过本项目的学习,可以了解航行计划制订的步骤、要求、方法等,能绘制一条安全、经济、高效的航线,树立良好的价值观。

💡 学习目标

　　1.知识目标

　　(1)了解航线设计的要求及航线设计常需考虑的因素;

　　(2)掌握查取推荐航线与相关航路资料的方法;

　　(3)掌握航海图书资料的改正和管理要求。

　　2.技能目标

　　(1)能够根据航次任务选择正确的航路资料并能查取正确的推荐航线;

　　(2)能够绘制航线与制作航线表;

　　(3)能够识别航行中的风险。

3.职业素养目标

(1)培养学生积极的职业心态；

(2)帮助学生树立良好的职业基础价值观。

知识链接

知识链接一　认识推荐航线

一、什么是推荐航线

推荐航线是指航海者根据各海区不同季节的风、流、浪、雾、冰等情况及长期的航行实践总结出的一种习惯航线。在航路设计图中,推荐航线用黑色实线标绘,其中直线为推荐的恒向线航线,曲线为大圆航线,在各航线上还注明有始发港、目的港的名称以及两港间的航程(单位为 n mile)。航线箭头所示方向表示单一航线的去向,如航线两端均有箭头,则表示该推荐航线可以往返使用。

在拟定大洋航线时,航路设计图(Routeing Charts)是重要参考资料之一。图中较为直观、简明地标绘出了各大洋航区的推荐航线及各港间航程,以及各航线附近的风向、风力、洋流等资料。另外,在图中还标绘有冰区界限、载重线区域等资料。使用本图时,可与《世界大洋航路》一起阅读使用,互相参阅,以便拟订大洋航线计划。利用航路设计图、《世界大洋航路》、《航路指南》等都可以查到推荐航线。

二、怎么查推荐航线

(一)利用《世界大洋航路》查找推荐航线

(1)根据始发港和目的港名称的字母顺序查阅书末的"标题及航线总索引",可查得该航线资料所在章节。

(2)阅读第一章和本航线所涉及的各章节的水文气象资料及有关插图,以便了解航行季节中航区内的水文气象条件和有关航海注意和警告。并根据该资料的有关介绍,在考虑到本船的实际情况下,确定推荐航线。

(3)因为《世界大洋航路》提供的只是根据大洋的盛行风、流及航行经验所推荐的大洋航线,故船舶还应根据本船条件和当时大洋气象情况做具体分析,以便设计出一条安全、经济的航线。

(4)在各章节的资料中通常注有"Diagram(×.×××)"字样,因此在阅读各章节的正文内容时,应参阅有关的插图。插图所在的页数,可根据括号内提示的插图号码从卷首的"插图(Diagrams)"部分查知。

(5)在始发港和/或目的港的名称没在"标题及航线总索引"中列出时,可找出在始发港和/或目的港附近的、索引中列出的港口予以代替;在航线较长时,可对计划航线予以适当分段。

（二）利用英版航路设计图查找推荐航线

（1）根据航行月份和航区,抽选相应的英版航路设计图。

（2）在选出的航路设计图上找出始发港和目的港的位置,连接两港之间的黑色直线或凸向近极的曲线,作为推荐航线。其中,直线表示两港间的恒向线航线,其上所标数字为恒向线航程;曲线表示两港间的大圆航线,其上所标数字为大圆航程。

（三）利用《航路指南》查找推荐航线

（1）根据航区,抽选相应卷别的英版《航路指南》。

（2）熟悉内容编排,善于利用"书前目录""书末索引"查找有关资料。

（3）如需了解该卷英版《航路指南》所述地区的总的情况,既可查阅第一章的"目录",也可按所需内容名称查"书末索引",查找其所在页数,再按页数找到所需资料。

（4）如需了解沿岸及各港的有关航海说明,则应利用"书末索引",按地名查其所在页数,再按页数找到所需资料。

（5）阅读英版《航路指南》时,应对照有关海图进行研究。

知识链接二　查取航路资料

一、常用的航海图书资料

常用的航海图书资料有以下几种:

《航海图书总目录》(Catalogue):可用来查找相应的任何有关的航海图书资料,例如英版的 NP131 和中版的 K102 等。

《世界大洋航路 NP136》(Ocean Passage for the World):其内容有推荐航线的介绍、对航线和航法的使用及注意事项等。它是拟定大洋深海航线的主要参考,特别是对于船长和二副没有航行过的海区,但要与最新的补篇配合使用。

《航路指南》(Sailing Direction):它是航用海图资料的重要补充和拟定沿岸航线、沿岸及狭水道航行的重要参考,目前按地区分为 74 卷,也需与最新的补篇配合使用。

《大洋航路图》(Routing Chart):共分南太平洋、北太平洋、印度洋、南大西洋和北大西洋五组图,每组(一年 12 个月)12 张图,五组总计 60 张。它可作为总图使用,但更多的时候是作为设计大洋航线的主要参考图,应仔细领会掌握图上的各种图表、符号的含义,对大洋航路图的详细介绍请参阅《英版海图的登记与改正》一文中的相关内容。

《灯标和雾号表》(Admiralty List of Lights and Fog Signals):它详细地记载了全世界各种灯标和雾号的特性资料,共分 11 卷,需配合海图使用及根据航海通告第 V 部分进行剪贴改正。

《潮汐表》(Tide Tables)和《潮流表》(Tide Stream Atlas)：包括了世界各港的潮汐、某些海峡的潮流情况等，并按地区划分，以方便使用。其中潮汐表经常使用的有英版和中版两种，可以根据港口情况选择使用不同的版本。

无线电信号表(ALRS)：无线电信号表共分6卷13册，介绍了有关通信方面的情况，对ALRS的详细介绍请参阅《英版航海通告的登记与改正》一文中的相关内容。

《海员手册》(The Mariner's Handbook)：英版航海员手册(NP100)是航海人员必备的工具书，航海中所涉及的问题大部分可以在其中找到相应的参考资料。

《进港指南》(Guide to Port Entry)：分上、下两册，详细介绍了港口及其各种设施的情况及要求，如进港航道情况、锚地和泊位的分布、引航制度、通信和信号的要求、进港手续、装卸设备、工班、物资供应能力和代理业务等。该书每两年再版一次，但由于价格高昂，所以一般都是隔版更新，供船后一般由船长负责保管。

海图包括航用海图、空白定位图和专用海图等，详细情况请参阅《英版海图的登记与改正》一文中的相关内容。

二、航海图书资料的抽取

1.利用中版《航海图书目录》抽选海图

(1)海图的抽选程序：抽选航次所需的总图；在总图上确定航线的大致走向，根据确定的航线走向在分区索引图上找出航线所经过的分区数字页数，从相应的数字(字母)页中抽选航次所需的大、中比例尺海图。

(2)抽选总图或小比例尺海图：利用中版《航海图书目录》中的"总图索引图"，查取航次所需的总图或小比例尺海图。

(3)抽选大、中比例尺海图：

抽选中国沿海的大、中比例尺海图：首先应翻到中版《航海图书目录》的"中国海区索引图"，根据航次任务查出航线所经过的各分区索引图数字编号，该编号即为海图所在的页号。然后根据该页号，便可按航行顺序抽选航次所需的中国沿海的全部大、中比例尺海图。

抽选国外海区的大、中比例尺海图：首先应翻到中版《航海图书目录》的"国外海区索引图"，根据航次任务查出航线所经过的各分区索引图数字编号，该编号即为海图所在的页号。然后根据该页号，便可按航行顺序抽选航次所需的国外海区的全部大、中比例尺海图。

2.利用中版《航海图书目录》抽选中版航海图书

(1)抽选《航路指南》：翻到中版《航海图书目录》"航海书、表(簿)"部分中的"《航路指南》示意图"，根据航次任务，抽选航次所需的《航路指南》。如："大连到天津的航线"，所需的中版《航路指南》是第一卷；"大连到上海的航线"，所需的是第一卷和第二卷；"大连到广州的航线"，所需的是第一卷、第二卷和第三卷。

(2)抽选《航标表》，翻到中版《航海图书目录》"航海书、表(簿)"部分中的"《航标表》示意图"，根据航次任务，抽选航次所需的中国沿海《航标表》。如："大连到天津的航线""大连到上海的航线"，所需的是中国沿海《航标表》第一卷；"大连到广州的航线",所需的是第一卷、第二卷和第三卷。

（3）抽选《港口资料》

翻到中版《航海图书目录》"航海书、表（簿）"部分中的"《港口资料》示意图"，根据航次任务，抽选航次所需的中国沿海《港口资料》。

4.利用中版《航海图书目录》检验中版海图及中版航海图书的适用性

（1）检验中版海图的适用性：根据所查海图的图号，查阅中版《航海图书目录》中的"中国海区普通航用海图顺号目录"或"国外海区普通航用海图顺号目录"，可查得该号海图在中版《航海图书目录》中所在的页数。翻到该页，即可查得该号海图的具体细节，包括图名、比例尺、出版及改版日期。将上述日期与海图上的出版及新版或改版日期相比较：若两者一致，说明该海图是最新版海图；若两者不一致，说明该海图已作废。

（2）检验中版航海图书的适用性：首先应根据所查航海图书的书号，查阅中版《航海图书目录》中的"航海书、表（簿）顺号目录"，可查得该号图书在中版《航海图书目录》中所在的页数。然后翻到该页，即可查出该图书资料的出版年份。最后将上述年份与图书上的出版年份相比较：若两者一致，说明该图书是最新版图书；若两者不一致，说明该图书已作废。

知识链接三 设计航线

一、航线设计的要求

安全、经济、周密、高效是航线设计的要求。

二、航线设计常需考虑的因素

航线设计需要考虑以下因素：

本船条件：包括船舶的结构强度、船舶设备、载货量、吃水、吨位、航速和船员配备和适岗情况。

水文气象：应充分注意到世界风带的划分、大范围狂风恶浪区的分布及有关海流、海浪、雾、流冰和冰山的情况。世界风带和世界大范围狂风恶浪区主要有：冬季北太平洋中高纬海域；冬季北大西洋中高纬海域；夏季（7月、8月、9月）西北印度洋海域；南半球中高纬海域（咆哮西风带区域）。

国际载重线公约的有关规定：参阅相关洋区及月份的大洋航路图中的国际载重线区域的界限，其中不同颜色标明各个载重线上适航的区域，详情见公约中商船用区带、区域、季节期海图或 BA D6083。

航行受限区：包括军事演习区；水下电缆和管路的铺设区域；空中电缆和桥梁的架设

区域(主要考虑净空高度);避航区。这些区域有些是固定的,在海图和航海资料中可以查到,事先就可以避开,但军事演习区以及水下电缆和管路的铺设的信息一般都是通过航海通告中的临时通告和预告以及 EGC/NAVTEX 航警等形式发布的,需要临时修正航线。

定位与避让:航线拟定时,应充分考虑利用各种定位方法的可能性,特别是重要转向点位置应考虑实测求得。接近陆地时,应选有显著物标或明显特征等深线的水域。注意避让条件,特别是能见度不良时,更应尽可能避免航线穿过渔区或拥挤水域。

船舶定线制:在通航密度大、航区复杂的水域,由以减少海难为目的的单一航路或多航路系统和航路指定方式而构成的任何航路体系,例如分道通航制、双向航路等。

三、在海图上画计划航线

1.在总图上预画计划航线

通过对海图和航海资料的研究,选择出合适的航线,并在总图上绘画出来。

2.在航行图上画出分段计划航线

根据在总图上拟定好的计划航线,依次在各张航行用图上画出分段的计划航线,再根据与障碍物的安全距离对航线进行调整,得出最后的计划航线。

3.航线标绘

画好计划航线后,应在计划航线上正确地标注下列内容(如图 10-1 所示):

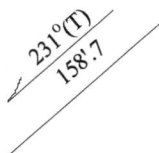

图 10-1　航向和航程标注

(1)航向(CA)和航程(Dis.)

一般在各段计划航线的上方(或下方)适当位置画一平行于航线的箭矢,用以表示该段航线的走向,并在箭矢的上方标以三位数的航向度数后缀(T),在箭矢的下方标出各段航线的航程。

(2)转向点(Waypoint)及其编号

各转向点一般用一小圆圈明确表示各转向点的位置,并在其旁注明其编号和符号a/c(Alter Course),图上标注出的转向点编号应与航线表中的转向点编号相同,以便核查(如图 10-2 所示)。必要时可将各转向点的地理坐标写在其旁。

图 10-2　转向点处剩余航程标注

(3)剩余航程(DTG)

剩余航程 DTG(Distance to Go)一般标在各转向点正下方适当位置,以表示从该转向点到目的港的剩余航程。如果是处于狭水道或转向频繁的航线,由于每段航线很短,为保持图面清晰,可间隔几点或在狭水道的进、出口处标出相应的剩余航程。

（4）邻接图号（Adjoining Chart ××××）

每张海图上航线的两端必须标明其前后衔接的海图图号。一般在各张海图的航线起航点附近标注"上接海图××××（Last Chart ××××）"，用以表明本图的上一张海图的图号。在各张海图的航线终了点附近标注"下接海图××××（Next Chart ××××）"，用以表明本图的下一张海图的图号。

（5）航行附近的危险物

一般用红色铅笔在海图上圈出航线附近可能会危及航行安全的浅滩、沉船、暗礁等碍航物，以便航行在其附近时引起必要的注意。对狭长形的危险物可在靠近航线一侧用红笔标出。

（6）转向物标的方位和距离

可用直线连接有关转向点和转向物标，并在其上标出到该转向物标的方位和距离，如果是正横物标，则只需标出正横距离，用以帮助驾驶员及时、准确地转向，如图 10-3 所示。

由于不同的航线需要不同的航海图书资料，有条件时最好在纸海图上设计航线，如果海图不全，可以采用电子海图代替，同样可以达到设计目的。

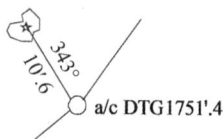

图 10-3　转向物标的方位和距离标注

4.编制航线表

当我们把一条完整的航线绘制出来，并检查没问题后，我们就要制作航线表了。航线表上主要的信息一般要有：表头部分（船名、航次号、始发港、目的港等），表中部分（转向点编号、转向点所在的海图图号、两点之间的计划航向、航程、剩余航程、预计抵达时间等），在表格的最后还要有二副、船长的签字。

知识链接四　识别航次风险

沿岸航区、通航密集区航线离岸近，附近航行危险物、障碍物较多，水深有时较浅；沿岸海区水流复杂，受潮流影响较大；沿岸航区、通航密集区来往船只和各类渔船比较密集，航行和避让都有较大的困难；沿岸航区、通航密集区船舶回旋余地较小，遇有紧迫局面时，船舶操纵困难。狭水道、岛礁区由于受岸形限制，又有浅滩、礁石等航海危险物，航道往往狭窄且弯曲，没有足够的回旋余地，水流复杂，受潮流影响大；来往船只密集地区，有些地区大型渔船和其他类型船舶也较多，航行和避让较困难；航线离岸近时，岸上背景灯光影响瞭望。

大风浪天气条件下，船舶顺浪航行，易发生尾淹、打横现象；顶浪航行，甲板易上浪，船首受冲击,空船易拍底、易产生飞车,纵向强度受损,船体结构易变形甚至断裂;船舶摇摆剧烈,货物易移动,船舶稳性丧失;船上人员易产生晕船现象。

冰区航行主要风险有:船体及车舵易受损;船舶往往要频繁变向、变速,船舶操纵较困难;冰区航行,航迹推算、陆标定位都十分困难,定位精度也受到很大的影响;船舶有被冰围困的危险。如有可能,应避免进入冰区航行,而选择其他的,哪怕是航程更长的航线。一定要通过冰区时,必须选择在冰最少、冰质弱或在冰裂缝中航行。

✏ 项目实施

任务一　查取推荐航线

一、任务描述

"长安海"轮 2021 年 9 月 14 日计划由日照(Rizhao)开往西雅图(Seattle)。你作为"长安海"轮二副第一次去西雅图,船长指示你查取由日照到西雅图的推荐航线。

二、实施步骤

步骤一:查找推荐航线

根据始发港和目的港名称的字母顺序查阅书末的"航线索引"(Route Index),但找不到"烟台"和"西雅图",我们可以参考"上海"至"Juan de Fuca Strait",因为"西雅图"在"Juan de Fuca Strait"的里面。

步骤二:确定推荐航线

阅读第一章和本航线所涉及的各章节的水文气象资料及有关插图,以便了解航行季节中航区内的水文气象条件和有关航海注意和警告的内容。在各章节的资料中通常注有"Diagram(×.×××)"字样,因此在阅读各章节的正文内容时,应参阅有关的插图。插图所在的页数,可根据括号内提示的插图号码从卷首的"插图(Diagrams)"部分中查知。并根据该资料的有关介绍,在考虑到本船的实际情况下,确定推荐航线。

任务二　绘制航线与制作航线表

一、任务描述

二副刚抽选完图书资料,船长上驾驶台审核所抽选图书资料并提了几点要求。船长接到公司最新航次指令:完货离泊后先去长江口锚地抛锚进行换班。船长指示二副先绘制一段到长江口锚地的计划航线。

二、实施步骤

步骤一:设计航线,如图 10-4 所示。

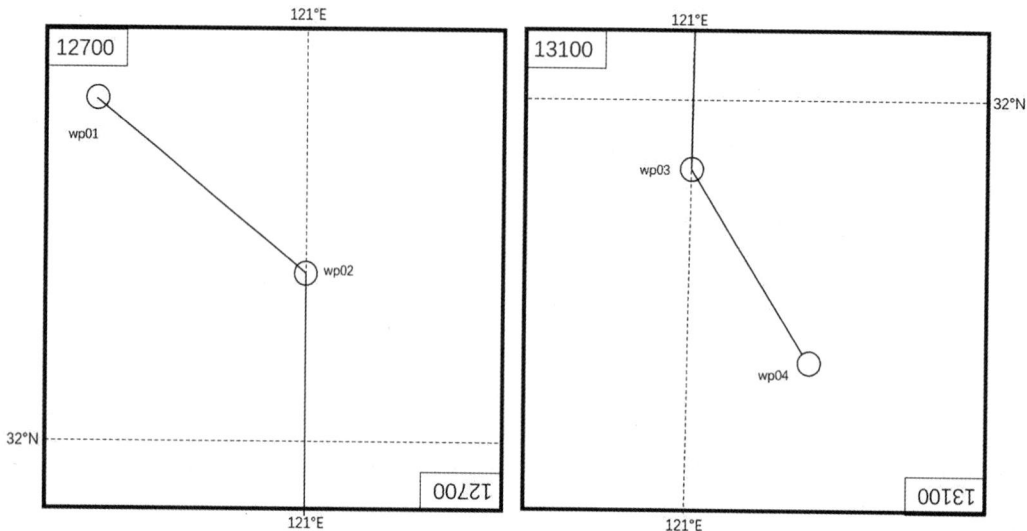

图 10-4　设计航线

步骤二:计划航线标绘,如图 10-5 所示。

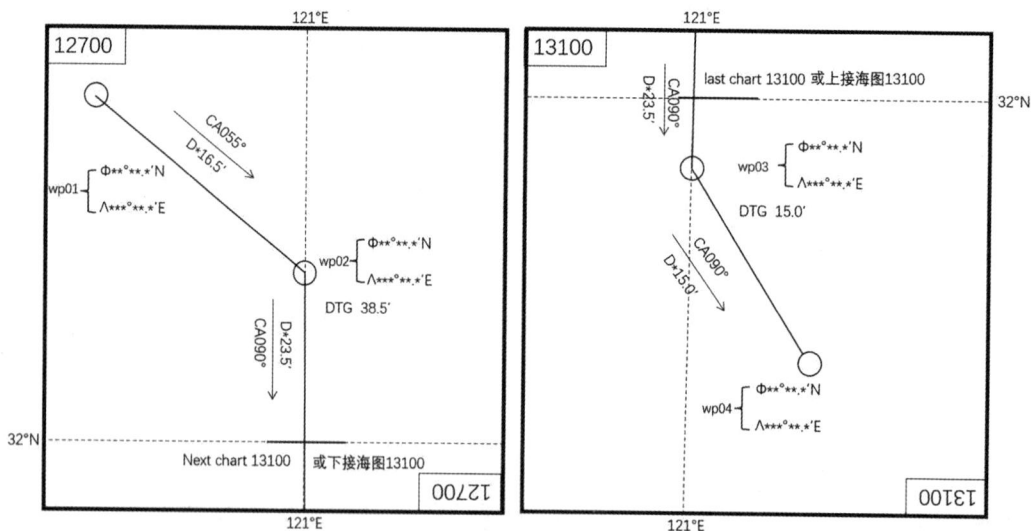

图 10-5　计划航线标绘

步骤三:绘制航线表,如图 10-6 所示。

航线表(Passage Planning Form)

_____船_____航次(M/V _____ Voyage No._____)

出发港(Departure Port)_____ 目的港(Arrival Port)_____

序号 No.	转向点 Waypoint	海图图号	计划航向 CA	航程 Dis.	剩余 航程 DTG	预计到 达时间 ETA	备注 Remarks
1						引航员离 船时间或 定速时间	始发港引航站
2							
3							
4							
5							
6							
7							
8							
9							
10							
11							
12							
13							
14							
15							
16							
17							

总航程 s(Total Distance)_____海里 总时差(Total Time Difference)_____小时

所需海图图号(Required Chart No.):

二副(2nd Officer)_____ 船长(Master)_____

图 10-6 航线表

任务三 识别航行风险

一、任务描述

通过前面的任务学习,我们不光要能够根据航次任务、船舶条件、水文气象因素合理规划航线;能抽选航海图书资料和海图,并检验其有效性;能从航海图书资料及海图中准确获取、分析本航次所需的航行信息;能综合运用水文气象、航路特征、船舶条件等因素合理绘制安全、经济的计划航线;还要能够根据 ISM 规则要求合理进行航次风险识别与控制,尤其是特定水域的风险识别。

二、实施步骤

(一)沿岸航区、通航密集区风险识别

沿岸航区、通航密集区航线离岸近,附近航行危险物、障碍物较多,水深有时较浅;沿岸海区水流复杂,受潮流影响较大;沿岸航区、通航密集区来往船只和各类渔船比较密集,航行和避让都有较大的困难;沿岸航区、通航密集区船舶回旋余地较小,遇紧迫局面时,船舶操纵困难。因为沿岸航区、通航密集区的以上特点,我们在进入沿岸航区、通航密集区时要注意研究相关航海资料、熟悉航区特点,设计安全航线,同时还要注意认真推算、勤测船位,加强瞭望,及时准确转向,按时收听航海警告和天气预报,正确使用 DGPS 和 AIS 等导航仪器信息,严格遵守分道通航制、VTS 管理规定及海事管理机构发布的有关通航规定。

(二)狭水道、岛礁区风险识别

狭水道、岛礁区由于受岸形限制,又有浅滩、礁石等航海危险物,航道往往狭窄且弯曲,没有足够的回旋余地;水流复杂,受潮流影响大;来往船只密集地区,有些地区大型渔船和其他类型船舶也较多,航行和避让较困难;航线离岸近时,岸上背景灯光影响瞭望。

(三)恶劣天气状况下风险识别

要根据恶劣天气状况下的特点从航线设计、值班瞭望、船舶操纵、货物绑扎、船舶设备等方面分析航行存在的主要风险及控制措施。顺浪航行,易发生尾淹、打横现象;顶浪航行,甲板易上浪,船首受冲击,空船易拍底、易产生飞车,纵向强度受损,船体结构易变形甚至断裂;船舶摇摆剧烈,货物易移动,船舶稳性丧失;船上人员易产生晕船现象。针对恶劣天气条件下的以上情况,我们应选择气象导航,尽量避开大风浪海域;做好各种抗风浪准备,绑扎货物,关闭水密门;空船要压载,减小受风面积,提高稳性;变自动舵为手操舵;调整航向航速,避免产生谐摇、飞车,减少主机负荷;加强值班,防止主机、电

机故障,保证航行安全。

(四)冰区航行风险识别

冰区航行主要风险有:船体及车舵易受损;船舶往往要频繁变向、变速,船舶操纵较困难;航迹推算、陆标定位都十分困难,定位精度也受到很大的影响;船舶有被冰围困的危险。如有可能,应避免进入冰区航行,而选择其他的航线,哪怕是航程更长的航线。一定要通过冰区时,必须选择在冰最少、冰质弱或在冰裂缝中航行。航行中可开启雷达及早发现冰中比较清爽的水域,以利前进。遇到冰山,应及早在下风保持适当距离避航。应尽量从冰区的下风方向接近冰区,并尽量选择在冰块凹陷处,用很慢的速度,保持船首柱正对冰区边缘,直角进入,以便减小冲击影响。一旦船首进入冰区,应适当加速,以维持首向和控制船舶运动。在进入冰区以前,应做好以下几方面的准备:认真分析有关冰情资料和所能接收到的冰情报告,以便及时避离冰山和浮冰,选择一条有利的冰中航路。仔细检查主机和操舵系统,确保其能可靠工作,并能快速响应各自的操纵命令。船上助航设备和通信设备等同样应处于良好的工作状态,特别要确保雷达能正常工作。调整好船舶的吃水和吃水差。

项目考核

项目考核单

	考核内容	分值	考核标准	得分
1				
2				
3				
4				
5				

参考文献

［1］陈宏.航海学［M］.2 版.大连:大连海事大学出版社,2022.

［2］高等学校交通运输类专业教学指导委员会,航海技术教学指导分委员会.航海学:航海气象与海洋学篇:船长/大副［M］.大连:大连海事大学出版社,2018.

［3］王志明.航海学［M］.2 版.上海:上海浦江教育出版社,2023.

［4］中国海事服务中心.航海学［M］.北京:人民交通出版社,大连:大连海事大学出版社,2008.

［5］程鹏飞,成英燕,秘金钟,等.国家大地坐标系建立的理论与实践［M］.北京:测绘出版社,2017.